Weitere Bücher zum Thema:

Christiane Feuerstack

Graf Saint Germain

im Spiegel der Widersprüche

2. Auflage 2006

64 Seiten

Borbyer Werkstatt Verlag

ISBN 3-924964-22-x 10,00 EUR

Heide Oehms

Karma - Erkenntnis warum?

Innere Entwicklung als Grundlage geistiger Fähigkeiten

2. Auflage 2002

(vormals Urachhaus), Borbyer Werkstatt Verlag

269 Seiten

ISBN 3-924964-23-8 10,00 EUR

Christiane Feuerstack

Samenkörner
Karmageschichten

Von der Imagination zur Karmaerkenntnis
Eine Einführung

Illustrationen von Marianne Tralau

Borbyer Werkstatt Verlag

Christiane Feuerstack

geboren 1960, verheiratet, zwei Söhne. Studium der Eurythmie und Heileurythmie. Unterrichts- und therapeutische Tätigkeit an verschiedenen Waldorfschulen und Kindergärten sowie in eigener Praxis. Seit vielen Jahren Beschäftigung mit spiritueller Schulung und Forschung. Langjährige Erfahrung in der Begleitung Rat suchender Menschen auf dem Weg individueller karmischer Selbsterkenntnis.

Christiane Feuerstack hat vielfältige Erfahrungen im Vermitteln esoterischer Inhalte und durch Seminare und Einzelsitzungen auch im Umgang mit einer auf Verantwortung beruhenden Methodik. Sie hat ihren Erkenntnisweg in engem Zusammenhang mit ihrer Mutter, Heide Oehms, entwickelt und setzt deren Grundlagenwerk „Karmaerkenntnis - Warum?" [Borbyer Werkstatt Verlag] mit dem vorliegenden Werk in ganz anderer Ausprägung fort.

Christiane Feuerstack ist Autorin des Buches „Graf Saint Germain im Spiegel der Widersprüche" und etlicher historischer Geschichten, die auf eigener Karmaforschung basieren.

www.karmarbeit.net

christiane@feuerstack.net

Christiane Feuerstack

Samenkörner

Karmische Bilder

mit einer Einführung in die Karmaerkenntnis

Illustrationen von Marianne Tralau

Borbyer Werkstatt Verlag Eckernförde

ISBN 3-924964-24-6

1. Auflage 2006

Borbyer Werkstatt Verlag Eckernförde

Jungfernstieg 69, 24340 Eckernförde
04351 - 72 62 00

Internet: www.borbyverlag.de
verlag@borbyverlag.de

Umschlaggestaltung: Dominik Hensel, Christian Köhn
nach einem Bild von Ritha Elmholt
Illustrationen: Marianne Tralau
Lektorat und Bearbeitung: Dr. Bend Seydel

Inhalt

Verwandlungen

Râhotep
- Eine ägyptische Geschichte

I

Ägypten, ungefähr 2160 Jahre vor unserer Zeitrechnung. Es ist eine Zeit der Dekadenz und der politischen Wirren. Das große, alte Reich ist zerfallen und in zahllose Fürstentümer zersplittert. Durch viele kurz nacheinander folgende Pharaonen hat das Königtum an Macht eingebüßt. Die Priester und Adligen nutzen die Gunst der Stunde für ihr eigenes Emporkommen. Das Volk glaubt an nichts mehr, die Menschen sind ziellos, steuerlos, sinnentleert. Der jetzige Pharao ist ein ahnungsloser, realitätsfremder Regent.

Doch es gibt viele, die sich nach stabilen Zeiten sehnen. Voller Hoffnung schauen sie auf den Palast in Memphis, wo in diesen Tagen der neue Thronfolger das Licht der Welt erblickt hat. Râhotep soll er heißen. Wird er stark genug sein, das Land aus der Krise zu führen?

Aber schon dringen schlechte Nachrichten aus den Palastmauern. Die Hofastronomen und Priester verkünden nichts Gutes. Dieses Kind würde dem Land am Nil kein Glück bringen, die Sterne hätten ungünstig gestanden in der Stunde seiner Geburt, so behaupten sie.

Die Königin läßt sich von diesen Prophezeiungen nicht beirren. Sie freut sich an ihrem Kind und wird für die bestmögliche Erziehung sorgen. Als Amme wählt sie darum die kluge und besonnene Fürstentochter Merit aus. Ihr vertraut sie das Kind gerne an.

Râhotep wächst zusammen mit Merits Söhnchen Sekenre und den nachfolgenden Geschwistern auf.

Wohl hat die Königin eine gute Wahl getroffen. Doch im Herzen des kleinen Knaben ist ein Riß darüber entstanden, daß ihn seine Mutter so schnell in fremde Hände übergab. Wie hinter einer unsichtbaren Mauer erscheint ihm die Königin in späteren Jahren, so fern und doch so nah.

Merit hat schnell seine Zuneigung gewonnen.

Bei ihr findet er immer Trost, wenn er ihn braucht. Und er braucht ihn oft! Denn trostlos ist für ihn dieses Leben im Palast mit all seinen Ritualen, Regeln, Pflichten und Einschränkungen. Er spürt den Fluch, der auf seiner Geburt lastet. Die Prophezeiung, er würde dem Land kein Glück bringen, prägt die Haltung der Menschen in seiner Umgebung.

Merit macht sich schon bald Sorgen um seine Entwicklung. Râhotep ist nicht fröhlich und lebendig wie andere Kinder, sondern oft unglücklich und kraftlos. Warum nur? Niemand weiß es. Die Priester, die zugleich Ärzte sind, zucken nur mit den Achseln. „Das sagten ja schon die Sterne", meinen sie.

Die Sterne lügen nicht.

Aber die Priester, die die Sterne deuteten.

Es liegt ganz in ihrer Absicht, daß der junge Pharao schwach sein soll. Verfügen sie doch über magische Mittel, das Kind zu schwächen und damit ihre eigene Macht zu stärken.

II

In seinem siebten Lebensjahr darf Râhotep das erste Mal die engen Palastmauern verlassen und einen Ausflug in die Totenstadt unternehmen, um einem Verwandten der Königin Opfergaben ans Grab zu bringen. Merit hat es geschickt eingefädelt, um bei der Königin die Erlaubnis für diesen Ausflug zu erreichen.

Sie gehen zu dritt: Merit, Sekenre und Râhotep. Sie müssen an den großen Pyramiden vorbei und ein ganzes Stück weiter durch den Wüstensand. Wie staunt Merit über die Veränderung des kleinen Prinzen! Froh und leicht hüpft er über den Sand. Er redet und redet, sprudelnd vor Freude – er, der sonst still und traurig ist.

Schön ist dieser Tag vom Morgen bis zum Abend, denn so lange dauert die Wanderung hin und wieder zurück. Den ganzen Tag über leuchten Râhoteps Augen, lacht sein Mund und hüpfen seine Beine. Doch damit ist es beim Wiederbetreten des Palastes schlagartig vorbei.

Erschüttert sucht Merit die Königin auf und erzählt ihr von dieser unglaublichen Verwandlung. „Können wir nicht öfter solche Ausflüge machen?" fragt sie hoffnungsvoll. Wie gerne würde die Königin es erlauben. Aber für einen jungen Prinzen gibt es zahllose Regeln und Vorschriften. Er müsse von Anfang an auf seine zukünftigen Aufgaben vorbereitet werden, da sei nichts zu machen, meint die Königin. Merit schweigt, denn wer dürfte der Königin widersprechen?

So vergehen einige Jahre. Râhotep hat viel zu lernen; aber er liebt seine Lehrer nicht. Es sind jene Priester, Ptahor und Hrihor, die sein Horoskop gedeutet hatten, und die nun versuchen, ihren Einfluß zu stärken. Aber ihre scheinheilige Maske kann sein Kinderherz nicht täuschen.

III

Eines Tages wird Ptahor ans Krankenlager des jungen Prinzen gerufen. Der Knabe hat tagelang keine Nahrung bei sich behalten können und liegt nun völlig entkräftet und elend da.

Ptahor erkennt bald, daß diese Krankheit nur auf den übermäßigen Genuß eines fremdländischen Gemüses zurückzuführen ist, das schon mehreren Menschen Übelkeit verursacht hatte, und daß Râhotep auch ohne sein Zutun bald genesen würde.

Aber er hütet sich, das laut zu sagen, denn die Gelegenheit scheint ihm günstig für einen heimtückischen Plan, über den er in letzter Zeit schon manchmal nachgedacht hatte. Er beeilt sich also, der Königin zu sagen, daß diese Krankheit nur von kundigen Ärzten behandelt werden könne und daß am besten er selbst und Hrihor sich des Kindes annehmen sollten. Merit solle sich in Ruhe um die anderen Kinder kümmern. In ihrer Besorgnis stimmt die Königin zu.

Nun nimmt Ptahor seinen Freund Hrihor heimlich beiseite, der sich auf die Zubereitung von allerlei Salben und Heilkräutern versteht. Er soll für Râhotep ein Heilmittel mischen und ihm eine kräftige Überdosis verabreichen. Hrihor erschrickt: „Dann wird der Junge ja erst recht krank!"

„Das soll er auch", antwortet Ptahor zufrieden. „Merkst du nicht, daß so eine gute Gelegenheit nicht so schnell wiederkommt?"

Hrihor versteht nicht. „Was willst du damit erreichen? Râhotep darf nicht sterben! Käme eines seiner Geschwister auf den Thron, wäre alle unsere Mühe vergeblich gewesen, ihn zu einer willenlosen Marionette in unseren Händen zu machen – wie seinen Vater ..."

„Hrihor", sagt Ptahor jetzt leise und eindringlich, „begreifst du denn nicht, daß uns das sowieso nicht gelingen wird, solange Merit ihre schützende Hand über ihn hält? Merkst du nicht, daß all unsere Mittel nicht greifen, wenn wir nicht das Band zwischen den beiden zerstören?"

„Du hast Recht", antwortet Hrihor ebenso leise. „Aber wie willst du das erreichen? Es ist jedem am Hof bekannt, daß Merit den Prinzen fast mehr liebt als ihr eigenes Kind! Auch wenn es unbegreiflich ist."

„Bist du sicher?" fragte Ptahor mit teuflischem Grinsen. „Glaubst du, sie würde ihr eigenes Kind für Râhotep hergeben? Als Kultopfer zum Beispiel? Damit Râhotep wieder gesund wird?"

Hrihor wird immer verwirrter: „Was willst du mit Sekenre?"

„Nein, nicht Sekenre. Hast du nicht bemerkt, daß eine weitere Frucht in ihr zu keimen begonnen hat?"

„Ja, aber wie willst du...?"

Ptahor wird langsam ungeduldig. „Hrihor", sagt er immer eindringlicher, „dieses Kind, das da heranwächst, es könnte unserer Macht sehr gefährlich werden! Ich habe seinen Geist erkannt! Er stand vor meinem inneren Auge wie ein gottgleiches Wesen, das kommt, um den Pharao zu stützen und zu stärken. Wir sollten es beseitigen!"

Hrihor ist immer nachdenklicher geworden. „Nun gut", sagt er schließlich, „aber ich verstehe immer noch nicht, was das mit der Arznei für Râhotep zu tun haben soll. Dieses Kind, von dem du sprichst, ist noch lange nicht geboren. Râhotep jetzt so zu schwächen, um einen ausreichenden Grund für ein Kultopfer zu haben, wäre wohl nicht der richtige Zeitpunkt."

„Du irrst dich", sagt Ptahor nun mit eiskaltem Lächeln. „Es gibt keinen besseren Zeitpunkt, unser Vorhaben möglichst unauffällig und wirksam auszuführen. Wir werden das Kind aus dem Mutterleib entfernen!"

„Ptahor!" ruft Hrihor immer ungläubiger. „Wir würden nicht länger am Hof bleiben können, wenn Merit unter unseren Händen stirbt!"

„Sei unbesorgt, Hrihor. Ich verstehe mich auf meine Kunst als Arzt. Merit wird nichts geschehen. Fast nichts." Und jetzt wird sein Grinsen immer boshafter. „Ich werde mit dieser kleinen Operation gleichzeitig dafür sorgen, daß nie wieder ein Samenkorn in ihr keimen kann. Der unsterbliche Ka[1] des Kindes wird an sie gefesselt bleiben, ohne uns zu schaden. Im Gegenteil, wir werden seine Seelenkräfte für uns gewinnen können!"

Hrihor geht ein Licht auf. „Ich beginne zu verstehen", sagt er, und seine Augen beginnen zu leuchten. „Und gleichzeitig können wir erreichen, daß Merit sich innerlich von Râhotep abwendet!"

„Genau", bestätigt Ptahor, „denn welche Frau, die innig verbunden ist mit dem Kind, was in ihr heranwächst, würde sich freiwillig davon trennen, um einem fremden Kind damit zu helfen? Und wenn sie es trotzdem tun muß, wird sie dann nicht beginnen, das fremde Kind zu hassen?"

„Ptahor!" ruft Hrihor, und nun jubelt seine Stimme. „Sag mir, was ich tun muß, ich werde es sofort ausführen!"

„Gut. Bereite die Arznei und gebe sie Râhotep. Wenn es Ihm dann schlechter geht, führe Merit in den Tempel; sage ihr aber nur, daß sie Râhotep helfen kann, gesund zu werden. Und vergiß nicht, eine starke Betäubungssalbe zuzubereiten, wir werden nicht viel Zeit haben, auf die Wirkung zu warten! Es muß alles so schnell wie möglich gehen! Ich werde mit Râhotep nachkommen, sobald ihr dort seid!"

[1] Die Seelenkraft

IV

Râhotep wälzt sich unruhig auf seinem Lager hin und her. Er fiebert und fröstelt zugleich. „Wo ist Merit?" fragt er immer wieder. Nur sie möchte er jetzt bei sich haben, dann würde er bestimmt bald gesund werden. Dieser fette Priester Hrihor neben seinem Lager läßt ihn nur noch mehr frösteln. Aber er bekommt keine andere Auskunft als: „Merit muß sich um die anderen Kinder kümmern. Du bist jetzt zwölf Jahre alt und solltest allmählich lernen, dich wie ein Mann zu benehmen!" Es ist hoffnungslos zu bitten, der Priester würde nur noch mehr über seine Schwäche spotten! Mühsam hält der Knabe die Tränen zurück.

Bald ist er so schwach, daß er kaum noch laufen kann. Seine Eltern sind in großer Sorge um ihn und mit ihnen der ganze Hofstaat. Ptahor und Hrihor versprechen, ihr Möglichstes zu tun; es gäbe da noch ein letztes Mittel ...

„Tut alles, was in eurer Macht steht!" beschwört die Königin sie.

Und sie tun es.

Führen ihren schändlichen Plan aus, den sie so klug eingefädelt haben.

Râhotep kann sich kaum auf den Beinen halten, als er von Hrihor in die inneren Hallen des Tempels geführt wird. Da wartet schon Ptahor und mit ihm Merit. Aber was macht sie hier und warum wurde er selbst hergebracht? Ptahors Gesicht wirkt feierlich, als er nun mit beschwörender Stimme verkündet, es sei der Wille der Götter, daß ein Opfer gebracht werden müsse, um dem jungen Prinzen Kräfte zuzuführen und sein Leben zu retten.

Bevor Merit und Râhotep den Sinn dieser Rede ganz begreifen können, ist schon alles für die Operation vorbereitet. Wenige Minuten später hält Ptahor ein blutverschmiertes Gebilde in die Höhe. Râhotep erschrickt zu Tode, und auch Merit ist kreidebleich. Es ist ihr Kind, dessen Bewegungen und Wachstum sie von Tag zu Tag mit inniger Freude beobachtet hatte, herausgerissen und getötet! Warum tut man ihr das an? Kann das wirklich eine Hilfe für Râhotep sein? Sie sieht ihn an: Ungläubiges Entsetzen steht in seinen Augen geschrieben. Nein, das kann keine Hilfe sein, das ist – ein Verbrechen! Aber warum? Die Priester, die so großes Ansehen bei Hof genießen, sie sollten doch wohl wissen, was der Wille der Götter ist. Und doch, können nicht auch sie irren? Oder sich sogar absichtlich gegen den Willen der Götter stellen? Entsetzlich, das zu denken! Kann das wahr sein?

Der Zweifel schwindet und Gewißheit stellt sich ein, daß Unrechtes hier hinter den dicken Tempelmauern geschehen ist und sie der ausgeklügelten Bosheit dieser beiden Priester hilflos ausgeliefert sind. Der eigene Schmerz ist groß in Merit, aber mehr noch ergreift sie das Mitleid mit Râhotep. Er ist ja noch ein Kind, und dazu krank, und mußte etwas mit ansehen, was unvorstellbar grausam für ihn war. Sie sieht seine Qual – und da weiß sie, daß sie ihn nun noch mehr lieben und beschützen wird.

Einen stummen Zeugen dieses Verbrechens hatte es gegeben, einen, der keinen Mund hatte zu reden, keine Augen zu sehen, keine Hände, um einzugreifen. Und doch konnte er eingreifen,: Er, der mit Gewalt an seinem Erdenweg gehindert wurde, er konnte in diesem Moment, da sein Leib zerstört, und sein Ka frei wurde, bewußtseinserweckend und seelenverbindend wirken. In einem Augenblick konnte in drei Menschen zugleich die Wahrheit aufleuchten und eine starke Schutzgemeinschaft entstehen.

In wenigen Minuten war alles vorüber.

Râhotep wird wieder hinausgeführt und zu seinem Krankenlager gebracht. Völlig entkräftet sinkt er nieder. Weinen darf er nicht, kann er nicht. Er ist immer noch wie betäubt, gelähmt vor Schreck. Erschöpft schläft er schließlich ein. Hrihor läßt ihm alle nur erdenkliche Pflege angedeihen. Nun soll der Zauber seine heilsame Wirkung offenbaren!

Allmählich kommt Râhotep wieder zu Kräften, aber er ist verwirrt und voller Unruhe. Er hat Merit seit Tagen nicht mehr gesehen, seit jenem Tag, an dem ... War es überhaupt wahr, dieses grauenhafte Bild, das er immer wieder vor sich hatte. Oder war es ein böser Fiebertraum, der ihn seit Tagen plagte? Wo war Merit jetzt? Lebte sie überhaupt noch? Und wenn ja, würde sie ihn jetzt nicht hassen? Wenn das Entsetzliche wahr sein sollte, dann war seine Krankheit der Anlaß dafür gewesen. Schrecklich ist diese Ungewißheit Aber er wagt es nicht, jemanden zu fragen, aus Furcht, daß die Gewißheit noch schrecklicher sein könnte.

Am nächsten Tag ist Merit wieder da. Blaß und ernst wirkt sie, fast durchsichtig. Râhotep schaut sie fragend an. Kein Wort kommt über ihre Lippen, aber ihre Augen sagen alles: „Ja, wir haben erfahren müssen, daß hier böse Mächte ihr Unwesen treiben, aber hab keine Angst, ich beschütze dich so gut ich kann!" Das sagt ihr Blick, und sie nimmt ihn fest in die Arme.

Ihr Verhältnis wird nun noch enger. Die Priester bemerken voller Zorn, daß ihre Rechnung nicht aufgeht. Aber aufgeben müssen sie noch lange nicht! So viele Mittel stehen ihnen zur Verfügung, daß sie früher oder später ihr Ziel erreichen werden.

Zunächst halten sie sich zurück. Das Kind würde schnell das Vorgefallene vergessen haben und allmählich wieder Vertrauen zu ihnen gewinnen. Schließlich sind sie seine Lehrer, die ihn auf die spätere Einweihung vorbereiten sollen.

V

Einige Jahre vergehen. Merit kann sich immer weniger um den heranwachsenden Prinzen kümmern. Aber in ihrem Sohn Sekenre hat sie einen zuverlässigen Verbündeten. Er und Râhotep sind gute Freunde geworden, trotz ihrer großen Verschiedenheit. Begierig lauscht Râhotep den Erzählungen des Freundes über die Welt außerhalb des Palastes. Ihm selbst ist diese Welt versagt. Wie gerne würde er durch die Gegend schweifen, die Sonne auf der Haut und den Sand unter den Füßen spüren, Menschen und Tiere beobachten und Früchte von den Bäumen pflücken.

Da hat Sekenre eine Idee: Es gibt bestimmte Tage, an denen die Priester nicht im Palast erscheinen, da könnte man doch heimlich ...

Gesagt, getan! Einige Male nutzen sie die Abwesenheit der Priester aus, um die Umgebung des Palastes und der Stadt auf eigene Faust zu erkunden. Wie genießt Râhotep diese Freiheit! Warum konnte es nicht immer so sein? Warum konnte er nicht wie andere Kinder aufwachsen, in der freien Natur spielen und die Welt kennenlernen?

Diese glücklichen Stunden, wie schnell hatten sie ein Ende.

Die Priester schöpfen Verdacht. Sie lassen die beiden beobachten. Auf frischer Tat werden sie ertappt!

Für die Priester ist damit die langerwartete Gelegenheit gekommen: Sekenre wird mit Stockhieben bestraft und aus dem Palast verbannt. Seine Mutter wird aus dem Palastdienst entlassen. Für Râhotep jedoch ist die Zeit gekommen, wo er in düsteren Tempelhallen der Einweihung entgegengehen muß. Er ist nun völlig schutzlos den Priestern ausgeliefert. Allein, getrennt von allen Menschen, die ihm lieb waren, verbringt er seine Tage. Durch allerlei Übungen und Mutproben wird er auf den großen Tag der Einweihung vorbereitet.

VI

Endlich ist es soweit. Râhotep wird in einen kleinen dunklen Raum geführt, in dessen Mitte ein steinerner Sarkophag steht. Dort hinein soll er sich legen. Sechs Priester und Opferweise von höchstem Rang sind anwesend, um die Einweihung zu vollziehen.

Râhotep hat Angst vor dem, was jetzt kommen wird, aber das darf er nicht zeigen! Er liegt gehorsam in dem Sarkophag und wartet, bis der Deckel geschlossen wird. Lange liegt er so da und wartet, spürt nur, daß er Angst hat, Angst vor dem Neuen, Unbekannten, das ihn jetzt erwartet.

Dann sieht er den Sarkophag, die Priester und den Raum von oben. Er weiß auch, daß sein Körper da unten liegt, aber das berührt ihn nicht. Die Angst ist ganz und gar verschwunden, er ist vollkommen ruhig und wartet. Weit läßt er alles hinter sich, befindet sich hoch über dem Palast, seine Seele dehnt sich aus, sie fühlt sich frei und ruhig. Er genießt diesen Zustand, so sollte es immer bleiben! Plötzlich spürt er, wie das dünne Band, das ihn noch mit seinem Körper verbindet, zerreißt. Endlich ist er ganz frei! Er spürt aber jetzt auch, wie die Priester sich verzweifelt bemühen, ihn zurück zu holen, ihn wieder in seinen Leib hinein zu zwingen. Zweimal gelingt es ihnen fast, aber er schreckt jedesmal zurück: Nein, nein, er will nicht wieder da hinein, nie wieder in dieses Gefängnis, will endlich frei sein von all der Qual.

Was kümmert ihn jetzt, daß die Bestürzung am Hof groß ist, daß die Priester beteuern, sie hätten ihr bestes getan, und es hätte ja schon in den Sternen gestanden, daß dieser Pharao zu schwach sei. Seine Seele ist voller Jubel und Ruhe in dieser ersten Zeit der Befreiung. Doch ist sie wirklich ganz frei?

Der Körper wird für die Einbalsamierung vorbereitet Es dauert Wochen, bis man ihn zu Grabe trägt. Viele Menschen säumen den Weg, als der rötliche Steinsarkophag vorübergetragen wird. Unter ihnen sind auch Merit und Sekenre, von tiefem Schmerz erschüttert. Râhotep sieht das wie von ferne. Alles erlebt er mit, auch das verflossene Leben erlebt er noch einmal in seiner ganzen Qual vom Tod bis zur Geburt. Allmählich durchschaut er manches, was in seiner Umgebung vorgegangen war. Das, was das Kind höchstens ahnen, aber nie ganz begreifen konnte, wird ihm nun zur schrecklichen Gewißheit.

VII

Viele lange Jahre kann er sich nicht lösen von diesem Ort, irrt umher, ohne Ruhe zu finden. Alles ist ihm düster und schwer. Wie mit Ketten fühlt er sich an die Palastmauern gefesselt.

Doch dann verspürt er eine Wärme und Leichtigkeit, wie er sie lange nicht erlebt hat. Eine heilsame Wärme, die seine Erstarrung und Fesseln allmählich löst.

Die Erinnerung an seine Amme wird plötzlich ganz stark in ihm. Ist sie es, die ihn immer getröstet hat, die ihm auch jetzt zu Hilfe kommt?

Ja, sie ist bei ihm. Der gemeinsame Rückblick bewirkt eine Loslösung von diesem Ort des Grauens. Râhotep hat jetzt nur noch einen Gedanken: „Ich muß Sekenre wiederfinden!"

Und er findet ihn.

VIII

Sekenre ist ein stattlicher Mann geworden und hat die Lebensmitte überschritten. Seine Mutter hat er inzwischen begraben: sie, die sich so stark mit dem Prinzen verbunden fühlte und die Ereignisse, die sie im Palast erlebt hatte, nie ganz vergessen konnte. Er selbst war damals jung gewesen, hatte sein Leben noch vor sich und wollte sich nicht mit Erinnerungen an die Vergangenheit belasten. Wußte er überhaupt, was seine Mutter dort erlitten hatte? Sie hatte nie geklagt und das Entsetzliche, was ihr dort geschehen war, vor aller Welt verschwiegen.

Nun ist sie tot und Sekenre geht wie gewohnt seinen täglichen Pflichten nach. Aber eines Tages erwacht er aus einem seltsamen Traum: Râhotep hatte ihn gebeten, sein Ka aus dem Grab in der Totenstadt zu befreien. „Übergieße den Sarkophag mit heiligem Wasser und bewege die Statuen von ihrem Platz!" So lautet die Botschaft.

Eine Erinnerung taucht in Sekenre auf, wie er als Kind zusammen mit der Mutter und Râhotep dorthin gewandert war, um einem Verwandten der Königsfamilie Wasser und Nahrung zu bringen. Aber war es wirklich Nahrung gewesen, die dem Ka die Möglichkeit gab, die Verbindung zu seinem Erdenkörper aufrecht zu erhalten? Oder war es auch damals um eine Befreiung des längst Verstorbenen gegangen? Um das Weiterleiten zu einem neuen Erdenkörper? Sekenre weiß es nicht. Er war ja damals noch ein Kind gewesen. Und wer wußte überhaupt etwas von dem wahren Hintergrund dieser Gebräuche? Er wischt den Traum hinweg und geht seiner Arbeit nach.

Aber auch am Tag läßt ihn dieses Traumbild nicht los. Es drängt sich immer deutlicher in sein Bewußtsein: „Hilf mir weiterzugehen, befreie mich aus dem Grab!"

Schließlich geht er, verwundert über sich selbst. Er füllt Wasser und Natron in ein Gefäß und eilt damit zum Tempel des Gottes Ptah. Er steht vor der riesigen Statue und bittet den Gott um Schutz und Gelingen seines Vorhabens. Das Wasser in seinem Gefäß soll vom Segen des Gottes geheiligt werden.

Still ist es in dem großen dunklen Raum, niemand außer ihm ist da. Aber ist er wirklich allein? Ist es nicht so, als ob Râhotep ihn begleitete? Er öffnet die Tür und ist froh, wieder im hellen Sonnenlicht zu stehen und dem lebendigen Treiben der Stadt zuzusehen. Nun eilt er der Totenstadt entgegen, die weit außerhalb der Stadt der Lebenden liegt. Unheimlich ist es dort. Still und verlassen liegen die hellen Mauern in der Sonne. Nicht lange, so hat er das Grab des Freundes gefunden. Er geht hinein in die dunkle Kammer und beeilt sich, sein Vorhaben auszuführen, damit er so schnell wie möglich diesen düsteren Ort wieder verlassen kann. Aber etwas hält ihn noch fest. Langsam und vorsichtig schaut er sich um.

Da sind die vielen Gemälde an den Wänden, die den Weg des Ka im Totenreich darstellen, stumme Bilder einer alten Tradition.

Aber wie, wenn das alles nicht wahr wäre?

Plötzlich wird er von nie gekannten Zweifeln befallen. Wo ist Râhotep wirklich? Ist er hier? Dort in dem Sarkophag? Nein, Sekenre weiß zu genau, was sich im Inneren des Sarkophags befindet. Beim Gedanken an die fest umwickelte erstarrte Mumie überfällt ihn ein kaltes Grausen. Ist es das, was von seinem Freund übrig blieb, von ihm, der jünger war als er selbst und mit dem er seine Kindheit verbracht hatte? Den er versucht hatte zu beschützen und der dann doch auf so rätselhafte Weise gestorben war? War da nicht immer wieder die Frage aufgetaucht, ob es bei diesem frühen Tod mit rechten Dingen zugegangen war? Seine Mutter hatte ihm manchmal von dunklen Ahnungen erzählt.

Langsam tauchen alte Erinnerungen wieder auf. Unfaßbarer Schmerz steigt in ihm hoch. Die Vermutung wird ihm auf unerklärliche Weise zur Gewißheit: Hier waren böse Mächte im Spiel! Die Priester? So etwas durfte man nicht denken! Oder doch?

Tief erschüttert geht er nach Hause und ist tagelang wie benommen. Dann löst sich die Beklemmung, es tritt eine erleichternde Befreiung ein. Er weiß: Auch Râhotep ist jetzt frei. Sie waren eng verbunden in diesen Tagen und können nun mit klarerem Bewußtsein ihren Weg fortsetzen.

Râhotep fühlt sich leicht und frei werden, sein Ka entfernt sich von der Erde und gelangt in eine Region, in der die Zeit aufhört zu existieren und sich zum Raum verdichtet. Vergangenheit, Gegenwart und Zukunft werden zu einer lebendigen Einheit, zu einem Ort, der seine wahre Heimat ist.

Alles ist hier nur Sein, und doch ist in diesem Sein das Gewordene und auch das Werdende enthalten. Die Vergangenheit und die Zukunft werden sichtbar, in einem einzigen Augenblick fällt ein Lichtstrahl auf die Erlebnisse des eben verflossenen Erdenlebens als Folgen einer Vergangenheit und Keimlegung für die Zukunft.

Dieser einzige Lichtstrahl, was offenbarte er alles?

Diese beiden Priester, er sieht sie in lang vergangener Zeit gemeinsam durch die Lande ziehen. In alten Mysterienstätten haben sie hohes Wissen erlangt, aber in ihren Herzen wohnen Selbstsucht und Machtgier. Alles kann der Mensch zum Guten oder zum Bösen gebrauchen, auch die höchste Mysterienweisheit. So wußten die Priester schon damals, ihre Macht zu stärken auf Kosten von anderen Menschen. Sie kamen zu einem Volksstamm, dessen Söhne und Töchter groß und stark waren, strotzend vor überschäumender Lebenskraft. Geschickt überredeten sie eines der Mädchen, an einen Treffpunkt außerhalb des Ortes zu kommen, an eine Kultstätte, die sie für bestens geeignet hielten, um einen Ritualmord auszuführen und sich die Lebenskräfte dieses jungen Menschen anzueignen. Doch das Mädchen witterte Unheil und entkam ihnen unmittelbar vor der geplanten Tat, aufgelöst vor Angst.

Die beiden aber taten einen Schwur, der so stark war, daß er den Raum erreichte, der jenseits der Zeit liegt: „Wir werden nicht aufhören, dich zu verfolgen, bis wir unser Ziel erreicht haben!"

Und weiter fällt der Lichtstrahl auf eine andere Zeit, an einen anderen Ort:

Die beiden Priester gehören zu einem Hofstaat, als dort ein Kind geboren wird, das ihrem Machtinstinkt zum Opfer fallen soll. Das Böse ist zur Stelle, und doch hat schon damals der Himmel für einen guten Schutz gesorgt, für Menschen in der Umgebung des Kindes, die das Schlimmste verhindern können. Die Mutter, die sich Sorgen um die rätselhafte Krankheit ihres Ältesten macht, trägt sie nicht Sekenres Züge? Lebt nicht Merits Wesenskern in einem der Hüter der Einweihungsstätte, die später den Jüngling durch ihre Kraft schützen können?

Auch diesmal erreichen die beiden ihr Ziel nicht. Aber der Schwur wirkt weiter. Wirkt so stark, daß er wieder eine ähnliche Situation herbeiführt. Wiederum hat ihm das Schicksal die Menschen zur Seite gestellt, die ihm helfen können. Aber diesmal ist die Macht des Bösen stärker!! Wird er ihnen je entkommen?

IX

Da läßt der Lichtstrahl auch die Zukunft aufschimmern:

Die beiden Magier haben ihr Ziel erreicht. Sie werden Râhotep nicht weiter verfolgen. Aber sie werden ihre Macht mehren und immer mehr zum Werkzeug des Bösen werden. Kein Lichtstrahl zeigt ihnen jenseits der Zeit die Folgen ihrer Taten, zu sehr sind sie verstrickt in die Gier nach Macht, die sie immer stärker an das materielle Leben fesselt. Sie saugen an den Lebenskräften der Menschen, die sie sich zu Lebzeiten unterworfen haben. Durch Magie haben sie Wirkungen geschaffen, die bis in den Raum jenseits der Zeit hineinreichen!

Auch Râhotep wird nicht frei von diesen Wirkungen, selbst wenn er den beiden auf der Erde nicht mehr begegnet. Groß ist der Schaden, den sie ihm an Leib, Leben und Seele zugefügt haben. Schwach und ohnmächtig der äußeren Welt gegenüber wird er sich immer wieder fühlen, während die Liebe in seinem Herzen wächst

Die Liebe, die sie ihm als Schwäche ausgelegt haben, wird sich am Ende als stärkste Macht der Welt erweisen.

Er sieht die verhärteten Seelen der Magier, wie sie in ferner Zukunft in dumpfem Leid an einen düsteren Ort verbannt sind. Aber es ist kein fruchtbares Leiden, das zur Verwandlung und Läuterung führen könnte. Sie sind unfähig zur inneren Umkehr. Doch sie haben große Angst vor dem Weltgericht. Schlimmer noch als ihr jetziger Zustand ist die Aussicht, daß sie dann für alle ihre Untaten werden büßen müssen.

Das alles sieht Râhotep in dem Lichtstrahl, und auch, daß er diesen Seelen Hilfe bringen wird.

Er kann gar nicht anders. In dieser fernen Zukunft wird er keine Angst und keine Rache mehr kennen. Nur Liebe kann Verwandlung bringen.

Ein tiefes Vertrauen entsteht in ihm, daß auch die bösen Mächte letztendlich nur dem Guten dienen, daß im Leiden die Erlösung und im Tod der Keim zur Auferstehung verborgen liegt. Gestärkt kann er seinen Weg fortsetzen. Er weiß, daß gerade durch sein Leiden ein unzerstörbares Band zwischen ihm und Merit, Sekenre und der Königin entstanden ist, das sie immer wieder zusammenführen wird.

Die Rache der Bauern
- Eine ägyptische Geschichte

I

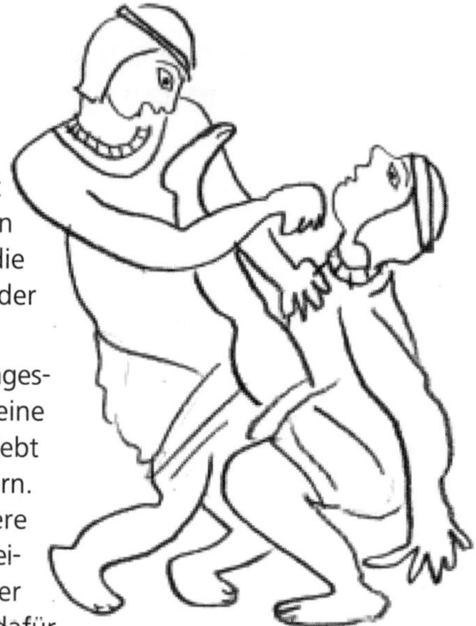

Um das Jahr 1000 v. Chr. befindet sich das große ägyptische Reich in einer Zeit des inneren Zerfalls. Etliche Provinzen sind verloren, das Land ist verarmt, die wirtschaftliche Macht in den Händen der großen Tempel.

In dem Städtchen Dendera, eine gute Tagesreise nördlich von Theben, wo der Nil eine scharfe Biegung nach Westen macht, lebt der Baugeselle Thotmes mit seinen Eltern. Die Familie ist verarmt wie viele andere auch, denn die Preise für Lebensmittel steigen beständig und Arbeit gibt es immer weniger. Aber das ist nicht der Grund dafür, daß Thotmes heute so bedrückt nach Hause kommt. Er könnte zufrieden sein mit diesem bescheidenen Leben, denn er verrichtet seine Arbeit gern und gut und der Ertrag reicht ihm für seine geringen Ansprüche aus.

Er könnte zufrieden sein, wenn da nicht Hunefer wäre, der gleichaltrige Nachbarssohn, der ihn seit seiner Kindheit immer wieder quält, ohne daß ein Grund zu sehen wäre. War es Neid, daß er, Thotmes, gewandter und flinker war als Hunefer und mehr Aufträge bekam als dieser? Das konnte wohl für die letzte Zeit zutreffen, aber früher? Seit er sich erinnern kann, hatte Hunefer ihm einen unerklärlichen Haß entgegengebracht. Doch er hatte sich nie dagegen wehren können.

Schließlich bittet er in seiner Verzweiflung seine Freunde um Beistand gegen Hunefer's ständige Sticheleien. Aber auch Hunefer schart seine Anhänger um sich und verstärkt seine Angriffe. Der Streit spitzt sich so weit zu, daß es auf dem Heimweg eine handfeste Schlägerei gibt. So etwas war schon öfter vorgekommen, aber diesmal geht die Sache schlimm aus: Nofru, einer der Freunde Hunefer's, wird bei diesem Handgemenge von einem so wuchtigen Schlag getroffen, daß er leblos zusammenbricht.

In Sekundenschnelle zerstreuen sich die Übrigen. Auch er, Thotmes, rennt erschrocken nach Hause. Er hatte bei dem Kampf nur zugesehen. Aber er hatte Angst, ja, er war sicher, daß Hunefer nun versuchen würde, ihm die Schuld an dem Vorfall zuzuweisen. Schon oft hatte Hunefer ihn so verleumdet, und er fühlte sich machtlos gegen solch heimtückische Gehässigkeit.

II

Thotmes liegt auf seiner Bank in dem kleinen Raum neben der Vorratskammer und grübelt in sich hinein. Kiwat, seine Mutter, wundert sich, daß er heute so verstört und wortkarg nach Hause gekommen ist. Aber er kann ihr nichts erzählen.

„Laß mich, ich bin krank!" sagt er nur. Die Mutter muß es wohl glauben, denn er will nichts essen und starrt nur wie gelähmt vor sich hin. Was soll er sonst tun? Er kann nur abwarten, welchen Fortgang die Dinge nehmen, und hoffen, daß alles glimpflich verläuft. Endlich beruhigt er sich und schläft ein.

Nachts erwacht Thotmes schweißgebadet aus einem seltsamen Traum: Hunefer und er hatten sich gestritten. Er war vor Hunefers Beschimpfungen geflüchtet und hatte sich in sein Häuschen zurückgezogen. Es war eine winzige Behausung in einer fremden, urwüchsigen Gegend. Auch Hunefer lebte in solch einem Häuschen. Sie schienen sich von der Jagd und vom Fischfang zu ernähren. Dann hatte er, Thotmes, aus heimtückischer Rache den Bach umgeleitet, an dem Hunefer lebte, und ihm so die Lebensgrundlage genommen. Das hatte eine wilde Verfolgungsjagd ausgelöst. Selbst als er sich endlich in Sicherheit wähnte, hörte er immer noch Hunefers wütende Drohung hinter sich herhallen: „Ich werde es dir heimzahlen !"

Immer noch klingen ihm diese Worte im Ohr: Ich werde es dir heimzahlen!

Was sollte dieser Traum bedeuten? War vielleicht er, Thotmes, doch nicht ganz so unschuldig an Hunefers Haß, wie er immer geglaubt hatte?

Den Rest der Nacht verbringt er schlaflos und unruhig, fühlt sich elend und zerschlagen. Sein Kopf ist leer und seine Glieder bleischwer. Schon im Morgengrauen kommt Kiwat die Treppe herunter. „Thotmes, steh auf, zwei Männer verlangen nach dir!" sagt sie aufgeregt.

„Schick sie weg. Sag ihnen, ich bin krank!" knurrt Thotmes. Kiwat entfernt sich brummend, taucht aber bald danach wieder auf. „Sie sagen, es sei dringend, sie müssen aber nur kurz mit dir sprechen!" Widerwillig folgt Thotmes seiner Mutter. Seine Befürchtungen scheinen nur allzu wahr zu werden.

Vor ihm stehen zwei Ordnungshüter der Stadt. Er wird beschuldigt, den Tod Nofrus verursacht zu haben. Seine Mutter schaut ihn erstaunt und erschrocken an. „Das ist nicht wahr!" ruft Thotmes verzweifelt, „ich habe nur..."

„Wenn du dich verteidigen willst, darfst du das gerne tun. Heute abend soll die Verhandlung sein. Du kannst natürlich Zeugen mitbringen, wisse aber, daß auch viele gegen dich zeugen werden!" Damit verabschieden sie sich.

III

Der Entschluß ist schnell gefaßt. Thotmes weiß genau, daß er bei dieser Sache nur verlieren kann. Sich gegen die Verleumdungen Hunefers und seiner Freunde zu wehren, ist ihm noch nie gelungen. Und selbst wenn es ihm heute gelingen sollte, er hat es satt, sich immer wieder Hunefers Ränken ausgesetzt zu sehen!

Er bespricht sich mit seiner Mutter. Sie ist einverstanden, daß er so schnell wie möglich die Stadt verläßt und versucht, in einem anderen Ort unterzutauchen und Arbeit zu finden. Sie ist von seiner Unschuld überzeugt. Aber das ist nicht der einzige Grund, daß sie ihm nun zur Flucht verhilft. Ihr Verhältnis war nie besonders herzlich gewesen und insgeheim begrüßt sie die Gelegenheit, den Jungen aus dem Haus zu schicken. Schließlich ist er alt genug, um sich selber durchzuschlagen!

Sie gibt ihm noch Geld und Proviant mit auf den Weg und einige gute Ratschläge für die Reise. „Laß uns baldmöglichst Nachricht von dir zukommen, damit wir wissen, wo du geblieben bist!" sind ihre letzten Worte. Auch dem Vater ist es recht so.

Mit dem Schiff in Richtung Süden erreicht Thotmes die nächste Stadt, Deir el Bahri. Erleichtert geht er an Land: Hier würde man ihn sicher nicht suchen. Hier würde er ein neues Leben beginnen, frei von allen Lasten der Vergangenheit!

Für ein paar Tage würde sein Geld ausreichen, und bis dahin hätte er sicher eine Arbeit gefunden. Er schlendert vergnügt durch die Straßen und schaut sich in Ruhe um. Bald zieht ein stattlicher, edel gekleideter Mann seine Blicke an, der ebenso wie er das Treiben auf der Straße beobachtet. Viele Menschen scheinen ihn zu kennen, nicken ihm freundlich zu oder sprechen mit ihm. Eine eigenartige Anziehungskraft geht von diesem Mann aus. Thotmes kann seinen Blick kaum von ihm abwenden und geht unwillkürlich näher zu ihm heran.

Auch der edle Mann hat ihn nun bemerkt und begrüßt ihn freundlich. „Ich bin Inteb." sagt er nur. „Und du?"

Thotmes ist verlegen. „Ich heiße Thotmes und komme aus Dendera. Ich suche hier eine Arbeit", sagt er schließlich.

„Was hast du gelernt?" will Inteb wissen.

„In Dendera gehörte ich zu den Bauleuten", beginnt Thotmes vorsichtig. Aber Inteb schüttelt schon den Kopf. „Da wirst du hier kaum Arbeit finden. Gebaut wird hier schon lange nicht mehr. Die meisten Leute sind so arm, daß sie kaum noch das Nötigste besitzen. Aber du siehst so aus, als könntest du mehr als Steine setzen. Wenn du willst, kann ich dir Arbeit, Essen und Unterkunft besorgen. Komm heute Abend in mein Haus, dort wirst du mehr erfahren!" Und er beschreibt ihm den Weg dorthin.

Thotmes ist glücklich. Die Götter scheinen ihm wohlgesonnen! Fast möchte er laut jubeln: Dank dir, Hunefer, für deine Ränke, die mir den Weg in ein besseres Leben bahnen.

Am Abend begibt er sich erwartungsvoll zu Intebs Haus. Es ist ein großes, prachtvoll eingerichtetes Haus, in dem schon einige junge Leute versammelt sind. Inteb begrüßt ihn wie einen guten Freund und stellt ihn den anderen vor. Die scheinen sich über den neuen Mitarbeiter zu freuen und nehmen ihn herzlich in ihre Gruppe auf.

Nun erfährt Thotmes, worin seine Arbeit bestehen soll. Inteb erzählt von seinen Plänen. Er will versuchen, neue Handelswege zu erschließen und Geschäftsverbindungen zu knüpfen, für gerechte Preise zu sorgen, um den Bauern und armen Leuten wieder zu mehr Wohlstand zu verhelfen. Durch die Wucherpreise der Tempel ist ein großer Teil des Volkes in Armut und Abhängigkeit geraten, während die Priester sich bereichern und immer fetter werden. Dem will Inteb abhelfen.

Thotmes ist glücklich, daß er bei einer solchen Aufgabe helfen darf. Die Freunde arbeiten eifrig. Sie tragen alles zusammen, was sie tagsüber ausgekundschaftet haben und machen Pläne, wie sie weitere Beziehungen knüpfen können. Inteb ist dabei wie alle anderen und gleichzeitig der leuchtende Mittelpunkt der Gruppe.

IV

Der erste Tag in der neuen Stadt zieht an Thotmes vorüber, als er spät abends todmüde auf seinem Lager liegt: So viel war passiert an diesem einen Tag wie früher in Wochen und Monaten nicht! Kaum zu glauben, daß er erst heute Morgen aus seiner Heimatstadt geflohen war und daß erst gestern diese Schlägerei …

Thotmes wischt den Gedanken daran weg. Nun taucht seine erste Begegnung mit Inteb vor seinem inneren Auge auf. Wie war ihm Inteb doch gleich vom ersten Moment an vertraut gewesen! So, als ob sie sich schon lange gekannt hätten und als ob das alles eine Vorsehung der Götter gewesen sei, die ihn hierher und zu Inteb geführt hatte.

In dieser Nacht hat Thotmes einen Traum:

Er sieht Inteb und sich selbst und viele andere in eigenartigen Holzmasken an einem Platz inmitten einer fremdländischen Gegend versammelt. Sie bewegen sich in tanzartigen Gebärden um einen Mittelpunkt herum und warten offensichtlich darauf, daß ein Gott sich offenbaren soll. Auf heimlichen Wegen und schweigend waren diese vermummten Gestalten zusammengekommen. Niemand weiß, wer hinter den andern Masken verborgen ist, und auch nicht, wer sie alle zusammengerufen hat. Es ist geradezu unheimlich und grausig. Aber es liegt auch eine erwartungsvolle Stimmung in der Luft. Wann würde der Gott sich offenbaren?

Dann geschieht etwas Entsetzliches: Einer der Maskenträger stürzt in die Mitte des Kreises, stößt gräßliche Laute aus und brüllt schließlich unter wilden Gebärden, er sei der Gott, der an diesem Ort verehrt würde und der sie alle zusammengerufen hätte. Bestürzt halten die anderen in ihren Tänzen inne. Sie können kaum glauben, was da geschehen ist. Einige stehen wie erstarrt, andere ergreifen in Panik die Flucht. Ein heilloses Durcheinander droht auszubrechen. Alle sind verwirrt, erschrocken und auch beschämt, denn manch einer ahnt, daß er Opfer eines gräßlichen Betrugs geworden ist. Nur einer ist so geistesgegenwärtig, in dieser Verwirrung die Übersicht zu behalten und die anderen an einem nahegelegenen Treffpunkt zu versammeln. Es ist Inteb, der dafür sorgt, daß die Masken abgenommen und die Gesichter sichtbar werden. Alle Augen sind auf Inteb gerichtet. Ob er wohl Rat weiß? Er scheint genauso bestürzt zu sein wie alle anderen. Doch er vermag es, all diesen hilflosen, einzelnen Menschen, die sich nie zuvor gesehen hatten, das Gefühl der tiefen Verbundenheit zu vermitteln. Gemeinsam hatten sie das Entsetzliche erlebt, gemeinsam würden sie es verarbeiten und verwandeln können. Er geht mit ihnen zurück zum Versammlungsort, um im Rückblick das Vorgefallene zu klären und zu reinigen. Ein tiefer Friede und eine starke Kraft verbindet sie nun alle. Sie gehen in der Gewißheit auseinander, daß die Zukunft sie wieder zusammenführen würde.

Thotmes ist erwacht und grübelt lange über diesen Traum nach. Er kann sich nicht erklären, was das alles zu bedeuten hat, aber irgendwie hat sich in ihm die tiefe Überzeugung eingestellt, daß er zu Inteb und seiner Gruppe gehört. Er dankt allen Göttern, die ihn den Weg hierher finden ließen.

V

Eine frohe und erfüllte Zeit bricht für Thotmes an. Eifrig stürzt er sich in die Arbeit, die es mit sich bringt, daß er viel herumkommt, Menschen und ihre Verhältnisse kennenlernt und Verbindungen herstellt. Inteb vermittelt ihm alles nötige Wissen und führt ihn in den Gebrauch der Schriftzeichen ein, die er für seine Aufgabe beherrschen muß. Es bereitet ihm große Freude, als Kundschafter nicht nur Deir el Bahri, sondern auch die umliegenden Orte kennenzulernen. Sogar größere Reisen mit dem Schiff darf er bald unternehmen. Nur die Gegend von Dendera vermeidet er tunlichst. Seinen Eltern läßt er gelegentlich durch befreundete Händler oder Reisende eine Nachricht zukommen. Auf dem selben Weg erfährt er auch, was in seiner Heimatstadt vorgeht. Von dem Vorfall mit Nofru scheint niemand mehr zu sprechen. Darüber ist Thotmes sehr erleichtert.

Er genießt sein neues Leben und denkt kaum noch an die Vergangenheit. Besonders die große Stadt Theben fasziniert ihn, die früher einmal die Hauptstadt des Reiches war und die auch heute noch Stadt der Vornehmen und Reichen, der Gebildeten und Weitgereisten ist. Sicher gibt es auch viele Armutsviertel, sogar größere als in anderen Städten. Aber dorthin gelangt der Besucher der Stadt nicht. Thotmes bemerkt gar nicht, wie groß die Kluft zwischen Armen und Reichen in Theben ist. Er bestaunt die prunkvollen Häuser und Gärten und die prächtig gekleideten Menschen, die ihm begegnen. Zum ersten Mal in seinem Leben überkommt ihn das Verlangen nach Reichtum und dringt in sein Herz.

Sobald er seine Geschäfte abgeschlossen hat, begibt er sich mit dem nächsten Schiff ans andere Ufer, nach Medinet Habu, um von dort aus den Landweg zurück nach Deir el Bahri zu nehmen.

Mit ihm auf dem Schiff befindet sich ein schlanker, hochgewachsener junger Mann namens Oneh, der ihm schon manchmal auf seinen Reisen begegnet ist und der ebenso wie Thotmes als Kundschafter oder Bote unterwegs zu sein scheint. Bisher waren die beiden noch nie richtig ins Gespräch gekommen. Oneh war immer vornehm gekleidet und wirkte irgendwie unnahbar. Darum hatte ihn Thotmes eher mit einer gewissen Scheu betrachtet und die direkte Begegnung vermieden. Jetzt aber, nach der Landung in Medinet Habu, tritt Oneh auf ihn zu. Er stellt sich vor und fragt Thotmes nach seiner Herkunft. „Du scheinst in ähnlichen Geschäften wie ich unterwegs zu sein. Ich habe dich schon länger beobachtet. Für wen arbeitest du?" Thotmes erzählt ihm von Inteb und seinen Plänen, die arme Bevölkerung zu unterstützen und den Bauern ein gerechtes Einkommen zu ermöglichen.

Oneh verzieht sein Gesicht zu einem spöttischen Lächeln. „Glaubst du wirklich, daß solche Pläne sich verwirklichen lassen? Bisher sind alle Träume von einer gerechten Welt gescheitert! Selbst der legendäre Pharao Echnaton, der alle Sklaven und Diener für frei erklärt hat und das Land ohne Kriege und Blutvergießen regieren wollte, hat eine schmähliche Niederlage erlitten."

„Erzähl mir mehr von diesem Pharao", bittet Thotmes nun, denn er hat auch Inteb oft von ihm sprechen hören. Es war ihm immer so vorgekommen, als ob Inteb diesen Pharao wie ein Vorbild betrachtete. Aber Thotmes hatte sich nie getraut, Inteb danach zu fragen.

Oneh erteilt ihm bereitwillig Auskunft: „Es gibt immer noch einige Menschen, die Echnaton verehren und insgeheim an Aton glauben, den einzigen Gott Echnatons , durch den er alle anderen Götter Ägyptens entthronen wollte, und vor dem alle Menschen gleich sein sollten: Arme und Reiche, Sklaven und Herren, Bauern und Priester. Er ließ sogar eine vereinfachte Schrift einführen, damit das ganze Volk lesen und schreiben lernen könnte. Du kannst dir denken, wo das alles hinführte. Es gab einen Aufruhr und viel Blutvergießen, bis wieder altes Recht und Ordnung in Ägypten eingekehrt war. Darum hielten die meisten Leute Echnaton für einen Irrsinnigen und bemühten sich, die Macht Ammons zu stärken, damit wieder Glanz und Reichtum über das Land käme."

„Reichtum ja, aber doch nur für wenige!" empört sich Thotmes. „Du weißt doch so gut wie alle, daß sich ein Viertel des ägyptischen Bodens im Besitz der Ammontempel befindet und daß Ammons Priester alle Macht und allen Reichtum Ägyptens an sich gerissen haben."

„Du solltest aufpassen, was du da sagst!" entgegnet Oneh nun in scharfem Ton. „Schließlich bist du in Medinet Habu auf Ammons Boden und ich bin ein Kundschafter seines Tempels! Aber ich will dir deine Unwissenheit verzeihen, denn du gefällst mir! Willst du nicht lieber auch für Ammon arbeiten? Dann würdest du nicht mehr so zerlumpt herumlaufen wie jetzt, sondern dir vornehme Kleider und ein eigenes Haus leisten können. Ammon bezahlt seine Diener gut! Sieh mich an! Ich habe es in kurzer Zeit zu ansehnlichem Reichtum gebracht!"

Thotmes weiß nicht so recht, was er antworten soll. Er verabschiedet sich schnell und begibt sich auf den Heimweg. Aber das Gespräch mit Oneh wirkt in ihm nach, je länger er darüber nachdenkt. Natürlich würde er Inteb nicht verlassen wollen. Aber die Aussicht, sein Leben lang nur für Essen und Unterkunft und ein paar lumpige Kupferdeben zu arbeiten, gefällt ihm plötzlich nicht mehr. Unzufriedenheit und Zweifel nagen an ihm. Sollte er Inteb um mehr Lohn bitten? Oder mit dem bisherigen zufrieden sein? Oder sollte er wirklich seine Dienste dem Ammontempel anbieten?

Beim nächsten Treffen mit den Freunden bringt er den Vorschlag von höherer Entlohnung für alle vor. Schnell hat er einige Freunde auf seiner Seite. Aber Inteb gibt zu bedenken, daß sein wichtigster Grundsatz sei, nicht für den eigenen Vorteil zu arbeiten, sondern um einer guten Sache willen. Er selbst habe sein gesamtes Vermögen der Sache gewidmet, aber dieses Vermögen sei nicht unbegrenzt. „Im Gegenteil", sagt er, „wenn wir unsere Sache vorwärts bringen wollen, müssen wir unsere eigenen Bedürfnisse noch mehr zurückstellen als bisher."

Nicht nur in Thotmes ruft diese Aussage einen tiefen Zweispalt hervor. In der nächsten Zeit gehen viele erregte Gespräche vor sich: man will ja einer guten Sache dienen, aber ohne solche Opfer zu bringen und auf ein Leben im Wohlstand zu verzichten. Diese Auseinandersetzungen enden damit, daß ein Teil der Gruppe beschließt, neue Wege zu suchen. Es sind Thotmes und seine Freunde Rânofer und Senmut, die glauben, ihre guten Absichten mit einer Arbeit für den Ammontempel verbinden zu können. Die anderen billigen diesen Entschluß. Sie gehen in Frieden auseinander, und Inteb heißt sie jederzeit wieder herzlich willkommen.

Thotmes bezieht eine kleine Behausung im südlichen Stadtviertel, von wo aus er eine gute Verbindung nach Medinet Habu hat und auch eine gute Möglichkeit, alles über seine Umgebung auszukundschaften und den Boten des Tempels zu melden. Seine Freunde haben sich in anderen Stadtvierteln niedergelassen, so daß die ganze Stadt von ihnen beobachtet und kontrolliert wird. Besitzverhältnisse und Bedürfnisse der Bürger interessieren die Ammonpriester ebenso wie der Abschluß von Verträgen mit den Bauern der Umgebung, deren Land der Tempel kaufen will. Dafür wird ihnen angeboten, ihr Land weiterhin zu bewirtschaften und dafür einen angemessenen Lohn zu erhalten. Die Erträge jedoch gehören dem Tempel. Die völlig verarmten Bauern haben keine andere Wahl, als auf diesen Vorschlag einzugehen. Auch wenn sie befürchten müssen, daß die Priester im nächsten Jahr für das Getreide, das sie in riesigen Lagern speichern, einen vielfachen Preis von dem verlangen, den sie jetzt bezahlen.

VI

Thotmes hat sich neue Kleider gekauft. Aber sonst lebt er weiterhin so bescheiden wie bisher. Er spart sich seinen Lohn auf und mehrt lieber sein Vermögen, statt es zu vergeuden. Zweihundert Deben Silber hat er schon beiseite gelegt. Was könnte er damit alles kaufen. Wie würden seine Eltern staunen, wenn er eines Tages als reicher Mann vor der Tür stände. Sein Kopf ist voll von Plänen und Überlegungen, wie er sein Vermögen am besten anlegen könnte. So voll ist sein Kopf davon, daß er manche Nacht wach liegt, um die besten Möglichkeiten zu errechnen. Doch je voller sein Kopf wird, desto mehr überhört er die Stimme seines Herzens, die ihm tief im Inneren sagen will: Es ist nicht gut, was du da tust!

Eines Tages steht Thotmes wie gewöhnlich auf dem Beobachtungsposten in der Nähe seiner Wohnung. Da sieht er Inteb auf sich zukommen. Er hat ihn lange nicht gesehen und freut sich über das Zusammentreffen. Inteb begrüßt ihn sehr herzlich, aber er sieht auch besorgt aus. „Thotmes, ich bin gekommen um dich zu warnen", sagt er nun. „Weißt du, daß einige Bauern sich gegen dich verschworen haben und sich rächen wollen?"

„Rächen? Wofür? Was habe ich denn getan?" ruft Thotmes völlig erstaunt aus.

„Sie machen dich dafür verantwortlich, daß sie durch den Verkauf ihrer Grundstücke an den Tempel noch ärmer geworden sind als vorher", sagt Inteb. „Aber ich sehe schon, daß du dir gar nicht darüber im Klaren bist, was du ihnen angetan hast. Trotzdem biete ich dir meine Hilfe an. Am besten kommst du gleich mit und versteckst dich bei mir!"

Thotmes ist bestürzt und verwirrt. Stimmte das, was Inteb sagte? Er kann es kaum glauben. Und doch gibt es keinen Grund, daran zu zweifeln, daß Inteb es ernst meint. Aber noch kann er sich nicht entschließen, gleich mitzukommen. Er erwartet Oneh, den Boten des Ammontempels, um mit ihm wichtige Neuigkeiten auszutauschen. Auch Rânofer und Senmut sollten gleich kommen. Danach könnte er zu Inteb gehen. „Ja, ich komme gern", sagt er, „soll ich Rânofer und Senmut auch gleich mitbringen? Wir haben noch eine Verabredung und danach könnten wir kommen."

„Ja", sagt Inteb, „dann brauche ich sie nicht zu suchen. Ich freue mich, euch wiederzusehen." Thotmes freut sich auch. Er dankt Inteb und verabschiedet sich.

Auch wenn er nicht so recht weiß, was er von Intebs Warnung halten soll, hat diese unverhoffte Begegnung doch dazu geführt, daß er sich an vergangene Zeiten zurückerinnert und sich plötzlich nach Inteb und den alten Freunden sehnt. Wie würde es ihnen in der Zwischenzeit ergangen sein? Er kann es kaum erwarten, sie alle wiederzusehen. Wann würde Oneh endlich auftauchen, auf den er schon viel zu lange gewartet hat? Er schlendert ein Stück auf der Straße nach Medinet Habu entlang, um Oneh entgegenzugehen. Aber es ist nichts von ihm zu sehen.

Thotmes kehrt um und nähert sich wieder seiner Wohnung. Allmählich ist ihm die Sache nicht mehr ganz geheuer. Oneh war sonst immer zuverlässig. Diese Warnung von Inteb, die er zuerst gar nicht so ernst genommen hat, macht ihm immer mehr Angst. Er will nun schnell noch seine wichtigsten Habseligkeiten an sich nehmen, um zur Flucht vorbereitet zu sein.

Da stehen auf einmal Anukis und Sinufer vor ihm, zwei Bauern, mit denen er im letzten Jahr Verträge abgeschlossen hatte. „Komm mit!" sagt Anukis in befehlendem Ton. „Wir haben dir etwas zu zeigen."

„Warum und wohin sollte ich mitkommen?" entgegnet Thotmes. „Ich habe jetzt keine Zeit, denn ich habe eine dringende Verabredung!"

„Wenn du den Boten aus Medinet Habu meinst, so kannst du lange warten! Ihn wirst du nur sehen, wenn du mit uns kommst!" sagt Sinufer. Es hat keinen Zweck sich zu weigern. Er muß ihnen folgen und versuchen, seine Angst zu verbergen!

Sie führen ihn aus der Stadt hinaus, auf eines ihrer abgemähten Getreidefelder. Die trockene Erde flimmert in der Gluthitze des Mittags. Vor der großen Getreidelagerhalle bleiben sie stehen. „Was siehst du hier?" fragt Anukis spöttisch und haßerfüllt. Thotmes versteht nicht. „Was soll ich hier sehen?"

„Dein Gehirn scheint genau so leer zu sein wie unsere Bäuche, unsere Felder und unsere Lagerhallen!" knurrt Sinufer. „Sieh selber, was du an Vorräten vorfindest!" Mit diesen Worten packen sie ihn, stoßen ihn die wenigen Steinstufen zum Eingang der Lagerhalle hinab, öffnen die Tür und schieben ihn hinein. Dann verschließen sie die Türe wieder und lassen Thotmes allein zurück.

Allein? Kaum haben sich seine Augen an die Dunkelheit gewöhnt, nimmt er in einer Ecke eine Gestalt wahr. Er erkennt Oneh, der ihn wütend und verbittert anstarrt. „Da hast du uns was Schönes eingebrockt!" entfährt es Oneh.

„Wieso ich?" braust Thotmes auf. „Ich wurde hierher geschleppt unter dem Vorwand, daß ich dich hier finden würde!"

Oneh stößt nur einen zischenden Laut aus. Thotmes begreift, daß man Oneh auf ähnliche Weise wie ihn selbst hergelockt hat. Er befürchtet, daß auch auf Rânofer und Senmut das gleiche Schicksal wartet. Könnte er sie warnen? Wohl kaum. Durch diese dicken Mauern dringt kein Laut, niemand würde ihre Hilferufe hören! Aber vielleicht würden Rânofer und Senmut rechtzeitig entkommen können und Hilfe holen! Diese kleine Hoffnung blieb noch. Aber nicht lange. Bald wird die Türe wieder aufgerissen und Rânofer und Senmut hineingestoßen. Nun hört man, daß die Tür nicht nur verriegelt wird, sondern große Steinbrocken davor gewälzt werden. Thotmes erschrickt. Das kann nicht wahr sein! denkt er verzweifelt. Wollen diese Banditen sie hier wirklich einsperren und verhungern lassen?!

VII

Stunden vergehen. Nichts rührt sich. Die Freunde sind sehr einsilbig. Was sollen sie auch reden? Der Ernst der Lage ist inzwischen jedem bewußt. Aus eigener Kraft würden sie hier nicht mehr herauskommen. Die Vorratsbehälter sind leer. Das Schlimmste ist, daß es keinen Tropfen Wasser gibt. Dazu diese Hitze! Ein letzter winziger Rest von Hoffnung glimmt noch in Thotmes. Vielleicht würde Inteb sie vermissen und nach ihnen suchen. Aber wie sollte er sie ausgerechnet hier finden? Nur ein Wunder könnte sie noch retten.

Aber je mehr Zeit vergeht, desto mehr schwindet auch diese letzte Hoffnung dahin. Alles in Thotmes bäumt sich auf gegen den Gedanken, daß er hier in dieser Halle dem sicheren Tod entgegengeht. Nein, nein! schreit es immer wieder in ihm. Das darf nicht wahr sein, das kann nicht wahr sein, daß sein hoffnungsvolles, junges Leben so schmachvoll endet. Den Gefährten scheint es ähnlich zu ergehen, aber niemand spricht darüber. Sie können ja auch kaum noch sprechen. Ihre Kehlen sind ausgetrocknet, die Lippen rissig und die Gedanken verwirren sich immer mehr. Sie liegen schon völlig entkräftet am Boden, aber noch ist der letzte Funke ihres Lebens nicht erloschen. Da hören sie, wie die Türe wieder geöffnet wird und Anukis und Sinufer mit triumphierendem Lachen hereinkommen. Sie tragen Hämmer und eine Hand voll Feldsteine bei sich. „So, ihr dreckigen Sumpfratten!" höhnt Sinufer. „Nun wollen wir euch für alle Zeiten lehren, was der Lohn für eure eigennützige Arbeit ist!" Sie zerren die halbtoten Körper an die Vorderseite der Halle, legen sie in Reih und Glied nebeneinander, die Köpfe an der Mauer nach Osten, die Füße nach Westen gerichtet. Die Steine und Hämmer haben sie zuvor auf einen Haufen gelegt. Nun hebt Anukis mit Donnerstimme an zu rufen: „Mögen die Götter eure Reise nach Westen so beschwerlich wie möglich gestalten! Mögen sie euch besser noch für alle Zeiten festbannen an diesen Ort, damit eure Seelen im Land des Westens nicht ebensolches Unheil stiften wie hier!" Um diesen Fluch zu bekräftigen, hämmern sie jedem der Freunde einen Stein ins Brustbein als Zeichen des Festgenageltseins.

Der Schmerz im Brustbein ist furchtbar, aber noch schlimmer ist das Gefühl, festgebannt zu sein. Thotmes sieht die aufgereihten Leiber vor sich und kann sich von diesem Anblick nicht abwenden. Wie ein beständiger Vorwurf liegen sie da und ziehen ihn magisch an. Das dumpfe Gefühl, etwas Schlechtes getan zu haben, füllt ihn ganz aus und lähmt alle Gedanken und Empfindungen. Erst ganz allmählich spürt er das Leid, das er den Bauern zugefügt hat, in der eigenen Seele. Immer noch starrt er auf seinen festgenagelten Körper als den Verursacher aller Qualen. Widerwärtig ist ihm dieser abscheuliche Anblick. Er will es nicht wahrhaben, daß dieses gräßliche Gebilde sein Körper war, der einmal unter Menschen umher wandelte und ihnen – durch den Traum vom großen Reichtum verblendet – ungeahnten Schmerz zufügte.

Lange Zeit ist so vergangen, da löst sich die Erstarrung endlich auf. Neue Seelen sind hinzugekommen. Zwei sind es. Sie kommen genauso wie damals, als sie die Steine in die Leiber trieben. Auch sie müssen nun das Leid erleben, daß sie verursacht haben. Dann erst können alle zusammen weitergehen. Thotmes will so schnell wie möglich diesen Ort verlassen und mit der ganzen Sache nichts mehr zu tun haben. Er eilt davon und kapselt sich ab. Die anderen sind ihm gefolgt, aber nicht aufdringlich. Jeder brütet vor sich hin. Thotmes wird von dem furchtbaren Gefühl gepeinigt, alles falsch gemacht zu haben. Aber er gelangt noch nicht zu der Einsicht, wie es hätte besser sein können.

Da taucht allmählich eine Erinnerung an Inteb und seine Freunde auf. Ja, da war alles besser! Die Zeit mit Inteb sieht er wie in ein goldenes Licht getaucht. Neue Hoffnung erfüllt seine Seele. Fast scheint es ihm, als ob Inteb jetzt auch da wäre und mit ihm die alten Freunde. Immer deutlicher nimmt er wahr, wie von Inteb's Seele eine leuchtende Kraft ausgeht, die sie alle miteinander zu einer großen Gemeinschaft vereint. Alle, die bisher dumpf und abgekapselt vor sich hin gebrütet haben, werden von diesem Licht ergriffen, können sich füreinander öffnen und nehmen mit Erstaunen und Freude wahr, wie die häßlichen Fesseln, durch die sie miteinander verbunden waren, sich in goldene Fäden der Liebe verwandeln. Sie spüren aber auch, daß diese zarten Fäden nur ein behutsamer Anfang sind, und daß jeder einzelne von ihnen seine eigene Leuchtkraft würde stärken müssen, um diesen neuen Keim wachsen zu lassen. Dazu mußten sie erst einmal ihre eigenen Wege gehen, um später wieder zusammenzufinden.

Thotmes blickt weiter zurück. Seine Kindheit und Jugendzeit tauchen vor ihm auf: Hunefer, Nofrus Tod. alles ungute, unbewältigte Dinge, die von ihm forderten, nicht vergessen, sondern in Ordnung gebracht zu werden. Das Gefühl des Versagens schwillt an zu einer erdrückenden Last. Ein beständiger Vorwurf geht von diesen Erinnerungen aus und gleichzeitig ein Ohnmachtsgefühl, nichts daran ändern zu können. Das eigene Dasein ist ihm widerwärtig.

Endlich fühlt er sich leichter. Die Last fällt von ihm ab, wird ausgeschieden wie Schlamm, der auf den Grund des Meeres sinkt. Er nimmt andere Wesen um sich herum wahr und hat das Vertrauen, daß sie ihm helfen werden, neue Kraft zu finden, um die zurückgelassene Last zu bewältigen. Ein dünner Faden verbindet ihn immer noch damit, auch wenn er sich weiter und weiter davon entfernt.

Lange dauert es, bis die Zuversicht in ihm gewachsen ist, sich der Aufgabe zu stellen, diese Last wieder aufzunehmen. Ihre Anziehungskraft wird größer und bringt ihn in die Nähe eines erhabenen, göttlichen Wesens. Es ist Jahve, der einst auf die Sphäre des Lichtes verzichtete und in die Sphäre der Dunkelheit hinabstieg, um dieses Dunkel von der Erde fernzuhalten. Diesem Gott zu dienen würde in Zukunft seine Aufgabe sein. Um für diese Aufgabe Kraft zu entwickeln, mußte er in die Dunkelheit eintauchen. Nur so konnte dem Licht in der Zukunft der Weg bereitet werden.

Demos
- Eine griechische Geschichte

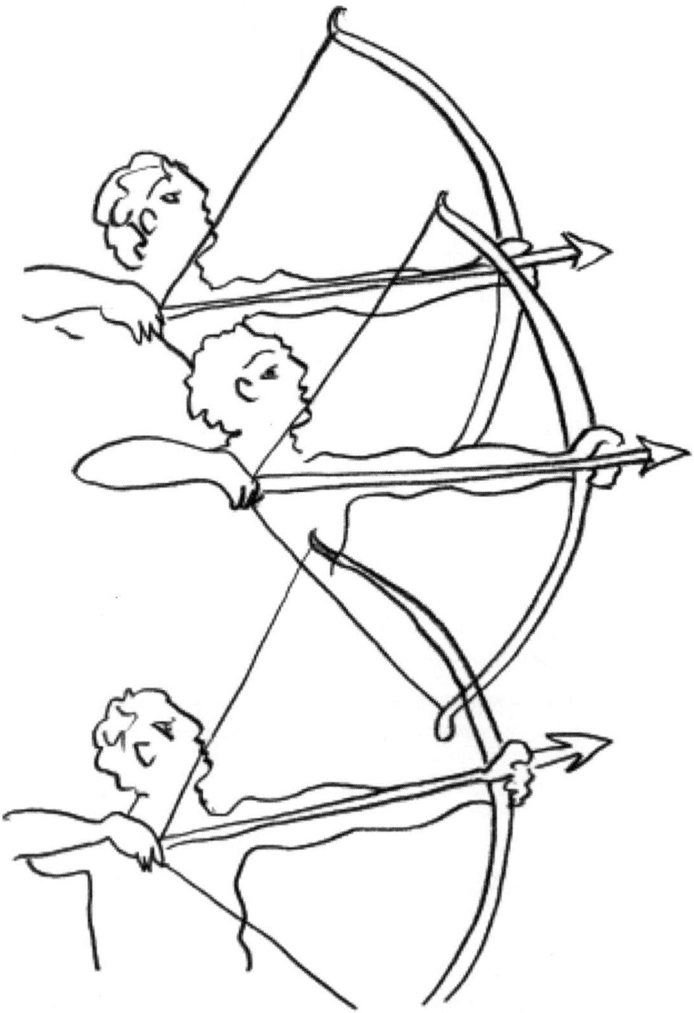

Thessalien, 418 v. Chr.

I

Demos, ein junger Grieche von 16 Jahren, lebt mit seinen Eltern in einem kleinen Fischerdorf auf dem Peleion, einem Zipfel der thessalischen Küste.

Aber jetzt ist er nicht dort. Sein Vater hat ihn auf die Insel Skiathos verbannt, um seinen Trotz zu brechen. Denn Demos will nicht das Handwerk seines Vaters erlernen und sein Leben als Fischer in einem winzigen Ort verbringen. Er fühlt sich zu Höherem berufen, will hinaus in die Welt, die Götter suchen und Heldentaten vollbringen.

Sein Vater will ihn zur Vernunft bringen, wie er sagt. Aber das soll ihm nicht gelingen, denkt Demos stolz und trotzig. Er wohnt bei armen Bauern, denen er helfen soll, ihre Felder zu pflügen. Das ist schwere Arbeit, und die Sommerhitze setzt dem armen Jungen stark zu, aber er beißt die Zähne zusammen und tut, was man von ihm verlangt. Die Bauern sind freundlich zu ihm. Demos weiß, daß seine Verbannungszeit bald zu Ende sein wird. Dann würde sein Vater ihn mit dem Boot abholen, und er, Demos, würde zu ihm sagen: „Vater, ich habe gelernt, hart zu arbeiten, aber meinen Sinn habe ich nicht geändert!"

II

Im nächsten Frühjahr begibt sich Demos auf die Wanderschaft. Seine Eltern haben sich mit seiner Sturheit abgefunden und ihm noch einige gute Ratschläge für die Reise mitgegeben. Ein bißchen mulmig ist ihm jetzt schon, alleine und ohne festes Ziel aufzubrechen. Aber er macht sich immer wieder Mut. Sicher wird er Menschen treffen, die ihm den Weg zu den Göttern zeigen können. Einige Male folgt auf seine Fragen verständnisloses Kopfschütteln oder ein mitleidiges Lächeln. Aber dann erfährt er doch, daß es in der thessalischen Ebene, in der Stadt Lárisa an der Biegung des Flusses Peneios, ein Heiligtum des Gottes Dionysos gibt. Er muß erst in Richtung Olympos gehen und dann nach Westen abbiegen ins Tal hinab. Am Abend des zweiten Tages kommt er dort an. Zum ersten Mal in seinem Leben sieht er ein großes Amphitheater und viele andere prächtige Gebäude.

Demos ist überwältigt von diesen Eindrücken. Zugleich ist er überzeugt, daß dies genau der Ort ist, den er gesucht hat und an dem er bleiben möchte. Er fragt sich durch, bis er vor dem obersten Priester des Heiligtums steht. „Ich möchte dem Gott Dionysos dienen!" sagt er in der bangen Hoffnung, der Priester möge ihm wohlgesonnen sein und Arbeit für ihn finden. Der Priester mustert ihn von oben bis unten und antwortet dann freundlich: „Du siehst aus, als ob du weit gewandert bist. Schlaf dich erst einmal aus, morgen früh können wir sehen, wozu du zu gebrauchen bist!"

Dankbar nimmt Demos das Angebot an, in einer kleinen Gästekammer zu übernachten. Am Morgen kommt der Priester in Begleitung eines zweiten Mannes. „Wir möchten sehen, wie du laufen, springen und werfen kannst. Wenn du geschickt bist, kannst du in die Vorbereitungsgruppe für unsere Tanzschule aufgenommen werden."

III

Schon am selben Tag wird Demos zu Melesias geschickt, dem Lehrer der Vorbereitungsgruppe. Er lebt mit seinen Schülern auf einem nahegelegenen Hügel. Die Abgeschiedenheit und das äußerst einfache Leben dort ermöglichen eine völlige Hingabe an die täglichen Übungen und die Natur. Klar und rein ist der Himmel hier oben, jeder Sonnenaufgang ein einzigartiges Fest. Nur das Zwitschern der Vögel klingt durch die Stille.

Als erstes muß Demos lernen, Pfeile zu schnitzen. Er sitzt mit Melesias und den sechs Mitschülern gemütlich beisammen. Sie schnitzen und plaudern und lernen sich so während der Arbeit kennen. Einen großen Teil der Zeit beanspruchen die Übungen mit Pfeil und Bogen. Die Schüler sollen lernen, ihre Seele mit dem Pfeil eins werden zu lassen, die Spannung des Bogens, den Flug und die Ankunft des Pfeils als innere Zeiteinheit zu erleben. Dann folgen rhythmische Übungen, zunächst gleichförmig und regelmäßig. Inneres Gleichmaß, Lockerheit und Körperbeherrschung werden geübt durch Hüpfen, Stampfen, Klatschen und Klopfen mit dem Thyrsosstab. Den Höhepunkt bildet immer der Abschluß des Tages, wo das bisher Gelernte zu einer neuen Übung zusammengefügt wird.

Der innere Bogen, der im Pfeilflug erlebt wurde durch Spannung, Lösung und Ankunft, soll jetzt rhythmisiert werden in möglichst verschiedener Weise: schnell und langsam, anschwellend und abflutend, träge oder feurig. Demos liebt diese Übungen und das einfache, aber erfüllte Leben hier oben. Noch mehr aber liebt er seinen Lehrer Melesias, zu dem er von Anfang an ein tiefes Vertrauen hatte. Er fühlt sich hier zu Hause und hat keine Sehnsucht nach der Heimat. Aber er weiß auch, daß diese Vorbereitungszeit einmal ein Ende nehmen wird, denn einmal im Jahr dürfen die „Neuen" ihr Können im großen Theater zeigen und die Besten werden dann in die Tanzschule des Tempels aufgenommen.

IV

Der Tag der Aufnahmeprüfung ist vorüber und Demos hat sie glanzvoll bestanden. Trotzdem ist er nicht so glücklich, wie er es eigentlich erhofft hat. Er fühlt sich fremd unter den vielen Leuten, die mit dem Heiligtum in vielfältiger Weise in Verbindung stehen: Priester, Tempeldiener, Gärtner, Schauspieler, Tänzer, alles Menschen, die Demos noch nicht kennt und die ihn argwöhnisch betrachten.

Schon bei der Vorführung der „Neuen" meinte er, unter den Zuschauern Stimmungen von Neid, Mißgunst und Spott zu spüren. Dieses Gefühl verstärkt sich im Laufe der nächsten Tage. Natürlich gibt es auch viel Freude und Lustigkeit und vor allem Begeisterung für das Neue, was es jetzt zu lernen gibt. Aber der Wettbewerb unter den Tänzern und Schauspielern ist unübersehbar. Jeder bemüht sich, vor den anderen zu glänzen und die Mitschüler in den Schatten zu stellen.

Auch Demos will sich hervortun. Aber er bemerkt, daß die anderen auf seine gelungensten Darbietungen besonders spöttisch und gehässig reagieren. Das verletzt seinen Stolz tief, denn er weiß, daß diejenigen, die am meisten über ihn lachen, schlechtere Tänzer sind als er. Aber sie sind die Söhne reicher Eltern und können sich darum alles erlauben. Er selber muß dankbar sein für Essen und Unterkunft, das die Kinder armer Leute nur bei besonderer Begabung bekommen. Wie können diese Reichen nur so neidisch auf ihn sein, wo sie doch so viele Vorteile ihm gegenüber haben?

Trotz allem ist es für Demos klar, daß es keinen besseren Platz für ihn geben kann und daß sein Entschluß, die Heimat zu verlassen, ihn genau zur richtigen Aufgabe geführt hat.

V

Die Schüler lernen, ihren Bewegungen seelische Inhalte zu geben. Das Erleben des eigenen Körper und Seins, das Sichtbarwerden der herausgesetzten Seelenanteile führt zu ganz neuartigen Erfahrungen. Wein dient zur Steigerung dieser Erlebnisse, das Innerste der Tänzer nach außen offenbar werden zu lassen.

Im Tanz erleben sie sich selbst, den Gott, der in ihrem Inneren lebt. Tanz ist für sie Gottesdienst, Schulung des Körpers und des Geistes. Seinserfahrung. Durchströmt werden von göttlicher Energie.

Im Frühjahr und Herbst gibt es große, mehrtägige Feste. Tänze, Chorgesänge und Schauspiele wechseln einander ab. Die Tänze dienen zur Vorbereitung der entsprechenden Stimmungen, sie werden von Instrumenten oder Gesang begleitet. Die herbeigeströmten Zuschauer begrüßen jede neue Darbietung mit Jubel. Am Ende erhalten die besten Dichter, Schauspieler, Sänger und Tänzer einen Preis. Ob es wirklich immer die Besten sind? fragt sich Demos manches Mal. Oder diejenigen, die den Schiedsrichtern die größten Summen haben zukommen lassen?

VI

Auch im Laufe der nächsten Jahre hat Demos keinen leichten Stand unter seinen adligen Genossen. Es empört ihn, daß bei der Auswahl für besondere Rollen offenbar nicht das Können zählt, sondern der Geldbeutel. Neid und Wut kochen in ihm über diese selbstgefälligen, eitlen Aristokraten, die sich in ihren hohlen Posen gefallen, die auf ihn nur oberflächlich, unecht und lächerlich wirken. Der Neid besteht aber auch auf deren Seite, sie können es nicht zulassen, daß sich ein armer Schlucker wie Demos als großer Könner hervortut.

Einmal im Jahr, im Sommer, finden in Lárisa auch große, sportliche Wettkämpfe für die ganze Umgebung statt, an denen viele der Tänzer teilnehmen. Speerwurf, Ringen, Schnell- und Weitlauf, Springen und andere Sportarten waren ja Bestandteil ihrer Grundausbildung gewesen, und auch hier gilt es zu zeigen, wer der Beste ist.

Demos steht mit einigen Gefährten am Startplatz für den Speerwurf. Sie sind vergnügt und ausgelassen, lachen, johlen, gestikulieren wild und übertrumpfen sich gegenseitig darin, mit ihren künftigen Siegen zu prahlen. Da verliert Demos plötzlich das Gleichgewicht und stürzt rückwärts auf – nein, nicht auf den Boden, sondern genau auf die von Kallias, einem der Tänzer, in den Boden gerammte Speerspitze! Demos schreit vor Schmerzen auf. Links oberhalb vom Gesäß wird eine klaffende Wunde sichtbar. Schnell und hilfsbereit bemühen sich die Freunde um ihn, tragen ihn ins Haus, versorgen die Wunde und schicken nach dem Arzt Megillos. Schließlich könne so etwas jedem passieren, stellen sie betroffen fest. Sie wirken leicht verlegen und beschämt, als sie sich bald darauf mit guten Genesungswünschen verabschieden und schnell wieder zum Stadion eilen.

VII

Erst Wochen später kann Demos wieder aufstehen und sich mühsam fortbewegen. Selbst das einfachste Gehen muß er neu erlernen. Die Wettkämpfe sind längst vorüber, und Kallias hat sich als Sieger unter den Tänzern hervorgetan. Ausgerechnet Kallias! Dessen Speer ihn, Demos, verwundet hatte. Er hätte Kallias bestimmt besiegt, wenn das nicht passiert wäre! Verbittert humpelt Demos auf dem Gelände hin und her. Ob er jemals wieder richtig tanzen können würde?

Da sieht er Kallias und einige andere Tänzer in erregtem Gespräch vom Theater her kommen. Kallias erblickt ihn und kommt auf ihn zu. „Demos", ruft er, „hast du schon das Neueste gehört? Athen hat sich ergeben! Fast die gesamte athenische Flotte ist von den Spartanern vernichtet worden!" Ungläubig und entsetzt starrt Demos ihn an. Konnte das wahr sein? Der Krieg zwischen Athen und Sparta hatte in seinem vierten Lebensjahr begonnen, und nun war er dreißig Jahre alt. Schreckensbotschaften von diesem Krieg gehörten seit seiner Kindheit zu seinem Leben, auch wenn er selbst nicht direkt davon betroffen war.

„Verstehst du nicht?" fragt Kallias aufgeregt. „Der Krieg ist vorbei! Man kann wieder gefahrlos nach Athen reisen!"

„Nach Athen reisen?" bringt Demos in seiner Verwirrung nur mühsam hervor. Aber schon merkt er, wie wieder der alte Neid in ihm aufsteigt. „Ja, du vielleicht!" giftet er nun. „Du hast ja genug Geld für solche Reisen!"

„Ich lade dich ein, mitzukommen." versucht Kallias ihn zu besänftigen. „Hast du nicht Lust dazu? Wir könnten dort ein paar Tage bei dem Bruder meines Vaters wohnen. Ich kann dir alle Herrlichkeiten Athens zeigen!"

„Ist das dein Ernst?" fragt Demos ungläubig. Ausgerechnet Kallias machte ihm ein solches Angebot. Konnte er das überhaupt annehmen? „Natürlich", erwidert Kallias frohgelaunt. „Es tut mir übrigens sehr leid, daß du dich an meinem Speer verletzt hast", fügt er wie zur Erklärung hinzu.

„Ach, dafür konntest du doch nichts!" sagt Demos lächelnd. „War ich doch selber schuld!" Nun lachen beide befreit und gehen Arm in Arm dem Wohnhaus zu.

VIII

Die neuen Freunde haben sich einige Tage lang ausgiebig in Athen umgesehen. Auch wenn die Erschütterung über den verlorenen Krieg immer noch die Gespräche unter den Athenern beherrscht und nicht allen die Aussicht auf Frieden zu gefallen scheint, genießen die Freunde jeden Tag ihrer Reise. Sie haben fast alles gesehen, was die Stadt an Kunstwerken und Prachtbauten zu bieten hat. Die Werke der Bildhauer haben es Demos besonders angetan. Der Höhepunkt dieser Tage ist eine Aufführung einer Tragödie des Euripides, des berühmten Dichters, der ebenso wie Sophokles das Ende des Krieges nicht mehr erlebt hatte.

Nun will Demos noch eines wissen: „Kallias, sag, kennst du diesen wunderlichen alten Mann, der von früh bis spät auf dem Marktplatz steht und mit allen Leuten Gespräche anfängt?"

„Ja", sagt Kallias, „es ist Sokrates, der Wahrheitssucher. Man munkelt, daß das Orakel in Delphi ihn als den Weisesten unter den Männern Griechenlands bezeichnet hat. Er selber aber behauptet, nichts zu wissen und deshalb so viel fragen zu müssen." Demos ist neugierig geworden. Sie nähern sich dem Alten, der von einer Traube junger Menschen umgeben ist.

„Was glaubst du, wo die Wahrheit zu finden ist?" fragt Sokrates einen lockigen Jüngling, der neben ihm steht. „Bei den Göttern!" erwidert der Jüngling selbstbewußt.

„Wenn die Wahrheit bei den Göttern ist, wie können sich dann die Menschen darüber streiten, was wahr und was unwahr ist? Wissen es doch nur die Götter!" fragt Sokrates weiter.

„Die Wahrheit lebt in jedem Menschen", wirft nun ein anderer ein, „aber weil die Menschen so verschieden sind, sieht jeder nur einen Teil der Wahrheit. Darum streiten sie sich!"

Aber Sokrates bohrt weiter: „Wenn jeder Mensch nur einen Teil der Wahrheit hat, müßte er doch begierig sein, die anderen Teile auch zu suchen und zu einem Ganzen zusammenzufügen. Wie kann er dann mit den anderen Menschen darüber streiten, ob sein Teil besser oder gültiger ist als der andere?"

Es tritt Schweigen ein. Endlich sagt einer: „Ich glaube, daß viel Leid unter den Menschen dadurch entsteht, daß jeder seinen Teil der Wahrheit für das Ganze hält."

Sokrates nickt zufrieden. „Glaubst du dann, es würde Frieden in der Welt herrschen, wenn alle Menschen wüßten, daß sie nur einen Teil der Wahrheit besitzen und daß sie die anderen Teile in den anderen Menschen suchen müssen?" Die Jünglinge schweigen bestürzt. Wie so oft hatte Sokrates es fertiggebracht, sie völlig in Verwirrung zu bringen.

Auch Demos denkt in der folgenden Zeit viel über diese Worte nach. Er glaubt, etwas vom Wesen der Tragödie verstanden zu haben, und von Dionysos, der von den Titanen zerstückelt und wieder neu geboren wurde.

IX

Nach der Heimkehr nach Lárisa beschließt Demos, Menon, den alten Priester des Tempels, aufzusuchen, um mehr über die Geheimnisse des Dionysos zu erfahren. Menon lächelt wohlwollend: „Ich dachte mir schon, daß du bald kommen würdest, um mehr über Götter und Menschen zu lernen. Auch ist es an der Zeit, dich auf eine neue Aufgabe vorzubereiten, da deine Jugendkraft als Tänzer bald nachlassen wird." Daran hat Demos noch gar nicht gedacht. Aber er weiß zu gut, daß seine immer noch schmerzende Narbe ihm das Tanzen schon jetzt sehr beschwerlich macht. Alle Salben und Säfte konnten den alten Zustand nicht wieder herstellen.

Er willigt daher freudig an, als Menon ihm anbietet, ihn in die Mysterien des Dionysos einzuweihen. Menon erzählt, daß die Titanen, nachdem sie Dionysos in Stücke gerissen hatten, seine Glieder in Wasser kochten und sein Herz begruben. „Minerva brachte dieses Herz in den Äther zurück, wo es eine strahlende Sonne wurde. Aus dem Rauch des Körpers sind die Menschenseelen entstanden, die unglücklichen zerstreuten Glieder des Dionysos, die von der Erde immer mehr herabgezogen und zerrissen werden. Sie suchen sich in Liebe und Schmerz, Verbrechen und Haß, und trennen sich doch immer mehr voneinander. Wir Priester haben die Aufgabe, sie wieder in den Himmel zu ziehen und miteinander zu verbinden. Das wird viele Zeitalter hindurch dauern. Für jetzt haben wir den Wein, der für Geselligkeit und gemeinsame Begeisterung sorgt und die Grenzen unter den Menschen überwinden hilft."

Neben seinem Unterricht bei Menon widmet sich Demos weiterhin, so gut es geht, der Tanzkunst. Seit dem Unfall hat sich viel geändert: Sein früherer Ehrgeiz ist gebremst, er freut sich viel mehr an dem Können und den Vorzügen seiner Gefährten, und auch diese behandeln ihn viel freundlicher und achtungsvoller als früher. Es ist eine schöne harmonische Zusammenarbeit entstanden.

X

In seinem 36. Lebensjahr tritt eine große Veränderung in Demos' Leben ein: In einem kleinen Ort, eine halbe Tagesreise nördlich des Heiligtums, ist der alte Dionysospriester gestorben, dessen Stelle Demos übernehmen soll. Menon hat ihn in die Geheimnisse des Weinbaus eingeweiht und mit allen Aufgaben eines Priesters vertraut gemacht. Beim Abschied wird Demos klar, wie sehr ihm dieser Ort und die Menschen ans Herz gewachsen sind. Wehmütig schleicht er durch das leere Theater und läßt seine Gedanken zurückwandern. Könnte er doch seine Jugend wiederhaben! Diese ursprüngliche Freude am Tanz, an der Körperkraft, am Wettbewerb, am gemeinsamen Rausch! Alles muß er nun zurücklassen. Auch wenn die Reise nicht weit ist, würde er doch das tägliche Leben hier vermissen.

Seine neue Aufgabe erfüllt ihn jedoch bald so, daß er von trübsinnigen Gedanken abgelenkt wird. Er hat einen großen Weinberg zu bearbeiten, Feste zu planen und durchzuführen und mit den Dorfbewohnern Tänze für die großen Feiern einzuüben. Sein ganzer Stolz ist eine große Statue des Dionysos, die er eigenhändig für die feierlichen Umzüge geschnitzt hat.

Nach einiger Zeit nimmt er sich eine junge Frau und ein Jahr später sorgt sein erster Sohn Simonides für ganz neue Erfahrungen.

Der Knabe entwickelt sich zu einem talentierten Dichter, der in seiner Spottlust und der Erfindung unflätiger Ausdrücke dem Aristophanes nacheifert. Menschen, die einen feierlichen Ernst zur Schau tragen, begegnet er mit einem Lachanfall. Angesehene Leute macht er mit der größten Unverschämtheit lächerlich. Nichts und niemand ist vor seiner giftigen Zunge sicher. Seine eigene Stimme hört er am liebsten und ist erst zufrieden, wenn er alle anderen übertönen kann. Demos hat viel Spaß daran, aber er muß auch immer wieder die Opfer seines boshaften Sohnes, die sich bitter bei ihm beklagen, besänftigen.

Im Laufe all dieser Jahre hat Demos an Leibesumfang beträchtlich zugenommen. Die Trägheit des Alters und das Wohlleben, das ihm seine Stellung ermöglicht, haben dazu beigetragen. Das Tanzen macht ihm keine rechte Freude mehr, nur noch gelegentlich der großen Feste feuert er die Leute zu wilden, ausgelassenen Tänzen an. Manchmal, wenn die alte Narbe wieder schmerzt und sämtliche Gelenke dazu, überkommt ihn Bitterkeit über die für immer verlorene Jugend und sein nie erreichtes Ziel, der Ruhmreichste aller Tänzer zu werden.

XI

Demos ist 64 Jahre alt. Er hat eine großartige Entdeckung gemacht: Die Medizin, die sein Arzt ihm gegen die Gliederschmerzen gegeben hat, ist geeignet, die Wirkung des Weins um ein Vielfaches zu steigern, wenn man sie gleichzeitig mit dem Wein zu sich nimmt. Er hat es oft genug ausprobiert und ist überzeugt, seinen Ruhm für die Nachwelt zu sichern, wenn er diese Entdeckung einmal preisgeben würde. Das nächste Frühlingsfest sollte der Anlaß sein, sich mit dieser Erfindung hervorzutun. Als erstes weiht er seinen Gehilfen Milon in seine Pläne ein. Er möchte den Leuten zunächst nichts verraten, sondern das Mittel unter den Wein mischen, der dem Volk ausgeschenkt wird. Milon befürchtet, daß Paralos, der Arzt, das Medikament nicht für solche Zwecke hergeben würde. Aber er bietet sich an, da er das Haus des Paralos kennt, eine entsprechende Menge unauffällig zu entwenden.

Der erste Tag des Frühjahrsfestes ist gekommen. Alle Vorbereitungen sind getroffen, die Straßen und Häuser geschmückt für den Einzug des Dionysos.

Übermütiges Geschrei und Gejohle erfüllt die Luft. Ausschweifende Lustigkeit und Trunkenheit wird geradezu als Pflicht gegenüber dem Gott betrachtet.

Demos schenkt den Wein aus, den er mit seinem geheimen Wundermittel versehen hat. Wochenlang hat er sich auf diesen Tag gefreut und vor allem darauf, wie die Leute begeistert sein und seine Erfindung preisen würden! Schon stimmen die Musiker ihre Instrumente für den ersten Tanz. Demos ermuntert die Leute zum Trinken und nimmt selber noch mal einen kräftigen Schluck, dann feuert er die Menge zum Tanz an.

Plötzlich merkt er, wie ihm übel wird und sein Herz wie wild klopft. Er scheint nicht der einzige mit solchen Beschwerden zu sein. Er stiehlt sich aus dem Kreis der Tanzenden, um sich mit seinem Sohn Simonides zu besprechen. Ob sein Unwohlsein wohl etwas mit dem Wein zu tun hatte? Daß er auch unbeabsichtigte Wirkungen hervorrufen könnte, daran hat er bislang gar nicht gedacht. Auf einmal ist ihm die Sache nicht mehr ganz geheuer. Sollte er die Leute warnen und anderen Wein holen? Aber was würde man dann von ihm denken?! Simonides lacht ihn nur aus: „Du mit deiner Ängstlichkeit! Oder macht dir das Alter zu schaffen? Sei lieber lustig und trinke – wie ich!" Er lehrt seinen vollen Becher in einem Zug.

Demos ist verärgert, daß Simonides nur Spott für ihn übrig hat. Die Anspielung auf sein Alter trifft seinen wundesten Punkt. Na gut, denkt er erbost. Dir werde ich zeigen, was Alter ist! Er nimmt noch einen Schluck und stürzt sich wieder unter die Tanzenden. Die Musiker bieten ihr ganzes Können auf, immer wilder und ausschweifender werden die Tänze. Demos steigert seine rasenden Gebärden bis zum Äußersten, alle sollen sehen, welch großartige Wirkung sein Wein hervorbringt. .

Fast ist ihm, als flöge er, alles dreht sich vor seinen Augen, ihm schwindelt ... und dann sieht er sich die Dorfstraße hinauf eilen und findet sich in seinem Weinberg wieder. Das ist genau der richtige Platz, wo ich meinen Rausch ausschlafen kann, denkt er noch, bevor das Bewußtsein ihn verläßt.

XII

Wie lange Zeit vergangen ist, weiß er nicht, und auch nicht, wie er eigentlich hierher gekommen ist, als er aufwacht, und voll Erstaunen bemerkt, daß sich Eindringlinge seinem Weinberg nähern. Er erkennt Paralos, den Arzt, und Kleon, einen jungen Burschen aus dem Dorf. Was wollen sie hier? Sie lachen und schwatzen und tun so, als sei sein Weinberg ihr Eigentum! „Glaubst du, daß der dicke, kahlköpfige Silen absichtlich den Wein verdorben hat?" fragt Kleon. Demos glaubt nicht recht zu hören. Redeten sie von ihm? „Ich glaube eher, daß er der Meinung war, eine besonders großartige Wirkung hervorzubringen", antwortet Paralos. „Jedenfalls geschieht es ihm recht, daß nicht nur Simonides, Kimon und Kinesias dran glauben mußten, sondern auch er selbst!"

Demos ist empört. Was wollte dieses Pack hier und wie konnten sie es wagen, so respektlos von ihm zu reden. Er will sie zur Rede stellen, aber sie nehmen einfach keine Notiz von ihm, tun so, als ob er Luft wäre. Tun so? Er ist völlig verwirrt und beschließt, den beiden zu folgen, um sie zu belauschen. Sie reden von Simonides und Kimon, den begabten, jungen Dichtern, die am nächsten Tag zum Wettbewerb antreten wollten, und von Kinesias, einem ebenso vielversprechenden jungen Tänzer. Sie bedauern den frühen Tod dieser hoffnungsvollen blühenden Menschen.

Demos traut seinen Ohren nicht. Sein Sohn Simonides tot? Und Kimon und Kinesias auch? Besinnungslos rast er ins Dorf hinunter, um Genaueres zu erfahren. Aber auch hier antwortet ihm niemand. Sind alle Leute verrückt geworden oder bin ich es? fragt er sich verzweifelt. Er irrt umher und gelangt schließlich nach Lárisa. Nur wenige seiner alten Freunde sind noch dort, aber auch diese scheinen ihn nicht zu bemerken. Endlich gelangt er in sein Heimatdorf am Meer. Hier kennt er niemanden mehr, Vater und Mutter sind längst gestorben und auch seine Geschwister leben nicht mehr dort.

Gestorben? Das Wort will nicht mehr aus seinem Sinn, so sehr er sich auch dagegen wehrt. Allmählich begreift er, daß er den Eingang zum Hades nicht gefunden hat, weil er ihn nie finden wollte. Er wollte nur leben! Leben und die Sonne Griechenlands auf seiner Haut und den Wein in seiner Kehle spüren. Der Wunsch zu leben zieht ihn mächtig zur Erde, aber eine andere Kraft, die ihm sagt, daß es noch nicht an der Zeit ist, wird immer stärker und hebt ihn empor aus der Sphäre der Wünsche, die er nun zurücklassen muß.

Er fühlt sich wachsen, seine Seele dehnt sich aus nach allen Seiten, der Mittelpunkt wird zum Umkreis, und er erlebt sich in den Seelen all der Menschen, denen er im Leben begegnet war und die ihm jetzt sein eigenes Dasein spiegeln. Die Worte des Sokrates klingen ihm entgegen. „Glaubst du, es würde Frieden in der Welt herrschen, wenn alle Menschen wüßten, daß sie nur einen Teil der Wahrheit besitzen und daß sie die anderen Teile in den anderen Menschen suchen müssen?" Nun erlebt er sie, die anderen Teile der Wahrheit, und fühlt sich eins mit ihnen.

Ein tiefer Friede erfüllt ihn. Dann fühlt er sich emporgezogen von der strahlenden Sonne, dem Herzen des Dionysos.

Ererbtes Leben
– Eine frühchristliche Geschichte

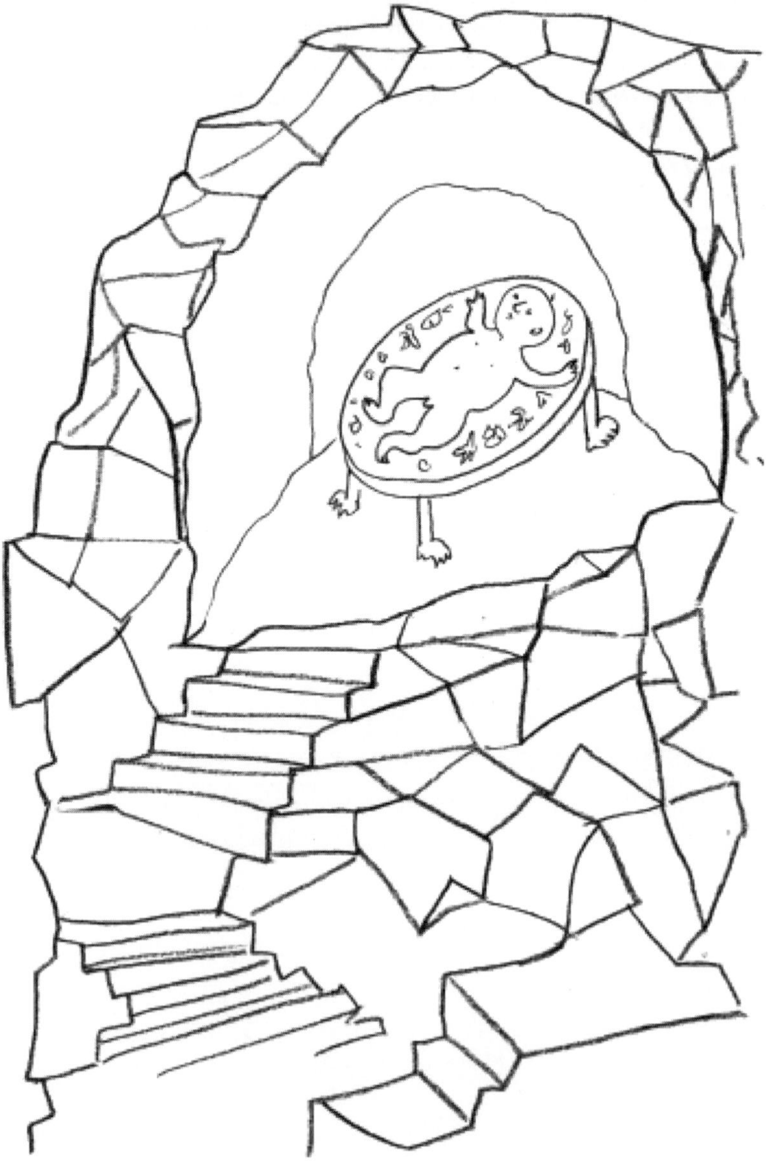

Dalmatien, im 2. Jahrhundert n. Chr.

I

Marjana, eine junge Frau, lebt mit ihrer Mutter Pia in einem kleinen Dorf im Gebirge. Es ist die Zeit, in der sich die christliche Botschaft schon in weiten Teilen Südeuropas verbreitet hat.

Ein friedvolles, von Liebe getragenes Gemeindeleben hat sich in dem kleinen Dorf entfaltet, in dem Marjana ihre behütete Kindheit verbringen durfte. Pia ist eine weise Frau, die ihre einzige Tochter sorgfältig in dem neuen Glauben erzogen hat. Sie besitzt tiefe Einblicke in die Rätselfragen des Lebens und hat oft mit Marjana über die Weisheitslehren alter Zeiten gesprochen. Auch hat sie die Gabe, das Schicksal der Menschen zu erkennen und ihren Weg vorherzusehen. Doch vieles von dem, was sie weiß, muß sie dem Mädchen noch verschweigen, denn Marjana soll frei ihr Schicksal wählen können.

II

Eines Tages taucht ein Fremder in dem kleinen Dorf auf. „Wo finde ich die Tochter der Pia?" fragt er die Leute. Er wird bereitwillig zu Marjana geführt und stellt sich ihr vor. „Ich bin Kamjic", sagt er freundlich. „Du kennst mich zwar noch nicht, aber ich habe eine wichtige Botschaft für dich. Komme heute Nachmittag in die Grotte beim Buchenhain. Dort möchte ich dich treffen."

Marjana ist erstaunt. Was konnte Kamjic von ihr wollen? Konnte sie ihm vertrauen? Was würde ihre Mutter dazu sagen? Auch Pia ist zunächst überrascht, aber dann huscht ein Lächeln über ihr Gesicht. „Kamjic?" ruft sie freudig aus. „Ich kenne ihn. Geh nur! Du wirst schon das Richtige tun." Marjana geht, erwartungsvoll, aber auch ein bißchen bange, zu dem verabredeten Treffen.

Ob sie wohl wirklich das Richtige getan hatte? fragt sie sich auf dem Heimweg immer wieder. Alles war so schnell gegangen, so überwältigend schnell, daß sie jetzt erst zur Besinnung kommt. Innerhalb kürzester Zeit war die Entscheidung über ihren weiteren Lebensweg gefallen, eine Entscheidung, die nicht mehr rückgängig gemacht werden konnte und die sie doch, einer inneren Stimme gehorchend, frei getroffen hatte.

Denn sie hatte ein Kind empfangen von Kamjic, ein Kind, von dem Kamjic ihr gesagt hatte, das es, um seine Lebensziele verwirklichen zu können, einer passenden Vererbung und einer besonderen Erziehung bedürfe. Der Knabe sollte Mitis heißen und sei berufen, ein großer Arzt zu werden. Kamjic hatte ihr den Ort genannt, an dem sie das Kind erziehen sollte, und ihr genügend Geld für diese Aufgabe hinterlassen. Er selbst war wieder in seine Heimatstadt zurückgekehrt, wo er als Arzt einen großen Wirkungskreis hatte. Dorthin sollte Marjana ihren Sohn schicken, sobald er alt genug wäre.

„Gut, daß du eingewilligt hast", sagt Pia nur, als Marjana ihr alles erzählt hat. „Ich habe dich seit deiner Kindheit auf diese Aufgabe vorbereitet, auch wenn du bisher nichts davon wußtest. Du solltest frei entscheiden können. Sobald dein Sohn erwachsen ist, sollst du seine Geschichte, die deines Vaters und deine eigene erfahren."

III

Im nächsten Jahr ist Marjana auf dem Weg zu dem Ort, den Kamjic ihr genannt hatte. Sie hat nur ein kleines Bündel mitgenommen und trägt ihr Kind auf dem Arm. Stolz ist sie auf den kleinen Mitis, der prächtig gedeiht und für dessen Zukunft sie nun verantwortlich ist. Der Weg ist weit und beschwerlich, doch sie findet ihn und gelangt sicher und wohlbehalten ans Ziel. Nach einigen Tagen Wanderung steht sie vor einer Mauer, die eine Anzahl von Gebäuden und einen Kräutergarten umschließt. Durch das große Tor tritt sie ein.

Sie findet alles so vor, wie Kamjic es ihr gesagt hatte, und wird von den Bewohnern herzlich empfangen. Es ist eine kleine, christliche Gemeinschaft, die dort ein ruhiges und beschauliches Leben führt und sich der Krankenpflege und dem Anbau von Heilkräutern widmet. Hier kann Marjana mitarbeiten und den kleinen Mitis immer bei sich haben. Er macht ihr wenig Mühe und wächst zu einem aufgeweckten Knaben heran, der bald den Umgang mit Heilkräutern und Kranken besser versteht als seine Mutter.

Als der Knabe zu einem Jüngling herangereift ist, steht sein Entschluß fest: „Mutter, ich möchte einmal Arzt werden!" Wie erstaunt ist er, als seine Mutter nur nickt und lächelnd sagt: „Ich weiß. Es ist an der Zeit, daß du zu Kamjic gehst. Er ist ein berühmter Arzt, der dich gerne aufnehmen wird."

Mitis staunt immer mehr. Woher weiß seine Mutter das alles? „Wer ist Kamjic und woher kennst du ihn?" will er wissen.

„Er wohnt drei Tagesreisen nördlich von hier in einer großen Stadt", antwortet Marjana. „Den Weg dorthin hat er mir beschrieben. Er ist - - - dein Vater."

„Mein Vater?!" ruft Mitis überrascht aus. „Warum hast du mir nie von ihm erzählt?"

Jetzt lacht Marjana: „Weil du nie gefragt hast!" Dann erzählt sie ihm alles, was sie über Kamjic und seine Herkunft weiß.

Die nächsten Tage und Wochen vergehen mit Vorbereitungen für die Reise. Dann verläßt der junge Mitis frohen Mutes den Ort seiner Kindheit und Jugend. Marjana bleibt noch eine Weile da. Doch sie weiß, daß auch ihre Zeit an diesem Ort abgelaufen ist. So macht sie sich wieder auf die Wanderschaft, diesmal allein, und kehrt in ihr Heimatdorf zurück.

IV

Mutter Pia lebt immer noch in demselben kleinen Häuschen, in dem Marjana ihre Kindheit verbracht hatte. Wie freuen sich die beiden über das Wiedersehen.

Pia ist froh, daß ihre Tochter gesund heimgekehrt ist und ihre Aufgabe erfüllt hat. Nun ist auch die Zeit gekommen, daß Marjana ihre Geschichte erfahren soll.

Pias Erzählung

Du weißt, daß seit Urzeiten Götter und Halbgötter die Geschicke der Menschheit gelenkt haben. Große Kulturen entstanden in verschiedenen Ländern unter der Leitung dieser Vertreter Gottes auf Erden. Diese wiederum suchten unter den Menschen die besonders Befähigten aus, die sie in die Geheimnisse des Himmels und der Erde einweihten, um sie zu Mitschöpfern und Mitgestaltern der irdischen Entwicklung zu machen. Ein Volk gab es damals, vor mehr als dreitausend Jahren, das berufen war, die Geheimnisse von Geburt und Vererbung zu pflegen. Die besten Eigenschaften von Vater und Mutter sollten auf die Nachkommen übergehen, denn je vollkommener ein Körper ist, desto vollkommener kann sich der Geist durch ihn offenbaren. Die höchsten Priester und Eingeweihten waren darauf bedacht, ihrer Nachkommenschaft die edelsten Anlagen zu übertragen, durch die sie wiederum für die göttliche Weisheit empfänglich wurden. Schon die Geburt solcher Kinder war außergewöhnlich und die Umstände ihres Heranwachsens mögen uns heute vielleicht sonderbar erscheinen. Dem Einfluß der Gestirne und der Naturerscheinungen wurde eine große Bedeutung beigemessen und spielte bei der Geburt und Erziehung dieser Kinder eine besondere Rolle. So laß mich dir von Golohidu erzählen.

V

Es ist nun fast dreitausend Jahre her, da wurde der Knabe in einer Höhle geboren, die hoch oben in einen steilen Berg gehauen war. In der Mitte des großzügig ausgestalteten Höhlenraumes befand sich ein ovaler Tisch, dessen Platte mit allerlei Figuren und Symbolen versehen war. Auch an den Wänden befanden sich Gemälde mit solchen Formen. Auf diesen Tisch wurde das Neugeborene gelegt, damit sein Körper alles aufnehmen sollte, was der Himmel ihm an Kräften zuströmte.

So hoch oben, nahe dem gestirnten Himmel, war der winzige zarte Körper besonders empfänglich für diese Ströme. Aber er nahm die Botschaft des Himmels nicht nur in sich auf, sondern ließ sie in vielfacher Stärke im gesamten Umkreis weiterstrahlen, so wie es Gegenstände gibt, die mitschwingen, wenn in ihrer Nähe ein Ton erklingt und diesen Ton dann in anderer Form wiedergeben. Viele solcher Menschenkinder gab es damals, deren Körper wie ein Sprachrohr Gottes anregend und schützend auf die Umgebung einwirkten.

Golohidu bekam noch eine Schwester. Die beiden Kinder wuchsen, abgeschieden von der Welt, in ihrer Höhle heran. Sie sollten nur dem reinen Licht des Himmels ausgesetzt sein und die dunklen Triebe und Machenschaften der Stadtbewohner meiden. Ihre Nahrung bestand aus Früchten, Samen und Kräutern, ihre Erziehung in der Vorbereitung auf ihre zukünftige Bestimmung.

Lange Zeit lebte die Familie in Liebe und Eintracht. Nichts störte die abgeschiedene Ruhe und den Einklang mit Himmel und Erde. So verbrachte Golohidu eine glückliche Kindheit und Jugend.

VI

Eines Tages sollte sich alles ändern.

„Mein Sohn, die Zeichen des Himmels sagen mir, daß es an der Zeit ist, dich zu deinem zukünftigen Meister zu bringen", teilte ihm der Vater plötzlich mit.

Golohidu konnte nicht viel fragen, so schnell ging alles. Der Vater verband ihm die Augen und trug ihn auf seinen Armen durch einen geheimen hinteren Ausgang aus der Höhle. Von diesem Weg hatte Golohidu bisher nichts gewußt. Auf der Seite der Höhlenöffnung war der Berg so steil, daß an ein Heruntersteigen ins Tal gar nicht zu denken war.

Als sie am Fuß des Berges angekommen waren, fühlte sich Golohidu in einen hölzernen Karren geschoben, der sich in Windeseile in Bewegung setze. Sein Vater saß dicht neben ihm und hielt ihn fest im Arm. Aber die

Binde nahm er ihm nicht von den Augen, noch sprach er ein Wort, wohin die Reise gehen sollte. Golohidu war verwirrt und wie gelähmt vor Angst. Was bedeutete das alles? Wo sollte er hingebracht werden? Warum waren seine Mutter und seine Schwester nicht mitgekommen? Warum schwieg sein Vater? Und wann würde diese schreckliche Fahrt endlich zu Ende sein?

Es war äußerst unbequem, so hart durchgeschüttelt zur werden. Alle Glieder schmerzten. Er war hungrig und erschöpft. Endlich hielt der Karren an und der Vater nahm ihm die Binde von den Augen. Sie befanden sich in einer weiten kargen Hügellandschaft. Die hohen Berge waren nur noch weit entfernt im Norden zu sehen.

Ein einziges Gebäude befand sich hier, halb unter einem Hügel versteckt. Nur die Eingangshalle war dem Hügel vorgelagert. Schon trat ein stattlicher Mann heraus, der den Vater zu kennen schien und seine Ankunft offenbar erwartet hatte.

„Hier, Meister Scheloch, bringe ich dir meinen Sohn Golohidu", sagte der Vater.

„Es ist gut so, Jobab", antwortete der Meister. „Du hast die Zeichen des Himmels recht gedeutet. Komm, mein Sohn", wandte er sich an Golohidu, „du bist sicher hungrig und durstig von der langen Reise."

VII

„Willkommen in unserer Schule!" wurde Golohidu von anderen jungen Männern begrüßt. Scheloch zeigte ihm seine Schlafstelle: „Du wirst mit allem, was du brauchst, versorgt werden. Morgen werde ich dir mehr über unsere und deine Aufgaben erzählen."

Golohidu erschrak. Sollte er etwa hierbleiben? Nicht wieder zurückkehren zu Mutter und Schwester? Wo war überhaupt sein Vater geblieben? Er fragte Scheloch nach ihm.

„Dein Vater ist wieder abgereist", sagte Scheloch gütig. „Er wollte dir den Abschiedsschmerz ersparen. Aber du wirst ihn wiedersehen, wenn es an der Zeit ist."

„Nein!“ schrie Golohidu auf. Das konnte nicht wahr sein! Sein Vater verschwunden! Und er hier bei diesen fremden Menschen! Ohne Mutter und Schwester, die er so sehr liebte! Warum hatte Vater ihm das angetan? Grausam war es, so von allen Wurzeln losgerissen zu sein und zu wissen, daß es kein Zurück mehr gab! Denn das wußte Golohidu, daß er den Weg niemals alleine finden würde. Nicht umsonst hatte sein Vater ihm die Augen verbunden. Er hatte wohl geahnt, daß sein Junge von schwerem Heimweh geplagt werden würde. Nicht nur sein Vater hatte es geahnt. Auch die anderen jungen Männer hier schienen ähnliches erlebt zu haben. Einige fanden sich bald ein, um sich um Golohidu zu kümmern und ihn zu trösten.

VIII

Am nächsten Tag ließ der Meister ihn zu sich kommen. „Nun sollst du erfahren, wozu du hierher gekommen bist“, sprach er. Golohidu nickte und Scheloch fuhr fort: „Es ist der Wille der Götter, daß ein reines und edles Menschengeschlecht auf Erden entstehen soll, das ihren Zielen in bester Weise dienen kann. Doch nur in einem vollkommenen Körper kann sich der Geist vollkommen offenbaren. Unsere Aufgabe ist es, diesen Einklang so herzustellen, daß unsere Nachkommen immer vollkommener werden. Du wirst einige Jahre des Übens und Lernens hier in unserer Schule zubringen, bevor deine Zeit gekommen ist, dich auf die Suche nach einem ebenso vorbereiteten Mädchen zu machen, das würdig ist, die Mutter deiner Kinder zu werden. Immer wenn die Gestirne es anzeigen, daß sich einer aus unseren Reihen auf den Weg machen soll, kann zur gleichen Zeit ein neuer Schüler bei uns aufgenommen werden. Dein Vater hat die Sternenschrift erkannt und dich zur rechten Zeit hierher gebracht.“

Golohidu schluckte schwer, als er dies alles hörte. Das also würde sein Los sein: ebenso wie seine Eltern Kinder zu haben, denen wiederum vorbestimmt war, denselben Weg zu gehen. Ohne daß sie davon wußten und ohne daß sie gefragt wurden. Niemals hätte er freiwillig zugestimmt, hierher gebracht zu werden, und niemals würde er seinen Kindern ebensolchen Schmerz wünschen.

Scheloch sah, was in Golohidu vorginge und sagte streng: „Der einzelne muß sich dem Willen der Götter und dem Wohl des ganzen Volkes unterordnen. Sonst würde großes Unglück geschehen und der ganze Plan zunichte gemacht werden. Selbst die kleinste Nachlässigkeit öffnet dem Feind der guten Götter die Tore und unsere Kultur würde schnell dem Niedergang entgegeneilen."

IX

Was blieb Golohidu übrig, als sich in sein Schicksal zu ergeben. Auch wenn die Trauer über die Trennung von seinen Eltern und der Schwester ihn noch lange begleitete, begann er doch bald, sich mit Eifer den neuen Lehren und Übungen zu widmen. Er lernte, mit seinem Körper und mit allen Sinnen wahrzunehmen, welche Kräfte aus welcher Sternenregion der Erde zuströmten, und das Zusammenklingen dieser Ströme zu spüren. Jeder Tag war anders als der vorige. Der Rhythmus der Wandelsterne brachte Bewegung in die erhabene Ruhe des Kosmos. Der wechselnde Stand von Sonne und Mond sowie die Elemente der Natur gaben jedem Tag eine einzigartige Färbung.

So wie ein Schreiber aus einzelnen Zeichen ein Wort, einen Satz und einen Gedanken formen und lesen kann, so lernten die Schüler im Laufe von vielen Jahren, die Sternenschrift zu entziffern und zu deuten. Besonders harmonische Klänge lernten sie willentlich zu verstärken und in einen weiten Umkreis zu senden. „Der Himmel ist immer über uns", hatte Scheloch einmal gesagt, „aber es liegt am Willen des Menschen, seine Geschenke aufzunehmen."

Einige Jahre waren seit Golohidus Ankunft vergangen, als der Meister eines Tages seine Schüler zusammenrief und mit besorgter Miene verkündete: „Die Zeichen des Himmels lassen schwere Zeiten für unsere Sache befürchten. Wir müssen alle unsere Kräfte sammeln und stärken, wenn wir schlimmes Unheil verhindern wollen. In den Städten unseres Landes blüht nicht nur die Kultur, sondern auch Müßiggang und Laster haben sich verbreitet. In euren Reihen bemerke ich ebenfalls Bequemlichkeit und

Nachlässigkeit bei euren Übungen und Pflichten. Alles bisher Erreichte droht zu zerfallen, wenn wir nicht äußerste Anstrengungen unternehmen, um unser Volk vor dem Verfall der Sitten und der Kultur zu schützen!"

Diese Worte Schelochs riefen große Betroffenheit und Unsicherheit hervor. Manch einen plagte das Gewissen ob der eigenen Nachlässigkeit, andere suchten nach Schuldigen unter ihren Mitschülern.

Kurzum, etwas begann zu brodeln unter den jungen Männern. Vorwürfe, Streit und Haß brachen sich Bahn und erschütterten die Mauern des heiligen Ortes. Es dauerte nicht lange, bis es zu offenen Auseinandersetzungen und Gewalttätigkeiten kam. Als ob Dämonen über die Menschen hergefallen wären, wüteten sie gegeneinander, bis schließlich Verletzte und sogar Tote zu beklagen waren.

Blut hatte die heilige Stätte entweiht! Voller Entsetzen und Angst flohen die Zurückbleibenden in alle Richtungen. Nur Scheloch blieb mit einem kleinen Häufchen treuer Schüler zurück. Es war ein schwerer Schlag für ihn, wie du dir denken kannst.

Hier unterbrach Pia ihre Erzählung, denn es war spät geworden. „Laß uns für heute zu Bett gehen", bat sie. „Morgen erzähle ich dir, was weiter geschah."

X

Am nächsten Morgen beginnt Marjana das Gespräch: „Mutter, ich habe verstanden, daß Golohidus Geschichte meine eigene ist. Aber wer ist Scheloch? Ich träumte heute Nacht von ihm, wie er mit zwei weiteren Eingeweihten auf einem Berg stand. Sie waren im Begriff, die Stätte ihres Wirkens zu verlassen, um ihre Geheimnisse vor Unbefugten in Sicherheit zu bringen. Feinde waren ins Land gedrungen und bedrohten die heiligen Gesetze. Die drei Männer konnten nur wenig mitnehmen, als sie sich aufmachten, einen sicheren Ort zu finden. Damit aber die Feinde ihre Gerätschaften und Geheimnisse nicht entdecken konnten, versteckten sie alles in einer Grube, die sie anschließend zuschütteten. Dann passierte etwas Schreckliches: Bei ihnen stand ein Jüngling, der Sohn und Schüler des Meisters. Er wurde von ihnen in die Grube gestoßen und lebendig begraben. Im Traum war mir, als sei ich dieser Jüngling. Ich spürte, wie die Steine auf meinen Körper herabprasselten und mich erdrückten. Davon wachte ich auf."

„Ja, so ist es gewesen", nickt Mutter Pia. „Diese Geschichte trug sich in ferner Vergangenheit zu, als noch ein einzelnes Menschenschicksal weniger zählte als das Wohl der Allgemeinheit. Der Jüngling mußte geopfert werden, um den geweihten Ort vor dem Zugriff der Feinde zu bewahren. Durch seine unverbrauchten Lebenskräfte konnte diese Stätte lange Zeit vor Unwissenden geschützt werden."

Pia schweigt eine Weile, bevor sie fortfährt: „Wer der Meister ist und welches Schicksal dich noch mit ihm verbindet, sollst du bald erfahren. Aber höre zuerst, wie es Golohidu weiter erging.

XI

Golohidu gehörte zu den Schülern, die nach dem Aufruhr geflohen waren. Er und sein Mitschüler Bakatassa hatten sich schon eine weite Strecke in Richtung Norden durchgeschlagen, ohne recht zu wissen, wohin sie sich nun wenden sollten. Immer wieder redeten sie über das Vorgefallene, geplagt von Angst und Schuldgefühlen. Doch je weiter sie gewandert waren, um so mehr kamen sie überein, daß trotz allem Schrecklichen die Sache doch auch ein Gutes habe: Sie waren frei von der lästigen Pflicht, ihr vorherbestimmtes Schicksal erfüllen zu müssen. Sie konnten ungehindert die Welt kennenlernen, die ihnen bisher verschlossen gewesen war. Sie wollten versuchen, die Stadt Haran zu erreichen, um dort dem König ihre Dienste anzubieten.

Nach etlichen Tagen entbehrungsreicher Wanderung kamen sie völlig erschöpft in Haran an und gelangten zum Palast des Königs. Dieser nahm sie gern in seine Dienste auf, denn er konnte ihre Fähigkeiten für seine Zwecke gebrauchen. Vielleicht sollte ich besser sagen: mißbrauchen, denn diesem König waren weltliche Macht und ein ausschweifendes Leben angenehmer, als den Gesetzen der Götter zu dienen. Viele der Stadtbewohner glaubten, ein sorgloses unsittliches Leben führen zu können, ohne dadurch den Himmel sonderlich zu beleidigen, wenn sie nur alle vorgeschriebenen Gebete, Rituale und Opfer peinlich genau befolgten. Um die Götter gnädig zu stimmen und von ihnen Wohlstand und Glück zu erbitten, war es üblich geworden, ihnen Tiere und sogar Menschen zu opfern. Auch Menschen, deren Kräfte dem ganzen Volk förderlich gewesen wären, wurden geopfert. Dadurch dienten die freiwerdenden Kräfte aber nur dem eigensüchtigen Machtstreben der opfernden Priester und Könige.

Ich möchte dir nicht die Einzelheiten dieser grausamen Sitten beschreiben, aber daß Golohidu und Bakatassa, ohne es zu wissen und zu wollen, zu Mithelfern dieser Taten wurden, indem sie dem König ihr geheimes Wissen preisgaben, kann ich dir nicht verschweigen. Sicherlich beschlich sie manchmal das ungute Gefühl, daß ihr jetziges Leben im Widerspruch zu ihrer ursprünglichen Bestimmung stand. Aber was hätten sie jetzt noch ändern können? Das Leben am Hof war angenehm, der König brauchte sie, und wo hätten sie sonst hingehen sollen?

So gingen einige Jahre ins Land. Scheloch hatte unterdessen gewaltige Anstrengungen unternommen, um den drohenden Verfall der Sitten aufzuhalten und alle Lasterhaftigkeit auszurotten. Die Sterne standen wieder günstig für seine Sache. Er siegte. Alle Übeltäter wurden vor dem Tempel gerichtet und mußten ihren Kopf lassen. Auch Golohidu und Bakatassa waren darunter, sowie der König selbst.

„Seine eigenen Schüler ließ er hinrichten?" fragt Marjana erschrocken.

„Ja. Scheloch und seine Getreuen handelten im Dienste der höchsten Götter. *Wiederum* wog ein einzelnes Menschenleben weniger als das Wohl des Volkes. Doch selbst durch große Taten, die dem Guten dienen, kann sich der Mensch in Schuld und Leid verstricken. Nichts ist an sich gut *oder* böse, richtig *oder* falsch. Scheloch sah wohl die Schwäche seiner Schüler, und auch das eigene Unvermögen, sie zu stärken. Das hinderte ihn nicht zu tun, was er mußte. Findet doch jede Tat im Weltenschicksal ihren Ausgleich, sowohl im Guten wie im Bösen. Willst du noch mehr darüber hören?"

Marjana nickt gespannt und Pia fährt fort:

XII

> Jahrhunderte später wurde in Ägypten dem Pharao ein Sohn geboren, der Râhotep genannt wurde. Alleine wäre dieser Prinz zu schwach gewesen, um dieses große Land zu regieren. Aber die weisen Schicksalsmächte lenkten die Seele des Meisters zu der Amme des jungen Pharao, damit aus ihrem Schoß der künftige Berater des Königs hervorgehen konnte. Dem kamen böse Magier zuvor: Sie kannten die Geheimnisse der Geburt genauso wie die Geheimnisse des Todes, die in Ägypten gelehrt wurden, und mißbrauchten sie für ihr selbstsüchtiges Machtstreben. Sie opferten das noch ungeborene Kind der Amme, indem sie es aus dem Mutterleib raubten, unter dem Vorwand, dem jungen Pharao neue Kräfte zuzuführen. Damit waren sie ihrer Macht sicher, denn der Prinz wurde unter ihrem Einfluß immer schwächer und starb nach einigen Jahren.

Marjana ahnt, daß auch Râhoteps Geschichte ihre eigene ist und daß ihr Schicksal mit dem des Meisters eng verknüpft ist. „Wer ist Scheloch?" fragt sie wieder. „Kenne ich ihn?"

„Ja und nein", antwortet Pia. „Er ist — dein Vater, den du in diesem Leben nie gesehen hast."

„Mein Vater?" entfährt es Marjana. „Wo ist er? Lebt er noch?"

„Ich weiß es nicht, Marjana", seufzt Pia. „Ich empfing dich genauso, wie du Mitis empfangen hast. Dein Vater ging seinen Weg weiter, nachdem er für meine Zukunft Sorge getragen und mir seine und deine Geschichte erzählt hatte."

„Und Mitis? Welches Band verknüpft uns, warum sollte ich seine Mutter werden?"

Pia schweigt eine Weile, bevor sie den Faden wieder aufnimmt:

> Als Golohidu und Bakatassa hingerichtet waren, erlitten ihre Seelen die größte Qual. Sie erkannten ihr Vergehen, sich ihrer hohen Geburt nicht würdig erwiesen zu haben. Auch dies erforderte einen Ausgleich: Nur kurze Zeit später wuchsen sie als Geschwister in einer Familie heran, in der rohe Sitten und eine niedrige Gesinnung herrschten. Nun mußten sie sich mühen um den Weg zum Geist, den sie nirgends fanden und den ihre

Seelen doch brauchten. So unglücklich und unerträglich wurde ihnen ihr Leben, daß sie schon in jungen Jahren auf einen See hinaus ruderten, um dort ihrem Leben ein Ende zu bereiten.

„Wie schrecklich!" ruft Marjana aus. „Damit luden sie doch neue Schuld auf sich!"

„Ja, es war eine neue Erfahrung. Und viele weitere sollten noch folgen, bevor sie wieder anknüpfen konnten an den Faden, den sie damals zerrissen hatten. Sie knüpften ein neues Band, als Mutter und Sohn. So kam Mitis zu dir."

XIII

„Eins möchte ich noch wissen, Mutter", fragt Marjana nun. „Gibt es denn auch heute noch solche Schulen, in denen die Geheimnisse von Geburt und Schicksal gelehrt werden?"

„Nein. Denn die Zeiten haben sich so geändert, daß auch diese Dinge eine Wandlung erfahren haben. Als in Chaldäa die Gesetze immer mehr gebrochen wurden, Kinder als Besitz betrachtet und ohne Bedenken dem Baalskult geopfert wurden, wanderte der letzte Eingeweihte, der noch die Treue zu Gott bewahrt hatte, aus seiner Heimat Ur in Chaldäa aus, um ein neues Volk zu begründen, das sich von allem verderblichen Einfluß fernhalten sollte. Gott schloß einen neuen Bund mit diesem Stammvater des Volkes, aus dem einmal der Erlöser der Welt hervorgehen sollte. Neue Rituale und Gesetze der Reinhaltung dienten dem Ziel, diese heilige Geburt zu ermöglichen. So sollte zum Beispiel alles, was männlich ist, beschnitten werden. Dieser Brauch hat sich bei den Juden bis auf den heutigen Tag erhalten."

„Wozu sollte das gut sein?" unterbricht Marjana die Mutter.

„Weißt du, was geschieht, wenn du dir in den Finger schneidest?" fragt Pia zurück.

„Nun ja, der Körper richtet alle Lebensströme auf die Wunde, um sie zu heilen."

„Genauso ist es. Durch diese Behandlung, die man den acht Tage alten Knaben angedeihen ließ, sollte das zukünftige Zeugungssorgen besonders lebendig und kräftig veranlagt werden, indem der Körper angeregt wurde, die Wunde zu heilen und damit zu heiligen. Doch hat auch diese Sitte ihre einstige Bedeutung verloren.

Denn wieder ist eine neue Zeit angebrochen, in der die Menschen immer mehr in Freiheit ihr Schicksal selbst gestalten sollen. Früher wurde man durch die Blutsbande zu einer Schicksalsgemeinschaft, von nun an werden die Menschen mehr und mehr durch das Schicksal zu einer Blutsgemeinschaft. So ändern sich die Zeiten, aber das alte Wissen lebt doch in neuen Formen fort."

XIV

Einige Jahre sind seit jenem denkwürdigen Gespräch vergangen. Mutter Pia lebt nicht mehr. Marjana hat sie bis zu ihrem friedlichen Tod gepflegt und wohnt seitdem allein in dem kleinen Häuschen. Mitis ist – wie sein Vater – ein guter und berühmter Arzt geworden. So oft er kann, besucht er seine Mutter und versorgt sie mit allem, was sie braucht. Auch wenn diese Besuche meist nur kurz sind, fühlen sich beide tief verbunden.

Die Bewohner des Dorfes bescheren dem kleinen Haus zahlreiche Besuche, denn Marjana´s Kenntnisse der Heilkräuter und Krankenpflege führen viele Ratsuchende zu ihr. Wenn Mitis für ein paar Tage bei ihr weilt, verbreitet sich die Kunde seiner Ankunft so schnell im Dorf, daß das kleine Haus die vielen Kranken kaum aufnehmen kann, die von ihm Heilung erhoffen. Marjana ist stolz auf ihren Sohn und freut sich, daß er so vielen Menschen helfen kann.

„Mitis", fragt sie ihn einmal, „was ist es eigentlich, das dich so vor anderen Ärzten auszeichnet? Was ist das Geheimnis deines Ruhmes?"

Mitis lächelt: „Das, was ich von Kamjic gelernt habe. Und von dir."

„Von mir?"

„Ja. Du hast mir oft die Geschichte erzählt, die du von Pia erfahren hast, die Geschichte von Golohidu und Bakatassa, die in alten Zeiten gelernt hatten, die Ströme des Sternenhimmels aufzunehmen und zu verstärken. Und die es vermochten, zum günstigsten Zeitpunkt die besten Seelen zum geeigneten Elternpaar zu leiten. Du hast mir immer wieder gesagt, daß nur in einem gesunden Körper der Geist sich vollkommen offenbaren kann. Siehst du, es ist auch umgekehrt. Wenn während des Lebens der Geist den Körper nicht mehr ganz durchdringen kann, wird der Mensch krank. In manchen Fällen kann selbst die beste Medizin nicht helfen; wenn nämlich der rechte Zeitpunkt für eine Heilung nicht da ist und der Körper die Verbindung zum Geist verloren hat. Da fängt meine Kunst an. Ich nutze die Kräfte des Himmels, wenn die Sterne günstig stehen, um Geist und Körper wieder zu verbinden. Das ruft Selbstheilungskräfte wach. Wenn dann ein Mensch den Sinn seiner Krankheit versteht, kann er fast augenblicklich gesund werden."

Marjana staunt. Sie freut sich immer mehr, daß Mitis ihr Sohn ist.

So sind ihnen viele glückliche Jahre beschieden, bevor auch Marjana ihr Ende herannahen fühlt. Mitis ist bei ihr. Er sieht, daß der Augenblick des Abschieds nahe ist und daß seine ärztliche Kunst schweigen muß. Denn auch im Augenblick des Todes machen die Sterne ihren Einfluß geltend und bahnen der Seele den rechten Weg ins Jenseits.

„Mitis, sei nicht traurig", sind Marjanas letzte Worte, „ich weiß, daß wir uns wiedersehen werden."

Mitis hält sie in seinen Armen und weint. „Danke, Marjana", flüstert er nur. Dann verläßt ihre Seele den Körper.

Botschafter der Liebe
– eine römische Geschichte

Rom, um das Jahr 340 n. Chr.

I

Es ist ein heißer Sommer und die sonst von Lärm erfüllten, staubigen Straßen Roms sind in der Mittagshitze fast menschenleer. Nur ein junger Mann wankt durch die engen Gassen. Er sieht bleich und verstört aus und hält sich ängstlich im Schatten der Häuser, um jede Begegnung mit Menschen zu vermeiden.

Es ist Sophronius, der jüngste Sohn des Brutus und der Cornelia, der soeben vom Konsul kommt. Vom Konsul, den er durch eine leichtfertige Äußerung in einen solchen Zorn versetzt hatte, daß dieser nicht nur ihn, sondern die ganze Familie aus dem Staatsdienst entlassen hatte. Und nicht nur das. Binnen drei Tagen sollten sie die Stadt verlassen und für immer aus Rom verbannt sein. Das war ein schwerer Schlag für Sophronius, völlig unerwartet, wie ein Blitz aus heiterem Himmel. Was sollte er bloß seinem Vater sagen?

Brutus war ein Emporkömmling aus dem einfachen Volk, dessen ehrgeiziges Lebensziel es war, sich und seiner Familie zu Ansehen, Einfluß und Reichtum zu verhelfen. Für solche Neulinge wie ihn, die die höchsten Ämter anstrebten, war es besonders wichtig, keine Fehler zu machen und in besonders gewissenhafter Weise ihre Pflichten dem Staat gegenüber zu erfüllen. Brutus war immer bemüht gewesen, sein Ansehen und seine Macht zu steigern. Er verfolgte sein ehrgeiziges Ziel, an die Spitze des Staates zu gelangen, mit großer Ausdauer und Härte sich selbst und seinen Söhnen gegenüber. Seit Jahren hatte er die Verantwortung für die Planung und Durchführung der großen Gladiatorenspiele, Theater- und Zirkusvorführungen inne, und seinen Söhnen hatte er ebenfalls den Weg in dieses ehrenvolle Amt gebahnt. Er war stolz auf sie und erwartete von ihnen Gehorsam und Dankbarkeit.

Was würde Brutus sagen, wenn Sophronius ihm die Nachricht vom plötzlichen Ende aller Hoffnungen und Pläne überbringen würde? Eine Nachricht, die für ihn schlimmer sein mußte, als selbst der Tod. Eine Schmach und Schande für die ganze Familie war es, nie wieder gutzumachen, und das alles nur wegen einer einzigen unbedachten Äußerung!

Immer wieder versucht Sophronius, sich einzureden, daß er alles nur geträumt habe oder daß der Konsul zur Besinnung kommen und den Bannspruch zurücknehmen würde.

Das darf einfach nicht wahr sein! ist der einzige Gedanke, der in seinem Bewußtsein Platz findet.

Aber es gibt keinen Grund, daran zu zweifeln. Wie benommen taumelt Sophronius durch die kleinen Gassen und versucht, einen stillen, geschützten Ort zu finden, an dem er zur Besinnung kommen und in Ruhe über das Vorgefallene nachdenken kann. Nur weg von Häusern und Menschen! Bloß niemandem begegnen!

An einem unbeobachteten Platz zwischen Bäumen und Büschen hält er inne und läßt sich nieder.

II

Bilder aus seiner Vergangenheit ziehen an Sophronius vorüber. Er hatte seine Arbeit nie besonders gemocht. Mit Schaudern denkt er daran, wie er zum ersten Mal die Löwen in die Arena ließ, wie er zum ersten Mal das Krachen der Knochen hörte, als sie dicht vor seinen Augen einen Menschen zerfleischten, wie er sich entsetzt und halb ohnmächtig umwandte und dem verächtlichen Blick seines Vaters begegnete, der höhnisch zischte: „Sei ein Mann!"

Er hatte versucht, seinen Widerwillen zu überwinden. Aber es war ihm nie ganz gelungen. Und dann, als der Konsul mit seinen Freunden über noch grausamere Spiele sprach – das war einfach zuviel für Sophronius gewesen. Da mußte er seinem Herzen einfach Luft machen.

Hätte er denn schweigen können? War es denn ein Verbrechen, wenn er unmenschliche Grausamkeit verhindern wollte? Ja, vielleicht hätte er geschwiegen, wenn er geahnt hätte, daß sein Einwand den Konsul in solchen Zorn versetzen würde. Aber wäre es besser gewesen? Einfach schweigen und sein Leben lang eine widerwärtige Arbeit tun? Nein, bestimmt nicht. Jetzt spürt er beinahe Erleichterung darüber, daß er diesem Leben entronnen ist. Aber was nun?

Die Angst vor dem Vater, den Brüdern, der ungewissen Zukunft betäubt ihn fast. Er wagt es noch nicht, nach Hause zu gehen. Stundenlang sitzt er da, zitternd, erregt, dann wieder ruhig, wie gelähmt. Endlich steht er mühsam auf und geht. Dumpf ist sein Kopf, schwer die Glieder, jeder Schritt eine Qual. Wer ist das eigentlich, der da geht? fragt er sich. Bin ich noch ich selbst? Wer bin ich überhaupt noch, wenn ich nicht mehr Aufseher im Kolosseum bin? Wenn meine Familie geächtet ist und alle vornehmen Römer bei unserem Namen ausspucken?

Wieder steigt Angst in ihm hoch, als er vor der Tür des elterlichen Hauses steht. Vielleicht würden sie schon schlafen, hofft er noch. Aber vergeblich: Da sitzen sie alle, stumm und vorwurfsvoll richten sie ihre Blicke auf ihn. Keiner spricht ein Wort. Sie schienen es also schon zu wissen! Sophronius bringt kein Wort hervor. Der Vater starrt ihn haßerfüllt an. Ebenso Lucius, der älteste Bruder. Der andere Bruder, Holconius, und die Mutter sehen eher ängstlich aus, aber auch insgeheim erleichtert.

Sophronius spürt in diesem unerträglichen Schweigen die Aufforderung: So, jetzt hilf uns wenigstens aus der Patsche! Schließlich hast du uns das alles eingebrockt!

Was sollte er bloß sagen? Er hatte schon in den vergangenen Stunden über einen Ausweg nachgedacht, aber es war ihm nichts eingefallen. Endlich stammelt er mühsam: „Wenn wir uns bei den Christen verstecken, können wir vielleicht in Rom bleiben."

„Bei den Christen!" schnaubt Brutus grimmig. „Diese Weichlinge! Die Mitleid und Barmherzigkeit predigen statt Mut und Tapferkeit!"

Aber Cornelia schaut ihn bittend an. „Es wäre doch besser, als Rom zu verlassen! Wohin sollen wir auch?"

„Ja, wohin sollen wir?" zischt der Vater verbittert.

Alle schweigen bedrückt.

„Also gut", gibt Brutus endlich nach und steht auf. „Du kümmerst dich um alles!" sagt er noch zu Sophronius, bevor er den Raum verläßt.

III

Sophronius hat noch kein Auge zugetan, als er am nächsten Morgen früh aufsteht und sich zu Claudius begibt, einem alten Mann, von dem er weiß, daß er zu den Christen gehört.

Immer noch gehen seine Füße, als ob sie nicht zu ihm gehörten. Wie ein Schlafwandler kommt er zum Haus des Claudius, seine Hand öffnet die Tür und sein Mund stammelt Worte, bevor er selbst weiß, was er tut.

Claudius ist verwundert, aber freundlich. „So. Du bist das also. Ich habe die Geschichte schon gehört. Ihr müßt damit rechnen, beobachtet zu werden. Nicht nur der Konsul ist neugierig, wohin eure Flucht geht! Kommt im Laufe des Tages einzeln und ohne Gepäck zu mir, dann kann ich euch in verschiedenen Häusern bei Freunden unserer Gemeinde unterbringen. Der letzte soll mir den Schlüssel eures Hauses überlassen, damit wir bei Nacht die wertvollen Gegenstände herausschaffen können. Seid ihr einverstanden, euer Vermögen der christlichen Gemeinde zur Verfügung zu stellen? Damit wir auch weiteren Menschen helfen können?"

„Ja, sicher", sagt Sophronius erleichtert, denn sie hätten ohnehin alles zurücklassen müssen. Schnell eilt er nach Hause, um Eltern und Brüdern die frohe Nachricht zu überbringen. Wie gütig und hilfsbereit Claudius doch war, wie selbstlos und selbstverständlich er bereit war, die ganze Familie aufzunehmen, obwohl er ihren Ruf doch kennen mußte. Darüber konnte er, Sophronius, sich nur wundern, aber zugleich auch von Herzen dankbar sein.

IV

Etliche Wochen sind seit diesem Tag vergangen. Nur ganz allmählich kommt Sophronius wieder zu sich und beginnt, die ganze Tragweite des Geschehens zu begreifen. Sein ganzes bisheriges Leben hatte sich in einem einzigen unbedachten Augenblick in einen Scherbenhaufen verwandelt. Alles war verpfuscht! Alles verloren! Ansehen, Besitz, Heim, ja selbst seine Angehörigen, die getrennt von ihm bei verschiedenen Familien untergebracht waren. Er hatte sie seit jenem verhängnisvollen Tag nicht wieder gesehen und wußte nur, daß sie gut versorgt waren. So wie er. Er konnte froh sein, daß die Familie des alten Darius, bei der er nun wohnte, ihn verständnisvoll umsorgte, ohne viel zu fragen. „Wenn es dir besser geht und du dich ein wenig nützlich machen willst", hatte Darius ihm angeboten, „kannst du versuchen, die Steinblöcke im Garten zu behauen. Sie sollen den Weg zum Hintertor einrahmen. Vielleicht kannst du ihnen schöne Formen abgewinnen."

So ist Sophronius nun jeden Tag von früh bis spät im Garten mit sich selbst und den Steinen allein.

Hier muß er mit niemandem reden, über nichts nachdenken, nur dasein und hämmern, hämmern, hämmern.

Er spürt, daß diese Arbeit das einzige ist, was ihn noch am Leben hält. Denn über seiner Seele liegt immer noch eine große Dunkelheit, wie eine Lähmung, eine Erstarrung, ein gewaltiges Nichts! Die Erinnerung an seine Vergangenheit ist weit entfernt in dichten Nebel getaucht. Das Leben mit seinen Eltern und Brüdern, die Arbeit im Kolosseum, alles, was ihm vor den Bürgern Roms Rang und Namen verschafft hatte, gibt es nicht mehr. Nie wieder wird er der alte Sophronius sein. Nie wieder! Was ist denn noch von ihm übrig geblieben? Nichts! Rein gar nichts! Nur eine große Leere erfüllt ihn, ohne Freude, ohne Trauer, ohne Wut, ohne irgendeinen Antrieb. Wenn er doch wenigstens Verzweiflung fühlen könnte.

Wenn er weinen oder jammern könnte! Wenn ihm irgendein Gefühl beweisen würde, daß seine Seele noch lebt. Sein Körper lebt noch und versieht seinen Dienst tadellos. Seine Sinne nehmen alles war, seine Arme sind kräftig und geschickt. Jeden Tag sieht er den Fortschritt seiner Arbeit. Diese eintönige Arbeit hält meinen Körper am Leben, denkt er oft, aber ob meine Seele jemals wieder zum Leben erwacht?

V

Einige Wochen sind verstrichen, und Sophronius ist mit seiner Arbeit gut vorangekommen. Seine Tage sind gleichförmig verlaufen, außer Essen und Schlafen hatte es für ihn nur die Arbeit im Garten gegeben. Gespräche oder Gesellschaft hatte er nach wie vor gemieden. Etwas ging von diesen Christenmenschen aus, das ihn anzog und stark berührte, aber gleichzeitig auch erschreckte und beschämte. Sie strahlten eine große Zuversicht, Zufriedenheit, Freude und Liebe aus, obwohl sie doch eher in ärmlichen Verhältnissen lebten und keiner von ihnen Rang und Namen hatte. Sie schienen sich selbst genug zu sein. Der Dienst an ihren Mitmenschen befriedigte sie offensichtlich mehr als Ansehen, Reichtum und Macht.

Ein ungewohntes Leben ist das für Sophronius, aber er spürt, daß es echter und wahrhaftiger ist als das der römischen Gesellschaft. Seine Vergangenheit kommt ihm jetzt wie ein Theaterstück vor, wie das Leben in einer Scheinwelt, voller Lügen, Hinterhalt, Betrug und Geltungssucht. Hier ist wenigstens alles ehrlich, denkt er. Die Menschen sind ehrlich, die Arbeit ist ehrlich, und ich darf nur ich selbst sein, ohne eine Rolle spielen zu müssen. Nur ich selbst, sonst nichts! Diese Worte klingen immer wieder in ihm nach: „Ich selbst, sonst nichts! Ich bin ich selbst! Ich bin ich, ich, ich!! Und ich habe diese Steine behauen, meine eigenen Hände haben aus diesen rohen, unförmigen Brocken anmutige Gestalten geschaffen! Das ist mein Werk!" Er spürt etwas wie Zufriedenheit in sich, beinahe Freude. Lebt seine Seele also doch noch? Oder wieder? Ja, ein Lichtstrahl war in seine Düsternis gefallen. Er konnte sich wieder freuen. Er war wieder ein Mensch.

Wenn auch nicht derselbe wie vorher. Ein heißer Tränenstrom bricht aus ihm hervor. Endlich kann er wieder weinen. Alle Erstarrung der vergangenen Wochen fällt von ihm ab, schmilzt und fließt mit den Tränen davon. Er weint lange und heftig, aus Freude und Glück, aber auch aus Schmerz und Scham über sein früheres Leben.

Nein, er war nicht mehr derselbe. Den Sophronius gab es nicht mehr, und es wür-

de ihn auch nie wieder geben. Höchstens eine Erinnerung an ihn wie an eine leere Hülle, die der heraus schlüpfende Schmetterling soeben verlassen hatte. Sein Körper war wie ein Gefängnis gewesen, hinter dessen schützenden Mauern sich eine ungeheure Verwandlung vollzogen hatte. Wie ein Wunder kommt es Sophronius vor.

Das Wunder der Auferstehung! durchfährt es ihn auf einmal. Der Gedanke läßt ihn nicht mehr los. Auferstehung? Was meinten die Christen bloß damit? Er mußte unbedingt den alten Darius danach fragen.

VI

Darius blickt erstaunt auf, als Sophronius in seine kleine Schuhmacherwerkstatt tritt. „Sophronius? Du hier? Was führt dich zu mir?"

Während Sophronius noch um Worte ringt, betrachtet Darius ihn aufmerksam. Sein Erstaunen wächst von einer Sekunde zur nächsten. „Sophronius!" ruft er wieder. „Sprich, was ist mit dir geschehen? Du leuchtest ja wie die Sonne! Ich erkenne dich kaum wieder!"

„Ja", antwortet Sophronius, „ich erkenne mich selbst kaum wieder." Und er erzählt Darius, welch unerwartete Verwandlung sich mit ihm vollzogen hatte. Darauf schließt er die Frage an: „Darius, was meinen die Christen, wenn sie von der Auferstehung vom Tode sprechen?"

Darius besinnt sich eine Weile, bevor er antwortet: „Es ist nicht leicht, deine Frage zu beantworten. In der letzten Zeit hat es selbst unter den Christen Streit um die richtige Auslegung gegeben. Unser Herr Jesus Christus soll einmal zu einem Pharisäer namens Nikodemus in einer nächtlichen Unterweisung gesagt haben: Wer nicht aus Wasser und Geist geboren wird, kann nicht in das Reich Gottes kommen. Was vom Fleisch geboren wird, das ist Fleisch; und was vom Geist geboren wird, das ist Geist. Laß dich's nicht wundern, daß ich dir gesagt habe: Ihr müßt von neuem geboren werden!"

„Wie soll das zugehen?" fragt Sophronius verwundert.

„Nun, wie fühlst du dich nach dem Erlebnis, von dem du mir berichtet hast?" fragt Darius zurück.

„Wie neu geboren!" lacht Sophronius.

„Ja, aber zuerst mußte der alte Sophronius sterben, indes sein Körper weiter lebte. Siehst du, wenn Jesus von den Toten redete, so meinte er nicht etwa die Menschen, die ihr Erdenleben beendet hatten, sondern die, deren Seelen erstarrt waren, die sich ganz dem Vergänglichen hingaben und die sich selbst zu Sklaven der irdischen Verhältnisse machten. Er wurde nicht müde, den Menschen den Weg zum ewigen Leben zu zeigen. Aber die meisten verstanden ihn nicht und bekämpften ihn."

Sophronius hatte atemlos zugehört und wollte mehr wissen: „Darius, was weißt du über diesen Weg zum ewigen Leben? Wie kann ich ihn finden?"

Aber Darius antwortete nur: „Dein Schicksal hat dich schon auf den rechten Weg geführt, indem es dich alles Vergängliche verlieren ließ und dir statt dessen dich selber gab. Wenn du mehr über die christliche Lehre erfahren willst, werde ich dich morgen zu Matthäus bringen. Deine Arbeit im Garten ist soweit abgeschlossen, daß du dich jetzt neuen Aufgaben widmen kannst. Vielleicht kann Matthäus deine Hilfe gebrauchen. Er arbeitet mit einer kleinen Gemeinde an der Ausgestaltung passender Formen für die weitere Verbreitung und Umsetzung der christlichen Botschaft. Es müssen Priester ausgebildet, neue Riten und entsprechende Strukturen geschaffen werden, um allen Aufgaben der Kirche gerecht zu werden. Seit Kaiser Constantin das Christentum zur Staatsreligion erklärt hat, wächst die Zahl der Gläubigen unaufhörlich. Das stellt uns vor ganz neue Aufgaben. Hast du Lust, Matthäus und seiner Gemeinde dabei zu helfen?"

Sophronius nickt nur, und seine Augen leuchten.

VII

Am nächsten Tag wird Sophronius von Darius zum Haus des Matthäus gebracht. Es ist ein großes Haus, in dem eine ganze Anzahl von Christen ein schlichtes, auf strenge Regeln gebautes Gemeindeleben führt.

Darius scheint die Leute hier zu kennen. „Sei gegrüßt, Septimius", begrüßt er einen stattlichen Mann, der die Tür geöffnet hat, „wir möchten Matthäus sprechen."

„Matthäus ist verreist. Aber kommt nur herein. Ich vertrete Matthäus, solange er nicht da ist", sagt Septimius freundlich. Sie schildern ihr Anliegen und kommen mit Septimius überein, daß Sophronius im Hause bleiben und in der Gemeinde leben und mitarbeiten kann.

Die Übersiedlung ist schnell geschehen. Sophronius holt noch am selben Tag seine wenigen Habseligkeiten aus dem Hause des Darius und bekommt von Septimius ein kleines Zimmer zugewiesen. Doch so froh Sophronius auch ist, eine neue Aufgabe zu haben, so schwer findet er sich anfangs in der neuen Umgebung zurecht. Das große Haus verwirrt ihn, die Menschen sind ihm fremd. Er hat Mühe, die vielen Regeln der Gemeinschaft zu beachten.

„Nach ein paar Tagen wirst du dich schon zurechtfinden", tröstet Septimius ihn. Er begleitet seinen neuen Schützling durch das Haus, stellt ihm alle Bewohner vor und erklärt ihm ihre Rolle in der Gemeinschaft. Sophronius ist froh und dankbar, daß Septimius ihn so liebevoll unter seine Fittiche genommen hat. Das hilft ihm, sich unter den vielen neuen Menschen nicht ganz so verloren und allein zu fühlen. Die beiden Männer verstehen sich prächtig und sind schon nach wenigen Tagen gute Freunde geworden. Als nach einiger Zeit Matthäus zurückgekehrt ist, begibt sich Septimius mit seinem Schützling zu ihm. „Darf ich dir Sophronius vorstellen?" begrüßt er Matthäus. „Er wurde mir von Darius gebracht und möchte gerne bei uns leben und mitarbeiten."

„Ja", beeilt sich Sophronius zu bekräftigen, „und Darius hat mir versprochen, daß du mir mehr über Christus und seine Lehre erzählen kannst als er!"

Matthäus lächelt: „Du gefällst mir. Gerne werde ich dich im christlichen Glauben unterrichten. Bestimmt werden wir deine Hilfe gut gebrauchen können."

Sophronius strahlt vor Freude. Auch er hat sofort Gefallen an Matthäus gefunden. Fast kommt es ihm vor, als ob er Matthäus schon lange kennt, so vertraut ist er ihm bei der ersten Begegnung. Matthäus hat ein warmes Herz und ein offenes Ohr für alle Fragen und Nöte. Bald ist er nicht mehr nur der Lehrer, sondern ein väterlicher Freund für Sophronius. Matthäus ist die Seele des ganzen Hauses. Seine Wärme und Herzlichkeit sind überall spürbar. Seit Matthäus von seiner Reise zurückgekehrt ist, fühlt Sophronius sich endlich wohl und zuhause am neuen Ort.

VIII

In der nächsten Zeit finden viele lange und fruchtbare Gespräche zwischen Matthäus und Sophronius statt.

„Sophronius", sagt Matthäus immer wieder, „du mußt vielen Menschen die Geschichte deines Lebens und deiner wunderbaren Verwandlung erzählen. Denn du hast die Kraft Christi unmittelbarer erfahren als viele, die seine Lehre nur aus den Schriften und aus dem Mund der Priester kennen. Wir stehen vor einer schwierigen Zeit. Es gibt mehr und mehr Menschen, die sich taufen lassen, ohne die Größe der christlichen Ideen zu verstehen. Nur wenige sind bereit, ihr alltägliches Leben mit solcher Opferbereitschaft zu durchdringen, daß sie imstande sind, sich in das SELBST Christi zu erheben. Je mehr unsere Kirche wächst, umso größer wird die Gefahr, daß Menschen sich angezogen fühlen, die unter den Fittichen der Kirche ihr eigenes Machtstreben entfalten wollen. Diese Entwicklung müssen wir so lange wie möglich aufhalten!"

Sophronius ist nur zu gerne bereit, seine Geschichte zu erzählen. Kindern und Erwachsenen berichtet er von der gewaltigen Kraft, die ihn verwandelt hat. Viele spüren, daß diese Kraft in ihm wohnt und aus ihm leuchtet. Aber so viele Menschen ihm gerne zuhören, so viele Neider bringt ihm seine Beliebtheit ein.

Septimius hatte ihn von Anfang an vor diesen Neidern gewarnt und ihn vor ihnen in Schutz genommen. Aber selbst mit Septimius ist in der letzten Zeit eine merkwürdige Veränderung vorgegangen.

IX

„Was ist bloß mit Septimius los?" fragt Matthäus eines Tages besorgt.

„Genau das wollte ich dich auch schon fragen", antwortet Sophronius. „Du kennst ihn doch schon lange. Hast du früher schon solch merkwürdiges Verhalten bei ihm erlebt? Er weicht mir aus, schaut mit wirrem, ängstlichem Blick an mir vorbei. Wenn ich ihn frage, was ihm fehlt, gibt er mir schnippische gehässige Antworten."

„Ja, genau dasselbe habe ich auch beobachtet. Ich kann mir das nicht erklären. Früher war er nie so. Laß uns versuchen, mit ihm zu sprechen", schlägt Matthäus vor.

Aber alle Versuche sind vergeblich. Septimius ist kalt und abweisend, sein Gesichtsausdruck erstarrt und bleich, wie irrsinnig. Zuweilen lodert Haß in seinem Blick auf, dann wieder Angst und manchmal gespielte Freundlichkeit. „Er ist krank!" stellen Matthäus und Sophronius entsetzt fest. „Wie konnte das geschehen? Haben wir irgend etwas falsch gemacht?" Denn seinen wirren Äußerungen war zu entnehmen, daß er Matthäus und Sophronius die Schuld an seinem Zustand gab.

Fassungslos stehen sie vor einem Rätsel und können keine Erklärung dafür finden. Sie lassen keine Möglichkeit ungenutzt, um Septimius zu besänftigen. Aber vergeblich! Er läßt niemanden mehr an sich herankommen, schweigt verbittert oder tobt wie von einem bösen Geist besessen. Selbst Ärzte können ihm nicht helfen.

„Ich fürchte, wir müssen ihn in ein Irrenhaus bringen lassen", meint Matthäus nach einiger Zeit.

„Ist das nicht zu hart für ihn?" fragt Sophronius mitleidig. „Können wir wirklich nichts mehr tun?"

„Nein", antwortet Matthäus bestimmt, „wir haben getan, was wir konnten. Er wollte unsere Hilfe nicht. Nun haben wir keine andere Wahl, als ihn aus dem Haus zu schaffen."

X

Septimius ist empört und verbittert, als man ihn gebunden aus dem Hause führt. „Ihr Verbrecher!" zetert er und heult dabei in den schauerlichsten Tönen.

Matthäus und Sophronius versuchen, ihn zu beruhigen: „Septimius, wir lieben dich doch, und wir beten für deine Genesung! Wenn du wieder gesund bist, freuen wir uns über deine Rückkehr!"

„Pah! Ihr Verbrecher!" schreit er wieder. „Nie, nie, nie will ich euch wiedersehen!" Dann starrt er verbittert vor sich hin und gibt keinen Laut mehr von sich. Was war bloß mit ihm vorgegangen?

Der Dämon der Eifersucht war über ihn hergefallen und hatte seinen Verstand verwirrt. Neid und Mißgunst hatten sein Herz vergiftet und in Haß erstarren lassen. Daß Matthäus den Sophronius so vor ihm bevorzugt hatte, hatte seinen Stolz tief verletzt. Schließlich hatte er, Septimius, seit Jahren ein wichtiges Amt innerhalb der Gemeinde inne, er war sozusagen die rechte Hand des Matthäus und hatte auf die Einhaltung aller Regeln innerhalb der Gemeinschaft zu achten. Peinlich genau hatte er auf die Befolgung aller geschriebenen und ungeschriebenen Gesetze gepocht und sich damit für wichtiger als Matthäus selbst gehalten.

Und nun kam so ein Dahergelaufener wie Sophronius, der sich für Regeln nicht sonderlich interessierte, aber im Nu alle Herzen gewann. Das war eine himmelschreiende Ungerechtigkeit! Ein Verbrechen! Wie konnte jemand, der keine Verdienste vorzuweisen hatte, der einfach daherkam und er selber war, ohne Rang und Namen, wie konnte so jemand ihm, Septimius, den Rang ablaufen? „Verbrecher!" schrie er immer wieder, so daß man es im weiten Umkreis hören konnte, „Verbrecher!" Jahrelang konnte man diese Schreie noch hören, bis Septimius sein Leben im Wahn geendet hatte.

XI

Viele Jahre sind seitdem vergangen, und auch Matthäus ist nicht mehr unter den Lebenden.

Sophronius fühlt sich müde, alt und ausgezehrt, obwohl er sich noch im besten Mannesalter befindet. Oft entflieht er dem Alltag der Gemeinde, indem er sich auf einen nahegelegenen Hügel zurückzieht, den einzigen Ort, an dem er noch in stiller Versenkung Christus nahe sein kann.

Im Leben der Gemeinde hat sich viel geändert.

Eine neue Art von Menschen war dazugekommen. Menschen, die sich um die richtige Auslegung der Glaubenssätze stritten; Menschen, die hochgelehrt waren und die Worte Christi bei jeder Gelegenheit von den Lippen erschallen ließen, die aber Bosheit und Heuchelei im Herzen trugen; Menschen, die nach Amt und Würden strebten, die aber ihre Unzulänglichkeit durch Eitelkeit und Selbstgefälligkeit wettzumachen glaubten. Die schlimmsten Befürchtungen des Matthäus schienen sich bewahrheitet zu haben, seit das Christentum zur Massenerscheinung geworden war und von der Organisation des Staates durchdrungen wurde. Kurzum: Die römische Gesellschaft hatte die neuen Glaubenssätze übernommen, ohne ihre Gewohnheiten ändern zu wollen. Nur noch wenige gab es, die dem ewigen Leben und dem Weg Christi nachstrebten. Die Mehrzahl gehörte zu den toten Seelen, deren Blick nur dem Diesseits zugewandt war und die innerhalb der Kirchenhierarchie ihr Machtstreben befriedigten. Sie erhofften ewiges Leben im Körper und das Paradies auf Erden, und verstanden es nicht, das Himmelreich in sich selbst zu suchen. So war die Religion immer mehr auf äußere Formen, Riten und Liturgien beschränkt worden, während unter den Menschen Intrigen, Gehässigkeit und Machtkämpfe herrschten.

Sophronius sieht sich ohnmächtig und verzweifelt dieser neuen Entwicklung gegenüber. Das Leben in der Gemeinde ist ihm so unerträglich geworden, daß er am liebsten für immer von dort weggehen würde. Aber wohin? Womit sollte er seinen Lebensunterhalt verdienen? Gab es überhaupt irgendwo einen besseren Ort?

Nein, ihm fehlen die Kraft und der Wille für einen Neubeginn, für einen Kampf um das Gute. Die Machtgierigen sind doch immer stärker!

Ihm bleibt nur der innere Rückzug, die Zuflucht auf den Hügel, wo er sich ungestört ins Gebet versenken und neue Kraftquellen finden kann. „Herr Jesus Christus, nimm mich fort aus diesem Jammertal!" betet er. „Fort von den Toten, von den Heuchlern, die deinen Namen mißbrauchen! Nimm mich fort ins ewige Leben! Laß mich ganz bei dir sein – und bei Matthäus und Septimius."

Auch an Septimius denkt er oft, den ersten Freund in der Gemeinde, an dessen tragischem Ende er sich in unerklärlicher Weise mit schuldig fühlt, und den er doch immer geliebt hatte.

XII

Nicht lange danach liegt Sophronius krank auf seinem Lager. „Der Herr hat mein Gebet erhört! Er nimmt mich zu sich", flüstert er immer wieder vor sich hin.

„Nein, Sophronius!" hatte der Arzt kopfschüttelnd gesagt. „Sei nicht dumm! Du hast nur ein leichtes Fieber und wirst in ein paar Tagen wieder gesund sein!"

Aber Sophronius lächelt nur verklärt: „Ja, ich werde gesund sein und ich werde leben. Aber nicht mehr in diesem Körper, sondern in der Ewigkeit!"

Nicht nur der Arzt ist bestürzt und erschüttert, auch für die Brüder und Schwestern der Gemeinde ist das Ende des Sophronius überraschend gekommen. Sie versammeln sich schweigend um den Toten. Seine Gesichtszüge sind glücklich entspannt, der ganze Körper scheint zu leuchten.

„Er wollte nicht mehr leben", murmelt der Arzt betroffen. „Er wollte bei Christus sein." „Siehst du nicht, daß er bei Christus ist?" flüstert ein anderer ihm zu.

Viele nicken bei diesen Worten, andere weinen. Nach langem Schweigen sagt der Arzt laut: „Sophronius hat uns den wahren Glauben gezeigt! Es sollte uns eine Lehre sein!" Nun weinen fast alle. Einer nach dem andern verläßt den Raum, um wieder seiner Arbeit nachzugehen.

Aber so oft sie können, versammeln sich die Menschen in den nächsten drei Tagen um den aufgebahrten Leichnam, aus dessen Gesichtszügen immer stärker die Liebe Christi hervorzuleuchten scheint. „Es ist, als ob er noch bei uns wäre. Als ob er eine Botschaft für uns hat." So reden die Menschen untereinander.

Ja, er ist noch bei ihnen. Dankbar nimmt er wahr, wie sehr sein Tod die Menschen aufgerüttelt hat und wie viel Liebe ihm nun entgegenströmt.

Samenkörner
– eine altpersische Geschichte

Persien, ca. 4000 v. Chr.

I

Der Tag der Aussaat ist gekommen, der Tag, auf den Ornesda so lange gewartet hat, und auf den sie sich den ganzen Winter über vorbereitet und gefreut hat. Wie alle jungen Männer und Frauen, die seit dem vergangenen Sommer ihr 24. Lebensjahr vollendet haben, darf auch Ornesda in diesem Jahr zum ersten Mal an der Aussaat teilnehmen. Die jüngeren hatten zuvor die Aufgabe gehabt, den Acker sorgfältig umzugraben und die Erde zu lockern.

Währenddessen war Ornesda zusammen mit ihren Altersgenossen von den Priestern auf den Tag der Aussaat vorbereitet worden.

Nun versammeln sich alle in feierlicher Stille um den Acker. Jedem wird eine Furche zugewiesen. Den Beutel mit den Samenkörnern haben sie um die Lenden gebunden. Während die Priester sich um den Acker herum aufstellen und einen Gesang anstimmen, lassen sich die jungen Männer und Frauen ehrfürchtig auf die Knie nieder und die Körner in die Furchen gleiten. Langsam und hingebungsvoll bewegen sie sich vorwärts, verteilen die Saat in die lockere Erde und drücken sie nachfolgend mit den Knien fest. Denn keines der kostbaren Samenkörner soll verloren gehen oder von den Vögeln aufgefressen werden. Aus jedem Samen soll einmal ein hoher Halm mit vielen neuen Körnern wachsen. Mit großem Ernst und liebevoller Hingabe verrichten die jungen Menschen ihr Werk, während die Priester mit ihrem Gesang um den Segen des Sonnengottes bitten:

Ahura Mazdao,
erhabener Sonnengeist,
laß die unermeßliche
Fülle deines Lebens
auf uns herabströmen.
Sende dein Licht und dein Leben
in jedes Samenkorn,
das wir in die Erde legen.
Erwecke die Keime zum Leben,
durchdringe sie mit Licht und Kraft.
Laß Licht und Kraft auch
in die Erde fließen,
laß die Finsternis von unserem
Boden weichen,
laß dein Wort aus Himmelsfernen
zu uns strahlen,
du erhabener Sonnengeist,
Ahura Mazdao!

Nach getaner Arbeit stimmen auch die jungen Leute in die Gesänge der Priester ein.

Dann gehen alle nach Hause, reinigen sich und legen neue, helle Kleider an, die Kleidung der ersten Aussaat, die sie bis zur Ernte tragen würden.

II

Die folgenden Wochen und Monate verbringen die jungen Frauen und Männer in ihren Familien, bei Eltern, Großeltern, Geschwistern und Kindern, doch wird keine andere Arbeit von ihnen erwartet, als daß sie sich der Reinhaltung und dem Gebet widmen.

Lange klingt noch das Erlebnis des Aussaattages in ihnen nach. So tief hat sich das Bild dieses Festes in ihre Seele eingeprägt, daß es hell und klar und immer größer werdend vor ihren Augen steht und ihre Herzen ganz erfüllt. Auch wenn sie nicht am Acker stehend die Samenkörner wachsen sehn, so fühlen ihre Seelen doch das Wachsen und Gedeihen ihrer Saat. In täglichen Gesängen und Gebeten erbitten sie vom großen Sonnengeist gesunde Reifung ihres Korns:

Ahura Mazdao,
erhabener Sonnengeist,
laß die unermeßliche
Fülle deines Lebens
auf uns herabströmen.
Sende deine Wärme und deine Kraft
in jedes Samenkorn,
das wir in die Erde legten.
Laß die Saat, die wir dir anvertrauten,
reichlich aufgehen,
laß sie wachsen und stark werden.
Erfülle sie mit Licht und Leben,
auf daß sie uns zur Nahrung werde,
die dein Licht und Leben
in uns wirksam werden läßt,
du erhabener Sonnengeist,
Ahura Mazdao!

III

An einem schönen warmen Sommertag rufen die Priester die jungen Menschen zur Ernte zusammen.

Endlich können sie die Früchte ihrer Mühen sehen. Wiederum begleiten die Gesänge der Priester ihre Arbeit, als nun jeder in seiner Furche steht, die Halme mit den vollen Ähren schneidet und sie zu Garben bündelt. Auch diesmal stimmen sie, nachdem der letzte Halm geschnitten ist, mit in das Dankeslied der Priester ein:

Ahura Mazdao,
erhabener Sonnengeist,
laß die unermeßliche
Fülle deines Lebens
auf uns herabströmen.
Du sandtest Licht und Wärme,
Leben und Kraft
in jedes Samenkorn,
das wir in die Erde legten.
Du ließest die Saat, die wir dir anvertrauten,
reichlich aufgehen,
Du erfreust unsere Sinne und unser Herz.
Du schenkst uns das Licht des Himmels

und die Kraft der Erde.
Voll von Freude und Dankbarkeit
Empfangen wir deine Gnade,
du erhabener Sonnengeist
Ahura Mazdao!

IV

In den folgenden Wochen lernen die Schüler ihre Ernte zu Nahrungsmitteln zu verarbeiten.

Das Getreide muß gedroschen, gemahlen und später gebacken werden. Es erfüllt sie mit Freude und Stolz, die goldenen Körner aus den Ähren zu gewinnen und durch ihre Hände rieseln zu lassen. Krug um Krug füllen sie mit dem kostbaren Gut. Dabei achten sie darauf, die besten Körner für die künftige Aussaat in besonderen Gefäßen zu sammeln.

Zwischen großen flachen Steinen wird ein Teil des Korns zu feinem Mehl gemahlen und anschließend auf heißen Steinen zu Brot gebacken. Auch diese Arbeit soll gesegnet sein:

Ahura Mazdao,
erhabener Sonnengeist,
laß die unermeßliche
Fülle deines Lebens
auf uns herabströmen.
Du ließest die Saat, die wir dir anvertrauten,
reichlich aufgehen.
In jedem Korn, in jeder Frucht

lebt dein Licht und deine Kraft.
Nun segne unsrer Hände Werk,
gib unsrer Arbeit gutes Gelingen,
daß dein Geschenk
uns zur Nahrung werde,
daß wir uns würdig erweisen werden,
dein Licht und Leben zu empfangen.
Laß deine Stärke in uns leuchten,
du erhabener Sonnengeist
Ahura Mazdao!

V

Im Herbst begeben sich die jungen Leute wieder in ihre Familien zurück. Auch die Familien haben inzwischen von ihren eigenen Äckern die Ernte eingebracht und die Früchte des Feldes für den bevorstehenden Winter verarbeitet und gelagert.

Doch ist die Nahrung, die Ornesda von dem Aussaatfeld der Priester mitbringt, ein Anlaß zu besonderer Freude. Ist doch die Güte dieses Korns so auserlesen, so edler noch als alle anderen Sorten, daß dieses Brot mit keinem anderen sich vergleichen kann. Vom Feld der Priester kommt das beste Korn, denn dort wird immer an der Verbesserung und Auswahl edler Sorten gearbeitet. Dort werden die Kräfte des Himmels mit denen der Erde in bester Weise vereinigt, so daß aus den Händen der Priester dem Land das vollkommenste Saatgut gegeben wird.

Ja, die Familie ist froh, als Ornesda mit ihrem ersten Brot zurückkommt und nun auch innerhalb der Familie die Aufgabe übernimmt, in rechter Gesinnung dem großen Sonnengeist zu dienen. So stimmen sie vor dem Mahl einen Gesang an:

Ahura Mazdao,
erhabener Sonnengeist,
laß die unermeßliche
Fülle deines Lebens
auf uns herabströmen.
Du ließest die Saat, die wir dir anvertrauten,
reichlich aufgehen.
Du sandtest Licht und Kraft und Leben
in jedes Korn, in jede Frucht.
Du segnetest unsrer Hände Werk
Und gabst unsrer Arbeit gutes Gelingen.
Nun laß uns dankbar die Speise genießen,
die uns mit deinem Licht erfüllt,
die uns die Kraft verleiht,
der Finsternis zu widerstehen
und die Erde deinem Licht zu weihen,
du erhabener Sonnengeist,
Ahura Mazdao!

VI

Den ganzen Winter über bereiten die Priester ihre Schüler auf ihre zukünftigen Aufgaben vor. Sie sollen lernen, ihren Willen zu stärken und mit den Zielen der weisen Führer zu durchdringen.

„Wir Menschen sind von den Göttern aus hellen Himmelsreichen in die Dunkelheit der Erde versetzt worden", erzählen die Priester, „aber wir sollen uns nicht abwenden von dieser Dunkelheit und uns nach dem Licht des Himmels sehnen; nein, wir sollen die Dunkelheit verwandeln und emporheben ins Licht. So erlangen wir nicht nur selber größere Vollkommenheit, sondern veredeln und erhellen die Erde durch unseren Geist und unsere Arbeit. Der erhabene Geist der Sonne selbst, Ahura Mazdao, wird sich in Zukunft der Erde nähern und sich ganz mit ihr verbinden. Wir wollen ihm den Weg bereiten, damit genügend Menschen seine Kräfte aufnehmen können. Denn selbst wenn das Licht in die Finsternis scheint, werden nur die Menschen es sehen können, die selbst das Licht in ihren Herzen haben.

Im nächsten Sommer wird es eure Aufgabe sein, unter den wilden Pflanzen der Natur solche zu finden, deren Früchte, Samen, Blätter und Wurzeln geeignet sind, für den weiteren Anbau veredelt zu werden. Solche Pflanzen sollt ihr suchen, die schon unseren Vorfahren als spärliche Nahrung dienten, die aber weiter verwildern und unbrauchbar werden würden, wenn wir sie nicht sorgfältig pflegen und edle Samen daraus züchten würden. Nehmt dieses Ziel in euren Willen auf!" Und so beten und singen sie:

Ahura Mazdao,
erhabener Sonnengeist,
laß die unermeßliche
Fülle deines Lebens
auf uns herabströmen.
Erfülle unsere Seelen
mit deinem Licht und deiner Wärme,
mit Leben und Kraft.
Stärke unseren Willen,
die Erde zu verwandeln,
zu veredeln und zu heiligen,
auf daß sie nicht in Finsternis versinke,
sondern emporgehoben werde
zu deinem Licht.
Laß uns würdig werden, dich selber zu empfangen,
du erhabener Sonnengeist,
Ahura Mazdao!

VII

Im dritten Frühjahr bekommen die Schüler die Aufgabe, die auserlesenen Samen, die sie sorgfältig gesammelt haben, auf einem eigenen Acker auszusäen.

Diesmal sind sie alleine, ohne die unterstützenden Gesänge der Priester. Nun soll sich zeigen, was sie gelernt haben. Wiederum verbringen sie die Zeit bis zur Ernte zu Hause, wiederum fühlen sie sich mit den nun wachsenden Pflanzen tief im Herzen verbunden und beten um gutes Wachstum und eine reife, reichliche Ernte.

Der Erntetag wird zeigen, welche Pflanzen gut gediehen und für eine weitere Zucht geeignet sind. Dann entscheidet sich auch, welche Schüler auf ihrem weiteren Weg die Priester unterstützen werden und wer mit dem bisher Erlernten fähig genug ist, einen eigenen Acker zu bebauen.

Jeder einzelne wird gebraucht, um das Wohl des Volkes sicherzustellen. Jeder soll die Aufgabe bekommen, für die er am besten geeignet ist.

Ornesdas Pflanzen sind gut gediehen und haben reiche Frucht getragen. Sie ist froh, daß sie weiterhin bei den Priestern bleiben und in Zukunft die Neulinge bei ihrer ersten Aussaat mit den Gesängen begleiten darf. Doch lebt sie weiterhin in ihrer großen Familie und kommt auch dort vielen Arbeiten und Pflichten nach.

VIII

Einige Jahre sind vergangen. Wieder einmal – wie schon so oft in der Vergangenheit – wird das Land von feindlichen Nachbarvölkern aus dem Norden bedroht. „Die Wilden", nennen die Priester diese turanischen Völker, „die Wilden, die der Erde ihre Schätze rauben, ohne ihr etwas dafür zu geben; die als Hirten herumziehen und ohne viel Arbeit ihr Dasein fristen; die alles verwildern lassen und nur das Nötigste für ihren Lebensunterhalt unternehmen, ohne der Erde irgendeine Pflege angedeihen zu lassen!"

Gegen solche Eindringlinge hatten sie sich oft wehren müssen, denn sobald bei diesen Wilden die Nahrung knapp wurde, fielen sie über ihre seßhaften Nachbarn im Süden her und machten oft die Ernte und die Arbeit vieler Jahre zunichte. Immer, wenn solches Unglück naht, beten die Priester:

Ahura Mazdao,
erhabener Sonnengeist,
laß die unermeßliche
Fülle deines Lebens
auf uns herabströmen.
Erfülle unsere Seelen
mit deinem Licht, mit Kraft und Leben.
Stärke unseren Willen,
die Erde zu verwandeln und zu veredeln.
Laß nicht die Völker der Finsternis
über uns hereinbrechen,
die die Erde nicht lieben
und sie verächtlich in Trägheit und Eigennutz
dem Herrn der Finsternis preisgeben.
Stärke uns durch die Kraft deines strahlenden Lichtes,
du erhabener Sonnengeist
Ahura Mazdao!

Aber die Völker im Norden sind zahlreich, und die Gefahr ist groß, daß alles Saatgut aus den Lagern geraubt und fortgeschleppt wird.

So senden die Priester einige Familien mit erlesenem Saatgut auf den Weg, um sich in einer geschützten Gegend niederzulassen und neues Land urbar zu machen. Auch Ornesda soll mit ihrer Familie auswandern. Sie hat von den Priestern einen großen Beutel mit auserlesenem Saatgut bekommen und begibt sich damit auf den Weg nach Hause.

IX

„Wo bleibt Ornesda bloß?" fragen sich die Angehörigen, als es dunkel geworden ist. „Sie sollte schon lange wieder hier sein!" Besorgt machen sich die Männer auf den Weg, um sie suchen. „Die Wege sind nicht mehr sicher vor Feinden und Räubern. Hoffentlich ist Ornesda ihnen nicht in die Hände gefallen!" sagen einige von ihnen. Aber ihre schlimmsten Befürchtungen sollten sich bestätigen: An einer unwegsamen Stelle zwischen dichten Büschen sehen die Ornesdas Körper liegen; leblos, erschlagen von Wilden, die ihr den Beutel mit Gewalt entrissen und selbst vor einem Mord nicht zurückgeschreckt hatten.

Betroffen knien die Männer nieder. „Sie war so zuversichtlich, daß alles gutgehen würde", sagt einer von ihnen. Die anderen nicken nur. Dann bergen sie den Leichnam und bringen ihn schweigend nach Hause.

Mit der Nachricht von Ornesdas Tod sind alle Auswanderungspläne der Familie schlagartig zunichte gemacht. Nicht nur, daß das kostbare Saatgut unersetzlich ist und damit die Möglichkeit für einen Neubeginn fehlt. Nein, sie möchten den Ort auch nicht mehr verlassen, an dem Ornesda ihr junges Leben lassen mußte. „Wenn die Wege in unserem Land so unsicher geworden sind", sagen ihre Brüder „dann wollen wir zu Kriegern werden und unser Land verteidigen! Möge der erhabene Sonnengeist, Ahura Mazdao, uns stärken, die Diener der Finsternis zu vertreiben und unser Land vor ihnen zu schützen.

Auch Ornesdas Seele bleibt ihrem Land noch lange verbunden. „Sie schenkt uns ihre unverbrauchte Lebenskraft", sagen die Priester oft, „sie lenkt die Lichtkräfte zur Erde und schützt das Land vor Finsternis."

Doch lange hält das Land dem Ansturm nicht mehr stand. Das Reich der Finsternis ist stärker. Den Priestern bleibt jedoch das sichere Wissen, daß mit dem Einbrechen der dunklen Zeiten zur gleichen Zeit der Sonnengeist der Erde naht, um sie von innen zu erleuchten.

Steppenmohn
– Eine doppelte Geschichte

Mongolei, 10. Jahrhundert n. Chr.

I

„Ssabutai ist tot!"

Weit hallt der Ruf über das Schlachtfeld.

Er dringt bis an die Ohren Burukais, der immer noch verbissen gegen die Übermacht der feindlichen Horden ankämpft. Und wieder hört er: „Ssabutai ist tot!"

Erschrocken und ungläubig läßt Burukai sein Schwert sinken, wendet sein Pferd und hetzt es in wilder Verzweiflung in die Richtung, in der er seinen Vater zuletzt kämpfen sah. Niemals würde er das Schreckliche glauben können, bevor er es nicht mit eigenen Augen gesehen hatte!

Nein, es darf, es kann nicht sein! hämmert es in seinem Kopf, als er Ssabutai regungslos auf dem Boden liegen sieht. Er springt vom Pferd und beugt sich über den leblosen Körper seines Vaters. „Ssabutai!" ruft er verzweifelt und packt ihn an der Schulter. „Ssabutai! Höre doch! Sprich! Ich bin da, dein Sohn!" Dann strömen Tränen über das olivfarbene, vom Kampf gerötete Gesicht, und sein Körper wird von heftigem Schluchzen geschüttelt.

„Burukai! Bist du von Sinnen?" hört er plötzlich eine aufgeregte Stimme hinter sich. „Beeile dich, wenn du nicht niedergemetzelt werden willst!"

Burukai blickt auf und sieht, daß Ssabutais Gefolge längst die Flucht ergriffen hat, und auch die Krieger der verbündeten Stämme sprengen in wilder Panik davon. Rasch springt Burukai auf sein Pferd und galoppiert den Freunden hinterher.

Eine riesige Staubwolke zieht sich über die Steppe bis zu den nördlichen Wäldern hin, in denen die Mongolen Schutz vor ihren Verfolgern suchen.

Fürs erste sieht es so aus, als hätten die Feinde die Verfolgung aufgegeben. Aber wer konnte wissen, was sie wirklich vorhatten? Heckten sie womöglich eine List aus, um die Mongolen wieder in eine Falle zu locken? Bestimmt war es sicherer, zunächst im dichten Wald Schutz zu suchen und das weitere Vorgehen zu beraten. Nach dieser verlustreichen Schlacht war die größte Vorsicht geboten.

„Burukai, du bist jetzt unser Häuptling! Was sollen wir tun?" fragt Shungan, der Vertraute seines Vaters.

Bestürzt und verwirrt schaut Burukai in die Runde. Wohl hat Shungan Recht, daß Burukai der rechtmäßige Nachfolger Ssabutais ist, aber ist er den Aufgaben eines Häuptlings überhaupt gewachsen? So plötzlich, ohne Vorbereitung? „Als erstes sollten wir heute Nacht zum Schlachtfeld zurückkehren und unsere Toten bestatten", sagt Burukai zögernd.

Die Blicke, die auf ihn gerichtet sind, machen ihn unsicher.

Schon wehrt Shungan diesen Vorschlag ab. „Das wäre zu gefährlich", sagt er, und die anderen nicken schweigend.

„Laßt mir Zeit!" bittet Burukai. „Wir sind jetzt alle zu erschöpft, um etwas Vernünftiges zu beschließen. Hier im Wald sind wir sicher und können uns ein paar Tage ausruhen."

II

Burukai liegt schon seit Stunden wach, obwohl er genauso erschöpft ist wie seine Freunde, die schon lange in tiefem Schlaf liegen. Immer wieder sieht er die erloschenen Augen Ssabutais vor sich, den leblosen Körper im Staub, die klaffenden Wunden. Sein geliebter Vater, einfach abgeschlachtet wie ein Stück Vieh!

Ja, er weiß es und hat es sich schon hundertmal gesagt, daß das eben die Gesetze der Steppe sind: Ein Mongole nimmt sich, was er braucht, notfalls mit Gewalt, und scheut dabei kein Blutvergießen. Ein Sohn der Steppe darf nicht zimperlich sein, hatte auch sein Vater immer gesagt. Das Schwache und Schlechte soll ausgerottet werden und das Starke und Gute übrigbleiben!

Bisher war auch Burukai von diesem Grundsatz überzeugt gewesen. Er hatte selbst nicht wenige Menschen auf dem Gewissen, gegen die sie zu Feld gezogen waren und die er für schlecht und unwürdig gehalten hatte. Mehr als einmal hatte er nach gewonnener Schlacht zufrieden und gutgelaunt über das Schlachtfeld geblickt und sich über die Scharen gefallener Feinde gefreut. Erfolg und Glück hatten diese Augenblicke für ihn bedeutet, und er hatte kein Unrecht dabei empfunden. Es war wie ein Spiel, bei dem es Gewinner und Verlierer gab.

Natürlich wußte Burukai, daß auch er einmal zu den Verlierern zählen könnte. Doch der Gedanke, daß diesmal sein eigener Vater so verstümmelt im Staub des Schlachtfeldes liegt, zur Freude seiner Feinde, raubt ihm fast die Besinnung.

Bilder aus seiner Kindheit tauchen vor ihm auf. Alles, was er mit seinem Vater erlebt hat, steht in diesem Augenblick vor seiner Seele:

Burukai war ein fröhliches Kind, voller Lebenslust und Tatendrang. Die Weite der Steppe war sein Königreich, Schafe, Rinder und Pferde seine Gefährten, das Zelt seines Vaters sein besonderer Stolz. Es war größer und bunter geschmückt als alle anderen Zelte im Ordu. An der Spitze ragte eine lange Stange empor, an der das Zeichen des Häuptlings befestigt war. Er mußte wohl neun oder zehn Jahre alt gewesen sein, als ihm zum ersten Mal seine Rolle innerhalb des Stammes bewußt wurde. Damals war ihm aufgefallen, daß die Erwachsenen ihn oft forschend anblickten und ihn mit größerem Respekt behandelten als seine Altersgenossen. Aber auch diese betrachteten ihn nicht als ihresgleichen. Oft hatte er sich fremd und ausgestoßen gefühlt. War es doch manches Mal geschehen, daß ihre Gespräche und ihr Gelächter verstummten, sobald er zu ihnen trat, und sie ihn dann verlegen und unsicher anschauten. War es deshalb, weil er ihr zukünftiger Häuptling sein würde? Drückte ihr Verhalten besondere Achtung aus oder genau das Gegenteil? Burukai wußte es nicht.

Als er vierzehn Jahre alt war, nahm sein Vater ihn eines Tages mit zu einem besonderen Platz weitab von den Zelten und Weideplätzen des Stammes. „Dies ist ein heiliger Ort", sagte Ssabutai bedeutungsvoll. „Schon unsere Väter suchten diesen Ort auf, um sich das Wohlgefallen und die Unterstützung des Himmels für ihre Vorhaben zu sichern. Ich habe dich hierher geführt, weil du jetzt alt genug bist, um im Falle meines Todes meine Nachfolge antreten zu können."

„Aber, Vater", unterbrach ihn Burukai erschrocken. Doch Ssabutai besänftigte ihn: „Natürlich hoffe ich, noch lange zu leben. Doch sollst du beizeiten mit deinen zukünftigen Pflichten vertraut gemacht werden. Vor allem sollst du heute, für jetzt und alle Zeiten ein Gelöbnis ablegen, allen Mitgliedern unseres Stammes in Treue verbunden zu bleiben, sie nach besten Kräften zu unterstützen und zu fördern und dich für ihr Wohlergehen verantwortlich zu fühlen."

III

Über zehn Jahre ist es her, daß Burukai dieses Gelöbnis abgelegt hat, und nur selten hat er seitdem daran gedacht. Jetzt kommt ihm schlagartig die ganze Tragweite seiner Verantwortung zum Bewußtsein. Konnte er seinem Volk gerecht werden? Würden sie ihm gehorchen? Was erwarteten sie überhaupt von einem Häuptling? Daß er sie zu weiteren Eroberungszügen führen würde, zu besseren Weideplätzen, größerem Besitz? Was waren seine eigenen Ziele?

Unruhig wälzt er sich auf seinem Lager hin und her. Bald würde der Morgen grauen, bald würden die Freunde in ihn dringen, um seine Entscheidungen zu hören, und er hat noch kein Auge zugetan und ist verzweifelter als je zuvor. Der Tod seines Vaters steht als übergroßes Schreckensbild vor seinen Augen. Und nicht nur das. Unzählige Gesichter sieht er vor sich, Feinde, die er sterben sah, die seine Hand getötet hatte, und die auch Söhne, Frauen und Brüder hatten. Ihre brechenden Augen starren ihn an wie eine stumme Anklage: Burukai, was hast du getan? Wie vielen unbekannten Menschen hast du ihr Liebstes genommen? Wieviel mehr Leid hast du verursacht, als dir je zugefügt wurde. Dein Vater ist auch nicht mehr wert als sie.

„Nein!" stöhnt Burukai auf. „Geht weg, ihr Augen, ich kann euch nicht ertragen!" Aber er weiß, daß sie bei ihm bleiben werden als ewige Mahnung, nie mehr einem Menschen das Leben zu nehmen.

Aber was würden die Freunde sagen, wenn er ab sofort jeden Kampf untersagte? Würden sie ihn nicht verspotten und Feigling nennen? Ja, er hört sie schon lachen über sein weiches Herz, das unfähig war, die Gesetze der Steppe zu ertragen. Nein! Diese Blöße konnte er sich nicht geben. Und so befiehlt er am nächsten Morgen, die Gefallenen zu rächen und den Feinden den Garaus zu machen. Auch die Häuptlinge der verbündeten Stämme ziehen mit. Aber der geplante Vergeltungsschlag verläuft wenig erfolgreich. Burukai kämpft nur zum Schein, ohne jemanden zu verwunden. Er hofft, daß die Freunde nichts merken.

Bis zum Einbruch der Dunkelheit wird gekämpft. Wiederum sind auf beiden Seiten große Verluste zu beklagen. Burukai hat genug. Es wäre Wahnsinn, jetzt weiterzumachen. Die Übermacht der feindlichen Horde ist nicht zu schlagen. Also beschließt er, mit dem verbliebenen Rest seines Stammes umzukehren. Einige der Verbündeten folgen seinem Beispiel, die anderen ziehen auf eigene Faust weiter.

In gedrückter Stimmung reitet die zusammengeschmolzene Truppe dem heimatlichen Ordu entgegen. Wie würden sie die Nachricht von Ssabutais Tod aufnehmen?

Schon haben Frauen und Kinder die Herannahenden erspäht und eilen ihnen entgegen. Unter ihnen ist Balaika, Burukais Frau, mit einem Säugling auf dem Arm. „Dein Vater kommt heim", raunt sie dem Kind glücklich zu. „Wie er Augen machen wird, wenn er dich sieht!" Doch als sie Burukai an der Spitze der Reiter sieht, erbleicht sie. Sie weiß, was das zu bedeuten hat. „Ssabutai?" fragt sie ängstlich, als Burukai vor ihr vom Pferd springt.

„Ssabutai ist tot", erwidert Burukai und schlägt die Augen nieder. Balaika schweigt beklommen. Dann zeigt sie auf das Kind und flüstert: „Dein Sohn."

Burukai lächelt, küßt seine Frau und sein Kind und sagt leise: „Wir wollen ihn Talugi nennen. Er soll es einmal besser haben als ich. Ich werde dafür sorgen, daß wir in Frieden und ohne Kampf leben können."

Balaika blickt ihn erstaunt an: „Er ist doch ein Sohn der Steppe, wie du."

„Ja", erwidert Burukai, „und wer sagt, daß es in der Steppe keinen Frieden geben kann?"

Balaika schweigt, aber sie sieht irgendwie erleichtert aus. Möge Burukai Recht behalten! denkt sie bei sich.

Burukai erklärt den Männern des Ordus, daß in der nächsten Zeit verlustreiche Eroberungsfeldzüge vermieden werden müssen, um das bestehende Stammgebiet sichern zu können. Niemand widerspricht, zumal in diesem Moment erschreckend viele Väter, Brüder und Söhne zu betrauern sind.

IV

Etliche Jahre sind so dahingegangen. Burukai hat seine Söhne und Töchter heranwachsen sehen, die Herden sind größer und fetter geworden, der Handel mit den Kaufleuten aus China blüht: Burukai könnte glücklich sein. Aber er bemerkt auch, daß viele seiner Männer unruhig und unzufrieden sind. Im Blut der Mongolen steckt Tatendrang und Eroberungslust, zumal die Weidegebiete für die gewachsenen Herden zu klein geworden sind.

„Höre, Burukai", sagt Shungan eines Tages, „lange genug haben wir in Ruhe und Langeweile gelebt. Unser Volk hat sich vergrößert, neue junge Männer sind herangewachsen, das Land ist für uns und unsere Herden zu klein geworden."

„Ich weiß, was du sagen willst", fällt Burukai ihm ins Wort, „aber du kennst meine Meinung!"

„Ich weiß nur, daß du ein Feigling bist!" schnaubt Shungan verächtlich. „Und das ist nicht nur meine Meinung!" Damit entfernt er sich.

Burukai seufzt. Wie oft hat er schon versucht, seinen Männern zu erklären, warum er kein Blutvergießen mehr erleben will – vergeblich! Sie würden ihn wohl nie verstehen!

„Ein Mongole nimmt, was er braucht, auch wenn dabei Blut fließt!" sagten sie dann immer.

Immer häufiger reitet er allein in die Steppe hinaus, nur um niemanden zu sehen und Ruhe zu haben. Unter dem weiten Himmel fühlt er sich geborgen. Die Natur kennt keinen Krieg.

Eines Tages kommt Munlik, ein junger Mann aus seinem Stamm, aufgeregt zu ihm. „Shungan, Waritai und Oelik schicken mich zu dir", sagt er. „Sie behaupten, daß Sasskar mit seinen Leuten einen Teil unserer Herde gestohlen hat und verlangen von dir, sofort zu handeln und das Vieh zurück zu erbeuten!"

„Sasskar? Er ist unser Verbündeter und war während des großen Feldzugs ein treuer Freund. Ich kenne ihn, seit ich mit meinem Vater zu ihm ritt, um ihn für den gemeinsamen Eroberungszug zu gewinnen. Niemals würde er uns bestehlen!"

„Er hat es aber getan!" beharrt Munlik.

„Dann muß er in großer Not sein und Hunger leiden!" versucht Burukai den verbündeten Häuptling zu verteidigen. „In diesem Fall sollten wir ihm helfen, statt ihn zu bekriegen!"

„Vielleicht hast du Recht", murmelt Munlik und verabschiedet sich. Burukai bleibt nachdenklich zurück. Munlik war der beste Freund von Talugi, seinem ältesten Sohn. Beide hatten noch keine Schlacht erlebt, beide hatten aber das Blut der Steppe in ihren Adern und brannten auf siegreiche Taten. Shungan, Waritai und Oelik wußten wohl, warum sie ausgerechnet Munlik zu ihm schickten. Aber er würde sich hüten, einen Verbündeten zu reizen, selbst wenn er etwas gestohlen hatte.

Als Burukai aus seinem Zelt tritt, stehen Shungan, Waritai und Oelik davor und versperren ihm den Weg. „Das Maß ist voll!" sagt Shungan erbittert. „Wir bitten dich, heute Abend eine Versammlung aller waffenfähigen Männer einzuberufen. Wenn du sogar schon zuläßt, daß ein Viehdiebstahl ungerächt bleibt, müssen wir uns notfalls auch ohne deine Zustimmung wehren!" Und Oelik fügt bissig hinzu: „Talugi würde jedenfalls einen besseren Häuptling abgeben als du, auch wenn er noch keine achtzehn Jahre alt ist!"

V

Abgesetzt! Davongejagt! Vertrieben für immer!

Empört und verbittert ballt Burukai die Fäuste. Solch eine Demütigung war sicher noch keinem Mongolenhäuptling vor ihm widerfahren. Das gemeine Volk hatte sich ihm widersetzt und Shungan zum Oberhaupt des Stammes ausgerufen. Ja, Shungan hatte sie alle gegen ihn aufgestachelt. Die wenigen, die noch auf Burukais Seite standen, hatten nicht gewagt, gegen Shungan zu stimmen.

„Wenn das so ist, muß ich wohl das Ordu verlassen", hatte Burukai noch drohend gesagt, in der Hoffnung, wenigstens einige seiner Leute umzustimmen. Aber Shungan hatte niemanden zu Wort kommen lassen und höhnisch erwidert: „Es scheint so, daß das die beste Lösung wäre!"

Das war zuviel! Wütend war er nach dieser Versammlung zu seinem Zelt gestürmt und hatte Balaika vom Ausgang des Treffens berichtet. „Hier kann und will ich nicht bleiben, Balaika, auch wenn es mir leid tut für dich und die Kinder. Talugi ist alt genug, um dich in allem zu unterstützen."

Schnell waren die notwendigen Habseligkeiten gepackt, so daß Burukai noch während der Nacht sein Zelt verlassen konnte. Wohin? Daß wußte er noch nicht. Bloß weg von hier, so schnell sein Pferd ihn tragen konnte! Nur niemanden mehr sehen! Bloß an nichts denken! Nur reiten, reiten, reiten!

Gegen Morgen erreicht er die Wälder im Osten, in deren Schutz er sich auch am Tage weiterbewegen kann. Weiter, ja, aber wohin? Bei keinem der verwandten Steppenvölker konnte er sich jetzt noch blicken lassen, wenn er nicht noch Schlimmeres erleben wollte als zu Hause. Nein, von den Gesetzen der Steppe hatte er genug. Gab es nicht auch friedliche Völker, Menschen, die in festen Häusern in großen Städten zusammenlebten und die reich und wohlgenährt ein lustiges Leben führten?

Wenn er daran dachte, welche kostbaren Waren die Kaufleute aus China mit sich führten, schien ihm ein Leben in einem solchen Land sehr verlockend zu sein. Aber wie sollte er, ein Sohn der Steppe, sich in einer solchen Stadt zurechtfinden? Würden die Städter nicht noch mehr über ihn lachen als die Mongolen?

Verbittert läßt Burukai die Zügel sinken und gleitet vom Pferd. Die halbe Nacht und den ganzen Tag ist er nun geritten. Sein Pferd ist erschöpft. Er selbst fühlt sich eher tot als lebendig. Vielleicht wäre es auch besser, tot zu sein, denkt er verzweifelt, vielleicht sollte ich einfach hier liegenbleiben, bis mich die wilden Tiere fressen. Er tränkt das Pferd an einem Bach und trinkt auch selbst ein paar Schlucke, bevor er völlig entkräftet in einen tiefen Schlaf fällt.

Nicht lange danach wird er durch laute Rufe geweckt. „Bu-ru-kai! Bu-ru-kai!" Wer sucht da nach ihm? Er glaubt die Stimme Talugis zu erkennen. Aber was kann Talugi von ihm wollen? Zurück würde er auf keinen Fall gehen.

Da sieht er auch schon Talugi und mit ihm Munlik durch das Gebüsch brechen. „Burukai!" rufen sie beide überrascht und freudig aus. „Endlich finden wir dich!"

„Talugi! Munlik! Was tut ihr hier in der Wildnis?" fragt Burukai erstaunt. „Es wird gleich dunkel sein!"

„Das sehen wir auch!" antwortet Talugi lachend. „Wir sind gekommen, um dir zu helfen, einen sicheren Ort zu finden. Einer der chinesischen Händler sprach von einem Kloster buddhistischer Mönche, das zwei bis drei Tagesritte von der Abzweigung des großen Karawanenweges entfernt sein soll. Er meint, dies sei ein sicherer und angemessener Zufluchtsort für Leute wie dich."

Ein Kloster? Dieser Gedanke war ihm noch gar nicht gekommen. Ein mongolischer Häuptling in einem Kloster? Komisch war diese Vorstellung schon, aber vielleicht war es wirklich die beste Idee.

VI

„Wie geht es dir heute?" fragt Hoshan, der freundliche Mönch, der Burukai das Essen in seine Schlafzelle bringt.

„Oh, danke, schon viel besser!" antwortet Burukai voller Dankbarkeit. Seit er vor wenigen Tagen völlig entkräftet im Kloster um Aufnahme gebeten hat, ist er mit rührender Anteilnahme von den Mönchen gepflegt worden. Es herrscht eine Atmosphäre heiterer Gelassenheit und himmlischen Friedens an diesem Ort. Endlich Ruhe und Frieden! denkt Burukai beglückt. Endlich nicht mehr kämpfen müssen.

Diese Mönche kamen ihm wie überirdische Kreaturen vor. Sie waren anders als alle Menschen, die Burukai kannte. Nie sah man einen von ihnen aufgeregt, wütend oder streitend. Immer waren sie liebenswürdig und höflich, und das ohne Heuchelei. „Hoshan?" fragt er sein lächelndes Gegenüber. „Hast du schon einmal gekämpft?"

Hoshan lacht: „Warum sollte ich das?"

„Nun ja", erwidert Burukai verlegen, „alle Menschen, die ich bisher kannte, glauben, daß nur der Kampf das Überleben sichert. Kampf um Beute, um Land, um Ruhm, das waren die Gesetze der Steppe. Die Starken siegten und die Schwachen gingen unter."

Hoshan lächelt immer noch. „Bei uns gelten andere Gesetze", sagt er dann. „Der einzige Sieg, den ein Mönch anstrebt, ist der über sich selbst."

„Wie soll ich das verstehen?" fragt Burukai verwundert.

„Ich will versuchen, es dir zu erklären", antwortet Hoshan. „Unsere Lehre besagt, daß Gewalt die Ursache allen Leidens ist, daß aber die Ursache der Gewalt auf Täuschung beruht."

„Den ersten Teil des Satzes verstehe ich!" unterbricht Burukai den Mönch und seufzt.

Hoshan blickt den Mongolen aufmerksam an. „Willst du mir nicht zuerst die Geschichte deines Lebens erzählen? Von unserer Lehre wirst du früh genug erfahren."

Burukai nickt und erzählt.

Hoshan ist ein verständnisvoller Zuhörer. Als Burukai unter Tränen seine Geschichte beendet hat, sagt er: „Ein merkwürdiger Sohn der Steppe bist du. Mir scheint, du bist bei uns besser aufgehoben als bei deiner kriegerischen Verwandtschaft."

„Das scheint mir auch so", stimmt Burukai erleichtert zu.

„Dann kannst du ja deinen Widersachern dankbar sein, daß sie dich vertrieben haben!" meint Hoshan.

Als Burukai ihn verständnislos anblickt, fügt er hinzu: „Sonst wärst du ja noch dort und hättest nicht zu uns gefunden!"

„Ach so, ja natürlich, du hast Recht. Aus dieser Sicht habe ich das noch gar nicht betrachtet."

„Du wirst bei uns noch viele Dinge aus einer ganz anderen Sicht betrachten lernen, als du es gewohnt bist", verspricht Hoshan und lächelt bedeutungsvoll.

VII

In den nächsten Wochen und Monaten verbringt Hoshan viel Zeit mit seinem neuen Schüler. Burukai saugt begierig alles auf, was der Mönch ihm über Buddha und seine Lehren erzählt. Aber je mehr er lernt, desto mehr wird ihm bewußt, wie wenig er weiß. Fragen über Fragen tun sich vor ihm auf. „Es ist gut, viel zu fragen", hatte Hoshan gesagt, „aber nicht, um gleich eine Antwort zu bekommen, sondern um eine Sogwirkung, einen Hohlraum zu erzeugen, in den der Geist einfließen kann."

Was hatte Hoshan von dem achtfachen Pfad des Buddha erzählt, dem Weg, der die Versklavung des Menschen durch die unzulängliche Welt beenden sollte? Der aus der Welt des Kampfes in die Welt des Friedens führte? Und der die Befreiung des Menschen aus dem Samsara, dem Kreislauf der ewigen Wiedergeburten, zum Ziel hatte?

„Die erste der acht Stufen besteht in der rechten Ansicht", begann Hoshan seine Unterweisung. „Die Ansicht, daß nichts beständig ist, daß die Welt nicht aus materiellen Dingen besteht sondern aus ständig wechselnden und sich verwandelnden Prozessen. Die zweite Stufe, die rechte Absicht, bedeutet, sein Leben gemäß der rechten Ansicht einzurichten und sich wohlwollend und nicht verletzend zu verhalten. Das tust du, indem du die nächsten drei Stufen berücksichtigst: Die rechte Rede, die rechte Handlung und die rechte Lebensführung. Das heißt: Lüge nicht, verleumde niemanden, sage und tue nichts, was einen anderen Menschen ärgern oder verletzen könnte. Verdiene deinen Lebensunterhalt mit nichts, was anderen Menschen schaden könnte. Es reicht aber nicht, nur das Schlechte zu vermeiden. Man soll sich auch anstrengen, Gutes zu tun und religiöse Übungen auszuführen. Das ist die sechste Stufe: die rechte Anstrengung. Nun kommen die eigentlichen Übungen. Die siebte und achte Stufe sind: rechte Achtsamkeit und rechte Konzentration. Beginne mit der Achtsamkeit, indem du, wenn du gehst, dir des Gehens bewußt bist, wenn du sitzt, dir des Sitzens bewußt bist, und wenn du atmest, dir des Atmens bewußt bist. Die rechte Konzentration heißt zunächst: den Geist beruhigen. Das ist schwieriger als du denkst. Du wirst bald merken, daß dein Geist in ständiger Bewegung ist, daß die Gedanken wie Luftblasen unaufgefordert auf- und absteigen. Versuche es und berichte mir dann davon."

Burukai versucht es Tag für Tag, Woche für Woche, Monat für Monat. Nach einiger Zeit berichtet er Hoshan: „Höre, Hoshan, als ich mich heute im Gebetsraum befand, um mich zu versenken und den Geist zu beruhigen, flatterte mir ein großer häßlicher Vogel vor der Nase umher. Ich versuchte ihn zu verscheuchen, aber er zerrte mich mit den Krallen hin und her. Ich schüttelte ihn ab, aber in welche Richtung ich mich auch bewegen mochte, er schien auf jeder Seite zu lauern, um mich zu stören. In meiner Verzweiflung schwang ich mich schließlich auf seinen Rücken und bat ihn, mich zu tragen. Dazu war er bereit. Nun ging es im wilden Wechsel von rechts nach links, kreuz und quer und dann immer im Kreise herum. Er trieb sein wildes Spiel mit mir. Ich war ihm hilflos ausgeliefert. Da nahm ich alle Kraft zusammen und zwang ihn, in gerader Linie vorwärts zu fliegen. Das tat er auch. Doch wie es nun so ruhig und gerade dem Ziel entgegenging, schlief ich ein. Als ich erwachte, fand ich mich im Gebetsraum wieder."

„Ganz gut für den Anfang", sagt Hoshan zufrieden und lacht. „Nur gib nächstes Mal acht, daß du an der entscheidenden Stelle nicht einschläfst. Der Vogel verkörpert die Kraft deiner Gedanken. Sie können dich in die Weite tragen, aber auch in die Höhe. Versuche beim nächsten Mal, den Vogel zum senkrechten Aufsteigen zu veranlassen, nicht in die Weite zu fliegen. Dann kommst du dorthin, wo die Zeit zum Raum wird, wo Vergangenheit und Zukunft sich in der Gegenwart vereinigen und die Ruhe der Ewigkeit herrscht."

„Ich will es versuchen." verspricht Burukai.

Nach langem Üben kann er Hoshan berichten:

VIII

„Höre, Hoshan, ich folgte deinen Anweisungen und ließ mich vom Vogel empor tragen. Kein Gedanke und kein Gefühl störten diese himmlische Ruhe, in der ich mich befand. Doch war diese Ruhe erfüllt von einer solch gewaltigen Kraft, daß ich glaubte, die ganze Materie erschaffen oder vernichten zu können, wenn ich diese Kraft im Tagbewußtsein zur Verfügung hätte. Doch war es nur ein winziger Augenblick, den ich mich in dieser Sphäre halten konnte. Schon begann der Vogel wieder zu sinken, da zog etwas auf der linken Seite meine Aufmerksamkeit an. Ich erblickte eine alte Chinesin vor einem Arzneischrank, in dem sich eine Menge Dosen und Fläschchen befanden. Ein Fläschchen mit der Aufschrift ‚Mohnsaft' hielt sie mir entgegen mit den Worten: „Vergiß nicht deine Schuld und dein Gelübde!"

Jetzt fängt Burukai an zu weinen. „Ach, Hoshan, wieviel Schuld habe ich doch auf mich geladen, wieviel Leid und Elend verursacht! Seit dem Tod meines Vaters sehe ich immer wieder diese Augen vor mir, erloschene Augen von Menschen, die ich erschlagen habe. Werde ich das jemals wieder gutmachen können?"

„Was ist mit dem Gelübde?" fragt Hoshan, ohne auf Burukais Frage zu antworten.

Da weint der Mongole noch heftiger als zuvor. „Das bedrückt mich noch mehr als die Schuld", schluchzt er. „Wisse, Hoshan, daß ich meinem Vater einen heiligen Eid schwor bei allen unseren Vorfahren, den Mitgliedern unseres Stammes in Treue verbunden zu bleiben, sie nach besten Kräften zu fördern und mich für ihr Wohlergehen verantwortlich zu fühlen."

„Ich verstehe dein Unglück", sagt Hoshan voller Mitgefühl. „Wenn du dich für ihre Wünsche und Bedürfnisse eingesetzt hättest, hättest du dich selbst verleugnen müssen. Andererseits konnten sie für deine Wünsche und Bedürfnisse kein Verständnis aufbringen."

„Damals konnte ich nicht erklären, was mich bewegte. Jetzt könnte ich es vielleicht besser. Es tut mir leid um sie, daß sie nicht verstehen, daß alles Leid auf Gewalt, Illusion und Unwissenheit beruht."

„Hüte dich, aus ihnen Mönche machen zu wollen!" warnt Hoshan scherzend. „Das wird dir nie gelingen. Sie werden noch lange im Kreislauf der Wiedergeburten gefangen bleiben und auf diesem Wege lernen."

„Werde ich ihnen dabei nicht helfen können und sie vor weiterem Unglück bewahren?" fragt Burukai hoffnungsvoll. „Schließlich habe ich meinem Vater gelobt ..."

„Das gilt nur für dieses Leben", sagt Hoshan bestimmt. „Es sei denn, du willst deine eigene Befreiung zurückstellen, um ihnen zu helfen."

„Natürlich", sagt Burukai ohne Zögern. „Wie könnte ich im Nirwana sein wollen, solange mein Volk noch im Samsara leidet!"

„Du bist schon ein echter Buddhist", sagt Hoshan anerkennend. „Denn wisse, so wie Buddha vom Mitgefühl für alle Kreaturen erfüllt war und ihre Erlösung ersehnte, so haben auch etliche Erleuchtete nach ihm ein Gelübde abgelegt, den eigenen Eintritt ins Nirwana zurückzustellen, um anderen leidenden Wesen zu helfen. Man nennt sie Bodhisattvas. Mit ihren außergewöhnlichen Kräften und Fähigkeiten tun sie viel Gutes in der Welt."

Sie schweigen lange, bevor Burukai fragt: „Was aber hat die Chinesin mit dem Fläschchen damit zu tun?"

„Frage sie, wenn du ihr wieder begegnest."

IX

Die Chinesin hieß Ming-Lu und war das einzige Kind wohlhabender Eltern. Sie wuchs heran, umgeben von allen Kostbarkeiten, die das Reich der Mitte in seiner blühendsten Zeit, unter den Kaisern der Tang-Dynastie, zu bieten hatte.

An Bildung sollte es dem jungen Mädchen nicht fehlen. Sie lernte lesen, schreiben, musizieren und sticken. Auch die Beschäftigung mit den großen Philosophen und Dichtern gehörte sich für eine Tochter der gehobenen Stände. Sie war lernbegierig, ehrgeizig und begabt, der Stolz ihrer Eltern und zugleich deren einzige Erbin. Ihr Vater Yün-Chi, ein angesehener Kaufmann, der in großem Umfang mit Seide, Gewürzen und Arzneien handelte, hatte sich auch schon rechtzeitig Gedanken um die Zukunft seiner Tochter gemacht. „Ming-Lu", sagte er eines Tages geheimnisvoll, „wir haben die große Ehre, heute Abend einen besonderen Gast in unserem Hause zu haben. Es ist Song-Hi, mein bester Geschäftsfreund. Ich wünsche dich in deinen schönsten Gewändern und auserlesenem Schmuck zu sehen." Als Ming-Lu ihn fragend und unsicher anschaute, fügte er hinzu: „Song-Hi wird dir gefallen. Er ist klug und tüchtig und hat es in seinem jungen Leben schon zu ansehnlichem Wohlstand gebracht. Kurzum, er hat genau die Eigenschaften, die ich mir von meinem künftigen Schwiegersohn wünsche."

Ming-Lu war ein wohlerzogenes Mädchen. Sie heiratete Song-Hi, auch wenn er ihr anfangs wenig Vertrauen einflößte. Immerhin war er ein erfolgreicher Händler und würde die Geschäfte ihres Vaters nach seinem Wunsch weiterführen können. Er war auf den Anbau und Vertrieb von Drogen spezialisiert, Heilkräutern aller Art, die er an Ärzte, Heilkundige und wohlhabende Bürger verkaufte. Das Haus des frischgebackenen Paares war immer vom Duft trocknender Kräuter erfüllt. Als Ming-Lu ihre erste Tochter zur Welt brachte, gab der stolze Vater ihr den Namen: Mohnblüte.

„Mohnblüten sehen doch so traurig aus", gab Ming-Lu zu bedenken. Doch Song-Hi lachte und sagte: „Im Gegenteil. Mohn ist eine Blume der Freude und Glückseligkeit. Er verschafft uns großen Reichtum."

Da konnte Ming-Lu nicht widersprechen, auch wenn sie es nicht gerne sah, daß Song-Hi sich dem Anbau des Mohns mit so großer Begeisterung widmete. Aus dem Milchsaft der grünen Mohnkapseln gewann er Tu Yapian, eine wundersame Arznei, die alle Schmerzen und Leiden lindern, allen Kummer betäuben und einen himmlischen Schlaf herbeiführen konnte.

Unter dem Namen Afu yong war es von arabischen Händlern im Reich der Mitte bekannt gemacht worden. Weiter im Westen wurden die Tränen des Mohns Opium genannt. Afu yong war teuer und von den Chinesen sehr begehrt. Daher war Song-Hi überglücklich, als ein Kaufmann aus Arabien ihm eines Tages eine kleine Kapsel mitbrachte.

„Eine einzige Kapsel enthält Saatgut für ein ganzes Feld", sagte er, und Song-Hi hatte für die Kapsel reichlich Silber bezahlt. Er war einer der ersten, der auf den Feldern von Sichuan die neue Wunderblume anbaute. „Tu Yapian ist noch besser als Afu yong!" erzählte er seinen Kunden, die nicht wußten, daß auch die Araber den holden Schlummertrunk aus Mohn gewannen. Die Geschäfte liefen gut. Gutbetuchte Bürger bezahlten jeden Preis für das Wundermittel, das nicht nur gegen Durchfall, Husten und Schmerzen seine Wirkung erwies, sondern zugleich in das ersehnte Vergessen aller Mühen entrückte.

Ming-Lu bekam noch viele Kinder, und die kleine Familie wuchs so rasch wie der blühende Handel des Vaters. Song-Hi beschäftigte nun mehr als ein Dutzend Arbeiter auf seinen Feldern. Er entlohnte sie nicht nur großzügig, sondern gestattete ihnen auch beliebigen Genuß des wunderbaren Sorgenbrechers. Ein treuer Helfer gegen die Nöte des Alltags war Tu Yapian, und die Arbeiter mochten ihn nicht mehr missen.

Ming-Lu bemerkte bald mit Sorge, wie die Arbeit auf den Feldern liegenblieb, die Männer ausgezehrt und mit entrückten Minen umherliefen, als sei ihnen jeder Sinn für die Wirklichkeit geraubt worden. „Song-Hi", sagte sie daher warnend, „bemerkst du nicht, daß deine Arbeiter dem Mohnsaft mehr gehorchen als dir? Du solltest ihnen nichts mehr geben! Sie arbeiten ja kaum noch!"

„Vielleicht hast du Recht", sagte Song-Hi und begab sich zu den Arbeitern. Die wollten von der Neuerung nichts wissen.

„Du Hund hast uns dahin gebracht, daß wir ohne Tu Yapian nicht mehr leben können!" sagten sie wütend zu Song-Hi. „Nun gib uns, was wir brauchen!" „Erst, wenn ihr genug gearbeitet habt!" sagte Song-Hi unerbittlich.

Doch das konnten sie nicht mehr. Sie beschwerten sich bei Ming-Lu, aber auch Ming-Lu konnte ihnen nicht helfen. Da geschah eines Tages das Unfaßbare: Mohnblüte kam ins Haus gelaufen und sagte aufgeregt zu Song-Hi: „Vater, die Arbeiter auf den Feldern wollen mit dir sprechen. Sie sagen, es sei dringend!" Song-Hi eilte hinaus.

Ungeduldig wartete Ming-Lu auf seine Rückkehr. Irgend etwas beunruhigte sie an der Geschichte. Schließlich machte sie sich auf den Weg zum Mohnfeld. Schon von weitem sah sie, wie mehrere Männer um Song-Hi geschart waren und ihn festhielten. Sie tun ihm Gewalt an! dachte sie entsetzt und rannte voller Angst weiter. „Was tut ihr da?" schrie sie die Arbeiter an, als sie herangekommen war.

„Wir haben ihm nur dasselbe eingeflößt, was er uns gegeben hat. Und zwar reichlich!" antwortete Wan-yen grimmig.

„Ihr habt ihn umgebracht!" schrie Ming-Lu fassungslos und brach zusammen. „Hat er nicht uns alle ins Verderben und unsere Familien ins Elend gestürzt?" erwiderte Wan-yen ungerührt.

So starb Song-Hi und hinterließ seine Frau mit sieben unmündigen Kindern.

X

Ming-Lu setzte fortan alles daran, um ihre Kinder vor der Gefährlichkeit Tu Yapians zu warnen. Trotzdem mußte sie den Handel weiterführen. Was sollte sie sonst tun, um die Familie am Leben zu halten? Den Arbeitern und ihren Familien versuchte sie zu helfen, so gut sie konnte. Vergeblich! Der Haß der Bauern wandte sich nun gegen sie. Vorwürfe und Streit waren an der Tagesordnung. Es dauerte nicht lange, bis die meisten Arbeiter den Folgen ihrer Sucht erlegen waren.

Ming-Lu suchte keine neuen Arbeiter mehr. Sie ließ die Felder brachliegen und verkaufte nur noch die restlichen Bestände der Vorräte. Sie war froh, daß keines ihrer Kinder den Handel des Vaters weiterführen wollte. Sie alle suchten sich andere Wege und waren gut versorgt. So entsetzt sie auch anfangs über Song-His Tod gewesen war, so erleichtert war sie doch auf der anderen Seite, nun mit dem zweifelhaften Geschäft Schluß machen zu können.

Das Vermögen, das sie von ihren Eltern geerbt hatte und das von Song-Hi noch vermehrt worden war, reichte aus zum Leben. Sie konnte sogar noch von ihrem Besitz die Familien der verstorbenen Arbeiter unterstützen und vielen armen Menschen mit Rat und Tat zur Seite stehen. Sie verfaßte eine Schrift, um die Leute vor dem Mißbrauch Tu Yapians zu warnen. Ob diese jemandem nützte? Ob sie etwas wiedergutmachen konnte von dem Unglück, das sie mit zu verantworten hatte?

Noch auf dem Sterbebett sah sie die ausgemergelten Gesichter der unglücklichen Arbeiter auf sich gerichtet: Wan-yen, Kao-chi, Ning-kü und viele andere. Haßerfüllt blickten diese Augen sie an. „Verflucht sollst du sein für alle Zeiten! Du und Song-Hi, die ihr unser Leben zerstört habt", schienen sie zu sagen.

Ming-Lu vermochte sich nicht zu verteidigen. Sie fühlte eine schwere Schuld auf sich lasten, obwohl sie sich hätte sagen können: Auch ich war Song-Hi doch ausgeliefert. Eine Frau widerspricht nicht ihrem Mann! Habe ich nicht trotz allem versucht, den Schaden wieder gut zu machen? Sind meine Kinder nicht gut geraten? Habe ich nicht für eure Kinder gesorgt? Auch Song-Hi hat euch nicht schaden wollen, er wollte euer Glück und Wohlergehen! Keiner von uns konnte ahnen ..."

Die Augen starrten sie qualvoll an.

„Ich werde bei euch bleiben und euch helfen!" rief Ming-Lu mit letzter Kraft.

„Versuch das nur!" stieß Wan-yen voller Haß hervor. „Wir werden dich vertreiben! Und Song-Hi werden wir töten, wenn wir ihm wiederbegegnen!"

So starb Ming-Lu.

XI

„Nun habe ich dir alles erzählt, was die Chinesin mir gezeigt hat, als ich ihr im Raum der Ewigkeit wieder begegnete", sagt Burukai zu Hoshan, der aufmerksam der Erzählung des Mongolen gefolgt war.

„Und was hat Ming-Lu mit dir zu tun?" fragt Hoshan, obwohl er die Antwort schon ahnt.

„Sie ist ein Teil meiner Vergangenheit", antwortet Burukai seufzend. „Sie wollte mich an eine alte Schuld und ein altes Gelübde erinnern. Ach, Hoshan, habe ich nicht alles versucht, ein guter Mensch zu sein? Warum muß mir dann so Übles geschehen? Ist das gerecht, daß ich für mein Bemühen verflucht und dann auch noch vertrieben werde?" Er schluchzt.

„Kannst du denn denen, die dir Leid zufügten, verzeihen, was sie taten?" fragt Hoshan.

Burukai schweigt. Er spürt, wie ein alter Groll in ihm aufsteigt. Wut, Empörung und Selbstmitleid kochen in seinem Blut. Vor seinen Augen breitet sich ein roter Schleier aus, der sich zu einem widerlichen Scheusal gestaltet.

Burukai weint heftig.

„Ich würde es gerne tun", bringt er endlich mühsam hervor, „aber mein Blut hindert mich daran. Ach, Hoshan, was bin ich für ein Scheusal!"

Hoshan versucht ihn zu beruhigen. „Du bist schon auf dem rechten Weg", sagt er, „denn das Feuer der Scham wird das Hindernis verbrennen und dich das Verzeihen lehren. Hab nur Geduld."

Einige Tage kämpft Burukai gegen das Scheusal an, das vor seinem inneren Auge steht und ihm seine eigene Wut und Empörung spiegelt. Hoshan hat Recht, sagt er sich dann, wie kann ich denn anderen Menschen ihre Wut übelnehmen, solange ich selber noch zu solcher Wut fähig bin? Ist ihre Wut denn schlechter als meine? Sind wir nicht alle Gefangene unseres Blutes? Wie schwer ist es doch, sich aus dieser Gefangenschaft zu befreien!

„Ja, ich kann ihre Wut verstehen und ihnen verzeihen", sagt er wenige Tage später zu Hoshan.

„Recht so!" antwortet Hoshan zufrieden. „Doch nun gib acht, daß du nicht deine eigene Schuld vergißt. Gabst du ihnen nicht Anlaß zu ihrer Wut? Sag bloß nicht wieder, du hättest dein Bestes getan!"

Burukai denkt lange nach. Dann sagt er unter Tränen: „Ach, Hoshan, was bin ich doch für ein schlechter Mensch! Wieviel Unheil habe ich bloß angerichtet, ohne es zu wollen. Immer war ich zu schwach, das Schreckliche zu verhindern, obwohl ich das Unrecht erkannte, das geschah. Bisher konnte ich nur denken, daß Gewalt und Macht gefährlich sei. Nun sehe ich, daß auch Ohnmacht Schuld erzeugen kann. Wie furchtbar."

Hoshan nickt: „Solange wir uns im Samsara, im Kreislauf von Geburt und Tod, befinden, können wir es nicht vermeiden, wissend oder unwissend in Schuld und Versagen verstrickt zu werden. Kein Mensch ist davon ausgenommen. Es hilft nicht, sich darüber zu grämen oder sich Vorwürfe über das eigene Versagen zu machen. Versuche lieber, alles Gewesene anzunehmen und dir selbst zu verzeihen!"

Burukai schluckt schwer. „Ich will versuchen zu verstehen, was du sagst. Aber vergiß nicht, daß ich ein einfacher Sohn der Steppe bin. Daran können auch die Jahre in eurem Kloster nichts ändern. Mir selbst verzeihen, wie soll ich das können?"

Hoshan nickt verständnisvoll. „Ich weiß, wie schwer das ist. Aber versuche es trotzdem. Sich selbst nicht vergeben zu können, führt die Seele ins Dunkel. Das nützt niemandem."

XII

Zwei Jahre sind seitdem vergangen. Burukai weiß nicht, ob es ihm noch gelingen würde, Hoshans Worte zu befolgen. Eine schwere Dunkelheit lastet auf ihm. War er seinem Volk nicht verpflichtet, seine Schuld wieder gutzumachen? Und was war mit dem Gelübde? Mit der Verantwortung, die er übernommen hatte und nicht erfüllen konnte?

„Du mußt gar nichts!" hatte Hoshan ihm einmal auf eine solche Frage gesagt. „Niemand zwingt dich dazu, und auch du selbst solltest dich zu nichts zwingen. Du darfst es als Verpflichtung betrachten, wenn es dir wirklich Freude macht und du die Liebe dazu hast. Sonst ist es doch wertlos, was du tust."

Burukai fühlt sich krank und alt, obwohl er noch nicht einmal das fünfzigste Lebensjahr erreicht hat. Er spürt, daß seine Tage gezählt sind. Immer häufiger wandern seine Gedanken zu seiner Familie, seinem Stamm, seinen Freunden und Feinden. Wie mochte es ihnen wohl ergangen sein? Nur wenige Male hatte er durch vorbeireisende Händler Nachrichten von Talugi und Munlik erhalten. Balaika und seinen Söhnen und Töchtern schien es gut zu gehen. Mehr wußte er nicht. Er beschließt, ihnen eine Botschaft zukommen zu lassen, vielleicht würden sie ja kommen, um Abschied zu nehmen.

Wenige Wochen später stehen Talugi und Balaika vor seinem Lager. Burukai kann nicht mehr aufstehen. Seine Zunge läßt sich nur noch schwer bewegen, aber er freut sich, seine Frau und den ältesten Sohn noch einmal zu sehen.

„Sagt mir, was ist aus Sasskar geworden?" fragt er als erstes.

„Sasskar ist schon lange tot", antwortet Talugi. „Shungan, Waritai und Oelik ..."

„Ich wußte es!" unterbricht Burukai heftig. „Sie haben ihre Drohung wahrgemacht! Sie haben Ming-Lu versprochen, sie zu vertreiben und Song-Hi zu töten!" Er röchelt mühsam.

Talugi und Balaika schauen sich bestürzt an. Redete Burukai im Fieberwahn?

Balaika legt ihm die Hand auf die Stirn, bis seine Erregung nachläßt und sein Atem wieder ruhig strömt.

„Nein, Balaika, ich bin nicht verrückt. Nur müde", seufzt er matt. „Sagt ihnen, daß ich sie alle liebe. Und daß ich mich freue, sie wiederzusehen."

Jetzt treten Balaika Tränen in die Augen. Kein Zweifel, Burukai muß schwer krank und verwirrt sein, denkt sie. Oder möchte er wirklich wieder zurückkehren?

Sie blickt ihn forschend an. Dann wandern ihre Augen zu Talugi. Auch er sieht ratlos aus. „Können wir etwas für dich tun, Burukai?" fragt er vorsichtig.

„Erzählt mir von zu Hause!" bittet Burukai sehnsüchtig.

Das tun Balaika und Talugi gern. Während sie erzählen, blüht Burukai sichtbar auf. Seine Wangen röten sich, seine Augen glänzen und ein heiterer Friede strahlt von ihm aus. „Ich danke euch, daß ihr gekommen seid", sagt er entspannt lächelnd. „Macht euch keine Sorgen um mich. Mir ging es nie besser als in diesem Moment, in dem die Befreiung von allen Fesseln nahe ist. Nur ein Band kann ich noch nicht zerreißen: das Gelübde."

Dann nimmt er Balaikas Hand in die seine und schließt die Augen. „Burukai", flüstert Balaika ängstlich. Aber er hört es nicht mehr.

Tränen rinnen über Balaikas Wangen. Auch Talugi ist erschüttert. Lange sitzen sie schweigend bei dem Toten. Es ist, als ob er sie mitnähme in das reine Land des ewigen Friedens.

Endlich sagt Talugi: „Laß uns zu Hoshan gehen und ihm Bericht erstatten. Vielleicht kann er uns Burukais merkwürdige Worte erklären. Was meinte er bloß mit dem Gelübde?"

Wenige Tage später kehren sie reich beschenkt aus dem Kloster in die Steppe zurück. Hoshan hatte ihnen zum Abschied ein silbernes Amulett übergeben, auf dem ein kunstvoll verschlungenes Band dargestellt war.

„Das Gelübde ist das Band, das Treue mit Hoffnung, Vergangenheit mit Zukunft verbindet", hatte er Balaika auf ihre Frage hin erklärt. „Nehmt dieses Amulett mit zum Gedenken an das Band, das Burukai mit euch allen verbindet."

Talugi befestigt das Amulett an der Stange seines Zeltes, der Wohnung des Häuptlings.

Parabeln

Der kleine Adler in der Wiederkäuerschule
– eine nur zu wahre Geschichte

Geleit

Als Gott den Menschen erschuf, nahm er von den mächtigsten Tieren die besten Kräfte: vom Adler den scharfen Blick und kühnen Gedankenflug, vom Löwen Mut und Herzenswärme und vom Stier Kraft und Ausdauer. Er selbst gab dem Menschen Würde und Weisheit, um alle Teile ins rechte Maß zu bringen.

Die Weisheit, das rechte Maß zu finden, hatten aber erst ganz wenige. Den übrigen sah man ihre tierische Herkunft noch an: einige sahen dem Adler ähnlich, andere dem Löwen und wieder andere dem Stier. Erst im Lauf der Jahre nahmen die Menschen ihre heutige Gestalt an, aber in ihrem Inneren sahen sie so verschieden aus wie vorher. Die Weisen, die schon das rechte Maß gefunden hatten, wurden das Vorbild und die Führer der anderen. Damit die Menschen niemals ihre Aufgabe vergessen würden, meißelten sie aus großen Steinen das Abbild ihres Wesens: Die Sphinx – mit einem Menschengesicht, Löwenbrust, Stierleib und Adlerflügeln. Aber immer noch sind nur wenige den ersten Weisen nachgefolgt.

I

Wie hatte sich der kleine Adler auf die Schule gefreut! Endlich würde er alles lernen, was er so brennend gerne wissen wollte: warum Gott die Welt erschaffen und ob Gott auch das Böse gemacht hat. Wo die Toten hingehen und ob alle Engel gut sind und … und … und … Doch der Lehrer schüttelte bei jeder Frage des kleinen Adlers den Kopf: „In der Schule darfst du solche unnützen Fragen nicht stellen. Das würde die anderen Schüler nur verwirren. Es gibt niemanden, der auf diese Fragen eine Antwort weiß.“

Der kleine Adler schaute den Lehrer erstaunt und mißtrauisch an. Unnütze Fragen? Ohne Antwort auf diese Fragen war doch das ganze Leben unnütz! Ob der Lehrer wirklich nichts wußte oder ob er nur sein Wissen für sich behalten wollte?

Der kleine Adler spürte, daß der Lehrer unsicher wurde und fragte darum schnell: „Was lernen wir denn sonst in der Schule?"

„Viele nützliche Dinge!" antwortete der Lehrer. „Zum Beispiel Rechnen, Lesen, Singen und fremde Sprachen aus weit entfernten Ländern."

Der kleine Adler staunte. Das sollte nützlich sein? „Warum soll ich eine fremde Sprache lernen, wenn ich doch nicht in dieses weit entfernte Land komme?" fragte er.

„Vielleicht kommst du später einmal dorthin", belehrte der Lehrer ihn. „Dann kannst du dich dort verständigen."

Später? Ja, dann hat das mit dem Lernen wohl auch Zeit bis später! dachte der kleine Adler. Warum sollte er mit Dingen seinen Kopf vollstopfen, für die es jetzt keine Anwendung gab?

II

Für die Buchstaben interessierte sich der kleine Adler herzlich wenig. Er schaute sich statt dessen lieber im Klassenzimmer um. Die meisten seiner Schulkameraden waren Wiederkäuer wie der Lehrer auch, kleine Kälbchen, die still dasaßen und den Worten des Lehrers andächtig lauschten. Sie nahmen bedingungslos auf, was ihnen vorgesetzt wurde und konnten meistens haarklein wiedergeben, was der Lehrer gesagt hatte. Sogar, wenn sie nichts davon verstanden hatten, stellte der kleine Adler erstaunt fest.

Diese Schüler waren Herrn Hornochs die liebsten, denn sie fragten nicht viel und waren dankbare Zuhörer. Auch über die drei kleinen Löwen in der Klasse konnte Herr Hornochs sich freuen. Sie waren gute Schüler und jeder von ihnen hatte seine Anhänger und Schützlinge unter den Kälbchen.

Nur mit den beiden kleinen Adlern hatte der Lehrer seine liebe Not. Sie wollten einfach nicht stillsitzen und zuhören! Wenn er der Klasse etwas über fremde Länder erzählen wollte, krächzte mindestens einer von ihnen: „Da war ich schon. Darüber weiß ich mehr als du!"

Einige begannen heimlich, die kleinen Adler zu bewundern. Andere guckten böse. Sie wollten lieber hören, was Herr Hornochs sagte.

III

Herr Hornochs war allmählich ratlos. Die kleinen Wiederkäuer hatten schon die meisten Buchstaben gelernt. Einige von ihnen konnten sie sogar schon aneinanderreihen und mühsam die ersten Worte lesen. Nur der kleine Adler hatte noch keinen einzigen Buchstaben begriffen. „Wenn du nicht lesen lernst, wirst du niemals wissen, was in der Zeitung oder in einem Buch steht!" sagte der Lehrer vorwurfsvoll. Der kleine Adler schaute ihn böse an. Am nächsten Tag brachte er eine Zeitung mit und las dem erstaunten Lehrer die Katastrophenmeldungen aus aller Welt vor. „Nanu! Woher kannst du denn plötzlich lesen?" rief Herr Hornochs völlig überrascht aus. „Ich wollte eben mal wissen, was in der Zeitung steht!" gab der kleine Adler frech zurück.

Die anderen kicherten. Herr Hornochs wurde rot und ärgerte sich.

IV

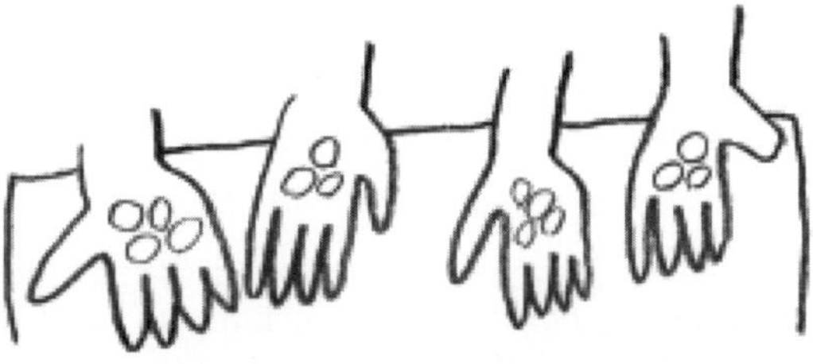

Eines Tages trat der Lehrer mit geheimnisvoller Miene ins Klassenzimmer. „Heute lernen wir Rechnen", verkündete er. Dann verteilte er kleine Säckchen mit Haselnüssen. Jeder bekam 20 Nüsse. „So", sagte Herr Hornochs, als er alle Säckchen ausgeteilt hatte, „nun nehmt ihr in eure linke Hand drei Nüsse und in die rechte vier." Anschließend ging er durch die Reihen, um zu kontrollieren, ob alle seine Anweisungen befolgt hatten. Dem kleinen Adler wurde die Zeit schon viel zu lang, bis der Lehrer endlich fragte: „So, wenn ihr nun die Nüsse aus der linken Hand mit denen aus der rechten Hand auf einen Haufen tut, wieviel ..." „Sieben!" platzte der kleine Adler heraus. Der Lehrer schaute ihn mißbilligend an. „Du hast zwar Recht", sagte er, „aber wenn du in der Schule etwas sagen willst, mußt du dich vorher melden." Bei der nächsten Frage hob der kleine Adler gehorsam seinen Flügel, bevor er die Antwort in den Raum rief. Der Lehrer bemühte sich, geduldig zu bleiben. „Du mußt dich nicht nur melden", sagte er, „sondern auch warten, bis du aufgefordert wirst, zu antworten!".

„Ja", sagte der kleine Adler folgsam. Auch auf die dritte Frage wußte er gleich die Antwort. Er meldete sich und wartete. Der Lehrer wartete auch. Hatte er die Meldung etwa übersehen?

„Ich", begann der kleine Adler. „Nicht immer nur du!" wies ihn der Lehrer zurecht. „Die anderen müssen auch mal drankommen!" Nach und nach hoben einige Kälbchen die Hufe.

Immer nur einer durfte die Antwort sagen. Das war sehr ermüdend für den kleinen Adler. Er ließ seinen Blick umherschweifen. Da sah er draußen vor dem Fenster zwei Walnußbäume. Das brachte ihn auf eine Idee: flugs war er fast unbemerkt aus dem Fenster geflattert und begann, die Nüsse auf den Bäumen zusammenzuzählen.

Als er nach einer Weile wieder hereinflog und sich auf seinen Platz setzte, bemerkte das der Lehrer. „Wo warst du?" fragte er streng.

„Draußen auf den Nußbäumen!" sagte der kleine Adler stolz. „Ich habe alle Nüsse zusammengezählt!"

„Wenn du rausgehen willst, mußt du vorher fragen, das ist nur in dringenden Fällen erlaubt", wies ihn der Lehrer zurecht.

„Auf dem einen Baum sind 487 Nüsse und auf dem anderen 512!" beeilte sich der kleine Adler zu sagen. „Das sind zusammen 999!"

„Walnüsse hin oder her!" schimpfte der Lehrer. „Wir rechnen hier nur mit Haselnüssen und auch nur bis 20!" Der kleine Adler schwieg erstaunt. Schätzte der Lehrer etwa seine Rechenkünste nicht?

V

Es fiel dem kleinen Adler schwer, sich auf seinem Platz zu halten und aufzupassen. Die eintönige Stimme des Lehrers war so einschläfernd! Um sich wach zu halten, flatterte er immer wieder umher. Es gab so viel zu entdecken, was seine Aufmerksamkeit fesselte. Selbst die gewöhnlichsten Dinge hatten – von einer anderen Seite betrachtet – ein völlig neues Gesicht. Herr Hornochs sah von oben oder von hinten ganz anders aus als von vorne, richtig witzig, fand der kleine Adler. „Hahaha“ prustete er plötzlich los. Alle drehten sich erstaunt zu ihm um. Der kleine Adler wurde verlegen.

„Was ist los?“ fragten die anderen. „Warum lachst du?“

„Herr Hornochs sieht so lustig aus von hinten! Hahaha!“

Nun lachten fast alle, aber der Lehrer lief rot an und wurde sehr böse. „Du ungezogener Bengel, bleibst du wohl auf deinem Platz sitzen und bist still!“ brüllte er. Der kleine Adler erschrak. Hatte er etwas falsch gemacht? Er wollte doch nur ein bißchen Spaß haben und die anderen aufheitern, die mit stumpfsinnigen Gesichtern über ihren Aufgaben brüteten. Der Unterricht war wahrhaftig fad genug. Er dachte, auch dem Lehrer täte eine kleine Aufheiterung gut. Kränken oder erzürnen wollte er ihn ganz gewiß nicht!

Aber der Lehrer verstand keinen Spaß. Nach dem Unterricht packte er den kleinen Adler roh am Flügel und zog ihn den Gang entlang bis zum Zimmer des Direktors. Oberstudiendirektor Dr. Kast saß hinter seinem großen Schreibtisch und blickte über den Rand seiner Brille. Der kleine Adler sah den Direktor neugierig an, während Herr Hornochs sich über ihn beklagte. „Bist du ein Löwe oder ein Stier?“ entfuhr es ihm, noch bevor Herr Hornochs seine Rede beendet hatte. Dem Direktor schwoll die Zornesader auf der Stirn. „Was fällt dir ein?!“ brüllte er los. Der kleine Adler schrak zusammen. „Sperren Sie ihn eine Stunde lang ein!“ befahl der Direktor Herrn Hornochs. „Dann kann er über seinen Ungehorsam nachdenken!“. Als die beiden draußen waren, wischte sich Herr Dr. Kast den Schweiß von der Stirn. „Hoffentlich hat Herr Hornochs nichts bemerkt!“ dachte er. Er verwandte nämlich jeden Morgen große Sorgfalt darauf, seine beiden abgesägten Hornstümpfe unauffällig unter der Löwenperücke zu verbergen. Nur dadurch hatten die anderen Lehrer Respekt vor ihm. Nicht auszudenken, was passieren würde, wenn sie ihn als ihresgleichen erkennen würden. Er würde seine Macht verlieren, ohne die er so hilflos war, denn als Stier war er außerordentlich klein geraten.

VI

Der kleine Adler verstand die Welt nicht mehr. Er saß in seinem Gefängnis und wußte nicht, worüber er eigentlich nachdenken sollte. Ungehorsam? Was meinte der Lehrer damit? Er hatte ihm einen Stift und einen Zettel gegeben und die Aufgabe, seine guten Vorsätze aufzuschreiben.

Der kleine Adler grübelte. Zerbiß den Stift. Faltete einen Flieger aus dem Papier.

Die Zeit verging unendlich langsam.

Er betrachtete das Muster auf der Tapete. Man konnte die wundersamsten Gestalten darin entdecken, wenn man nur innerlich ein paar Striche hinzufügte.

Warum nur innerlich? Flugs hob der kleine Adler die Reste des zerbissenen Stiftes auf und ergänzte die fehlenden Linien. Es entstand in Windeseile das Gesicht des Direktors, der Lehrer und anderer bekannter Personen auf der Tapete. Der kleine Adler war so vertieft in sein großes Werk, daß er gar nicht bemerkte, wie die Türe aufging. Ein rasendes Gebrüll erhob sich und der kleine Adler fühlte sich am Hals gepackt und geschüttelt. Den Inhalt des Gebrülls konnte er nicht verstehen, so erschrocken war er! Noch Tage nach diesem Vorfall konnte der kleine Adler seine Flügel nicht bewegen und keine Nahrung zu sich nehmen. Er fühlte sich halbtot und sein Kopf war wie ausgeleert. Ganz still saß er jetzt im Unterricht auf seinem Platz. Und der Lehrer lobte ihn dafür.

VII

Einige Zeit nach diesem Vorfall hatte der kleine Adler sich jedoch von diesem Schrecken erholt und seine alte Munterkeit und Neugier wiedergefunden. Da ihm der Unterricht immer langweiliger vorkam, machte er auf eigene Faust immer größere Entdeckungsreisen im Klassenzimmer und der Umgebung.

Herr Hornochs allerdings fand keinen Gefallen daran, daß der kleine Adler es nicht lassen konnte, seine Entdeckungen lauthals preiszugeben und seine großartigen Einfälle sofort in die Tat umzusetzen. „Wenn du uns immerzu störst, müssen wir dir die Flügel stutzen und die Füße zusammenbinden!" drohte er eines Tages.

Der kleine Adler erschrak zutiefst. Konnte sein Lehrer wirklich so grausam sein? Weinend kam er nach der Schule zu Hause an und klagte seiner Mutter sein Leid: „Mama, ich will nie wieder in die Schule gehen!

Empört machte sich die Adlermutter auf den Weg zu Herrn Hornochs. „Verstehen sie nicht, daß mein Kind ein Adler ist und kein Wiederkäuer? Adler brauchen anderes Futter als Kälber! Sie leben anders und lernen anders!"

„Adler hin oder her!" brummte Herr Hornochs. „Bei uns wird gegessen, was auf den Tisch kommt und gelernt, was der Lehrer sagt. Da gibt es keine Ausnahme!"

„Aber es geht doch gegen seine Natur!" rief die Adlermutter verzweifelt.

„Natur hin oder her! Wenn seine Natur ihm im Wege ist, ein ordentlicher Schüler zu sein, muß man diese Natur eben ändern! Wir werden ihm die Flügel stutzen und die Füße zusammenbinden!" Die Adlermutter erschrak. Konnte der Lehrer wirklich so grausam sein? Oder konnte er nur deshalb die Adlermutter nicht verstehen, weil er selber niemals geflogen war?

Herr Hornochs begann ihr leid zu tun. Er sah ja immer nur ein ganz kleines Stück von der Welt - und immer dasselbe! „Möchten sie nicht gerne einmal die Welt von oben sehen?" fragte sie nun einfühlsam und hilfsbereit. „Ich könnte versuchen, sie ein kleines Stück mitzunehmen."

Herr Hornochs indes lehnte dieses Ansinnen empört ab. Fliegen? Das war doch viel zu gefährlich! Wenn schon die Mutter so leichtsinnig ist, dachte er bei sich, wie soll dann aus dem Kind was rechtes werden?

VIII

In der folgenden Zeit bot der Lehrer mit eiserner Energie seine ganze Hartnäckigkeit auf, um Mutter und Kind von der gesunden Wirkung des Flügelstutzens zu überzeugen. Unter Tränen gaben sie schließlich nach.

Die Klassenkameraden sahen mit Genugtuung zu, wie dem kleinen Adler die Flügel gestutzt und die Füße zusammengebunden wurden. So gefesselt konnte er nicht mehr fliegen und verlernte es schließlich ganz. Bald waren alle Kälbchen bessere Schüler als der kleine Adler. Doch er konnte immer noch nicht lernen wie ein Wiederkäuer. Aber ein richtiger Adler war er jetzt auch nicht mehr!

Erst viel später begegnete er einem alten, weisen Adler, der ihm das Fliegen wieder beibrachte und ihn alle Künste und Weisheiten der Adler lehrte. Der kleine Adler lernte schnell und begierig viele Geheimnisse der Welt kennen, von denen kein Wiederkäuer etwas ahnte, selbst Herr Hornochs nicht. Immer noch konnte er es nicht lassen, seine Entdeckungen und Erfindungen lauthals preiszugeben. Aber jetzt schalt ihn niemand mehr dafür. Alle blickten voll Bewunderung und Dankbarkeit auf den kleinen, großen Adler.

Ein Sack Silbernüsse
– eine fast normale Geschichte

Es war schon spät in der Nacht und der Vollmond schien durch das Fenster auf Annas Gesicht. Anna lag noch wach, obwohl sie schon lange zu Bett gegangen war. Seit dem Nachmittag hatte ein heftiger Sturm getobt, der Blätter und Zweige von den Bäumen gefegt und sogar Ziegel vom Dach gerissen hatte. Nun war es zwar etwas ruhiger geworden, aber noch immer rüttelte der Wind zuweilen an den Fensterläden oder ließ die Walnüsse auf das Dach des kleinen Gartenhauses prasseln. Anna schaute aus dem Fenster. Vor dem Mond flogen kleine weiße Wölkchen vorüber, die auf eine große dunkle Wolke zujagten und dann von der dunklen Wolke verschluckt wurden.

So, als ob der Mond lauter silberne Kugeln in einen großen Sack schüttet, dachte Anna. Sie stand auf und ging zum Fenster. Nanu, was war denn das? Wer hüpfte denn da im Garten herum? Es war eine kleine Gestalt mit einem großen Sack, die emsig hin und her sprang und die Nüsse aufzusammeln schien, die der Wind vom Baum geweht hatte und die nun im Garten herumlagen.

Ein Dieb! dachte Anna entrüstet. Na warte, dir werd ich's zeigen! Sie zog ihren Mantel und Stiefel an und stapfte in den Garten hinaus. Angst hatte sie nicht, denn sie hatte gesehen, daß der Dieb viel kleiner sein mußte als sie.

Doch als sie nun näher herantrat, blieb sie mit einem kleinen Schrei stehen. Der Dieb war – ein Zwerg!

Wahrhaftig, ein Zwerg wie aus Omas Bilderbuch. „Hallo Anna!" sagte der Zwerg, als ob er sie erwartet hätte.

„Hallo", antwortete Anna zaghaft, „was tust du denn hier?"

„Frag nicht so dumm, das siehst du doch!" antwortete der Zwerg schnippisch. Dann reichte er ihr den vollen Sack hin. „Hier, deine Nüsse für die Wanderung! Ein paar Walnüsse, damit du unterwegs nicht verhungerst, und die silbernen Nüsse vom Mond, damit du den Weg findest!"

„Welchen Weg? Welche Wanderung? Wovon redest du?" fragte Anna erstaunt.

„Geh nur los!" lachte der Zwerg schelmisch. „Ich helfe dir schon, wenn es nötig ist."

„Wohin soll ich denn gehen?" fragte Anna verwirrt.

„Zu dir!" neckte der Zwerg.

„Ich bin doch schon bei mir", sagte Anna ärgerlich, denn sie hatte schon gehört, daß Zwerge gern Schabernack mit Menschen treiben.

Aber der Zwerg wurde nun ernst: „Du irrst dich. Du hast noch einen weiten Weg vor dir. Der Weg ist das Ziel und das Ziel ist in dir. Also gehst du zu dir!"

So was Albernes! dachte Anna bei sich. Aber sie sagte nichts und nickte nur. Dann nahm sie den Sack und verschwand eilig um die Hausecke, um dem Zwerg zu entkommen. Aber schon stand er wieder neben ihr. „Da geht's lang, in die Richtung des leuchtenden Sterns! Soll ich dich begleiten?"

„Nein danke, ich komme schon alleine zurecht!" sagte Anna und rannte los. Erst in dem kleinen Buchenwäldchen hinterm Dorf blieb sie stehen und verschnaufte. Der Zwerg schien ihr nicht gefolgt zu sein. Allmählich begann sie Spaß an dem unverhofften Abenteuer zu haben.

Was mochte nur in dem Sack sein? Anna knüpfte den Sack auf und sofort hüpfte eine silberne Nuß heraus und sprang ihr geradewegs in die Hand. Nanu? dachte Anna verwundert. Ob es wohl noch mehr solche Nüsse gab, die springen konnten? Sie wollte den Sack weiter untersuchen, aber die Springnuß ließ das nicht zu. Sie blähte sich auf, bekam eine menschenähnliche Gestalt und wurde nun richtig aufdringlich. „Laß mich sehen, was alles in deinem Sack ist!" sagte sie und schnüffelte mit gierig leuchtenden Augen an dem Sack herum.

„Nein", sagte Anna entrüstet, „das ist mein Sack, der geht dich nichts an!" Aber die verwandelte Springnuß wühlte schon aufgeregt in dem Sack herum. „Pfui, wie bist du neugierig!" sagte Anna angewidert.

Die Nuß kicherte: „Ja, so wie du! Wußtest du nicht, daß wir Spiegelnüsse sind, die den Menschen ihre Fehler zeigen. Du mußt uns so lange mit herumschleppen, bis du uns knacken kannst. Dann aber verwandelt sich die harte Silberschale in feine Goldfäden, aus denen dir ein leuchtender Mantel gewoben wird."

Anna wunderte sich und fragte zögernd: „Und wie soll das zugehen? Wie kann ich dich knacken?" Die Nuß blähte sich noch weiter auf und stellte sich Anna in den Weg. Immer größer und häßlicher wurde sie jetzt, so daß Anna gar nichts anderes mehr sehen konnte. Selbst, wenn sie sich umdrehte, starrte ihr von der anderen Seite dieselbe neugierig-lüsterne Fratze entgegen. Von allen Seiten war sie umringt von silbernem Spiegelschein, indem sie sich selber und zugleich die scheußliche Fratze sah. „Hilfe! Wie komme ich hier raus? Was willst du von mir?"

Da hörte sie plötzlich die Worte: „Sei wach und aufmerksam, und warte demütig ab, was sich dir zeigen will!" Ja, das will ich! dachte Anna beschämt. Im selben Augenblick war das Silber in feinstes Gold verwandelt. Wie von unsichtbaren Händen geführt, verwebten sich die goldenen Fäden um Annas Schultern herum und legten einen zarten Goldschimmer auf ihren Mantel. Anna war froh, daß sie dieser unheimlichen Gestalt entronnen war. Aber es schauderte sie zugleich, wenn sie daran dachte, daß noch viele solcher Nüsse in ihrem Sack waren.

Vielleicht konnte sie den Sack einfach stehen lassen und ohne ihn weitergehen? Sie entfernte sich ein paar Schritte, aber sie konnte nicht vorwärtskommen. Eine unbezwingbare Gewalt zog sie immer wieder zu dem Sack hin, beinahe so, als ob sie mit Ketten an diese Last geschmiedet wäre, der sie nicht entrinnen konnte.

Verzweifelt setzte sie sich neben ihm nieder. Eine unbeschreibliche Angst kroch in ihr hoch. Weglaufen von dem Sack konnte sie nicht, aber um nochmals hinein zu schauen fehlte ihr der Mut. Schließlich packte sie in ihrer Verzweiflung den Sack wieder auf ihren Rücken und versuchte, ihren Weg fortzusetzen.

Nur wenige Schritte weit wollte das gelingen, dann schien der Sack immer schwerer zu werden, so schwer, daß er Anna fast zu Boden zog. Sie sah mit Schrecken, wie ein großes Loch sich zu ihrer rechten Seite auftat, zu dem der Sack sie hinzog und das sie zu verschlingen drohte.

Da stand plötzlich der Zwerg am Rande des Loches und rief ihr zu: „Du dummes Mädchen! Merkst du nicht, daß du den Sack öffnen mußt, wenn du nicht ganz zugrunde gehen willst?"

„Nein, nein! Ich will ihn nicht öffnen! Ich habe Angst!"

„Ja, du dummes Mädchen!" kicherte der Zwerg. „Gut, daß du das endlich merkst!" Damit verschwand er.

„Halt! Bleib hier und hilf mir!" wollte Anna noch rufen, doch sie brachte keinen Ton hervor. Dann stellte sie zu ihrer Verwunderung fest, daß der Sack um einiges leichter geworden war. Gleichzeitig wurde sie gewahr, daß eine silberne Nuß in ihrer Hand lag, die so schwer war wie ein großer Felsbrocken. Sie wurde immer größer, drückte ihr gegen Brust und Hals, so daß ihr der Atem stockte und das Pochen ihres Herzens bis in die Ohren dröhnte. Da nahm sie alle Kraft zusammen und schleuderte den schweren Brocken in das Loch an ihrer Seite. Dann sprang sie mit beiden Füßen darauf, damit die Last nur ja nicht wieder herauskäme.

„Bravo!" hörte sie plötzlich den Zwerg hinter sich sagen. „Das war schon ganz gut für den Anfang!"

„Für den Anfang?" fragte Anna, während von ihren Füßen goldene Fäden aufstiegen. „Was willst du damit sagen?" „Nun ja", antwortete der Zwerg, „du hast noch eine ganze Menge Nüsse."

„Sind sie alle so gräßlich?" fragte Anna entsetzt.

„Hm", brummte der Zwerg, „sie sind ganz verschieden. Nicht zwei von ihnen sind gleich, aber manchmal ähneln sie sich wie Brüder. Und da nun schon zwei von ihnen nicht mehr im Sack sind, merken das die anderen und wollen auch heraus."

„Ach, wäre ich bloß nicht so neugierig gewesen!" jammerte Anna verzweifelt. „Kann ich den Sack nicht loswerden?"

„Nein", sagte der Zwerg, „du mußt ihn weitertragen, bis er leer ist. Und wenn du nicht aufpaßt, füllt er sich wieder neu. Denn die, die drin sind, wollen ihre Brüder nicht missen."

„Auch das noch!" sagte Anna, fast entmutigt. „Dann wäre es wohl das beste, wenn ich alle Nüsse auf einmal heraushole."

„Das wirst du nicht können. Die meisten sind noch nicht reif, um geknackt zu werden. Warte geduldig und vertraue darauf, daß jede Nuß, die reif wird, dich zur rechten Zeit und am rechten Ort auf sich aufmerksam machen wird."

Anna seufzte wieder: „Ach, wäre ich doch nicht so neugierig gewesen! Hätte ich doch niemals diesen Sack geöffnet!"

„Oh, wie bist du dumm!" spottete der Zwerg nun. „Ohne Neugierde würdest du doch nichts lernen!"

Nun war Anna völlig verwirrt. War es also doch kein Fehler gewesen, den Sack zu öffnen? Aber der Zwerg lachte sie nur aus und verschwand unter einer Baumwurzel.

Merkwürdig! dachte Anna nachdenklich. Sie stand immer noch auf der Stelle, wo vorher das Loch gewesen war, von dem man jetzt nichts mehr ahnen konnte. Aber von dort aus waren die goldenen Fäden emporgestiegen und hatten sich mit dem Saum ihres Mantels verwoben. Stark und sicher stand sie jetzt auf beiden Füßen und wunderte sich, wie sie jemals vor irgend etwas Angst gehabt haben konnte. Ja, alle Angst war wie weggeblasen. Fast übermütig schwang sich Anna den Sack wieder über die Schulter und zog frohgelaunt weiter. Wie leicht war der Sack jetzt! Sie hüpfte vor Freude. „Hurra, ich habe die Angst besiegt! Nichts mehr kann mir geschehen, vor dem ich mich fürchten müßte! Wie wunderbar!"

Indem sie so weiterging und sich frei und leicht fühlte, begann sie insgeheim, die Menschen zu bedauern, die nicht wußten, wie leicht die Angst zu bezwingen war! Wie wäre es doch schön, wenn sie all diesen Menschen helfen könnte!

„Kann ich irgendwas für dich tun?" fragte sie also den nächsten Bettler, den sie am Wege sitzen sah. „Du siehst so traurig und ängstlich aus."

„Ja. Gib mir zu essen! Ich habe Hunger!" antwortete der Bettler.

„Zu essen habe ich nur ein paar Nüsse und die brauche ich selber", sagte Anna bedauernd, „aber ich weiß ein Mittel gegen die Angst vor dem Hunger."

„Scher dich zum Teufel!" fauchte der Bettler sie wütend an. „Willst du mich verspotten?" Anna erschrak. Das war gewiß nicht ihre Absicht gewesen, den Bettler zu ärgern. Verschämt zog sie ein paar Nüsse hervor und warf sie dem Bettler hin. Dann rannte sie so schnell sie konnte, davon und versteckte sich in einem dichten Gebüsch. Sie fühlte aus dem Sack auf ihrem Rücken spitze Dornen hervorwachsen, die ihre Haut empfindlich verletzten. Als sie den Sack absetzte und ihn öffnete, sah sie obenauf die Nuß liegen, die solch widerliche Spitzen bekommen hatte und die sich nun aufblähte und um sich selbst drehte. „Na, du eitle Göre!" hörte Anna plötzlich eine Stimme hinter sich sagen. Sie sah den Zwerg in den Ästen des Busches herumturnen und näherkommen. Er schaute in den Sack und brach in schallendes Gelächter aus. „Wolltest wohl die Welt verbessern, wie? An deiner Dummheit hat sich nichts geändert!" Und dann lachte er wieder. Anna schluckte und nahm schweigend die stachlige Nuß aus dem Sack.

„Na, wie findest du mich?" sagte die Nuß selbstgefällig und machte sich breit. „Bist du nicht froh und dankbar, daß ich dir meine Hilfe anbiete?" Dann drehte sie sich mit überlegenem Lächeln um sich selbst und nahm keine Notiz davon, wie sehr ihre Stacheln Annas Haut verletzten. Wie schrecklich! dachte Anna erschüttert. Sie wollte die Stachelnuß wegschleudern, aber das half nichts, sie blieb wie festgewachsen an ihren Händen haften. Schließlich stieß sie in ihrer Not einen lauten Schrei aus, dann noch einen, und noch einen dritten.

„Bravo!" schrie der Zwerg hinter ihr. „Weiter so! Lauter! Schreie und singe, so laut du kannst!"

Anna hörte kaum, was der Zwerg sagte, ihre Stimme schwoll von selber an, tönte in weitem Umkreis von den höchsten bis zu den tiefsten Klängen, um endlich mit einem Seufzer zur Ruhe zu kommen. Dann verstummte sie und sah sich erschöpft um. Wo war die Nuß geblieben? Weg! Als ob sie zerplatzt wäre! Feine Goldfäden schwebten durch die Luft und legten sich auf Annas Mantel. Der Zwerg war jetzt sehr ernst geworden. „Es ist zwar keine Schande, jemandem helfen zu wollen", sagte er, „aber warte, bis du gefragt wirst und gib den Menschen nur das, um was sie dich bitten. Sonst könnten sie ärgerlich werden. Du bist für niemanden verantwortlich als für dich selbst! Und du darfst niemandem das Recht nehmen, seine eigenen Nüsse zu knacken, wann und wo er will!"

Anna schwieg betreten. Sie hatte es doch nur gut gemeint! Aber nun mußte sie sich eingestehen, daß der Zwerg Recht hatte. „Danke", murmelte sie noch, bevor der Zwerg wieder verschwunden war.

Am nächsten Tag kam sie in ein Dorf. Sie besorgte sich eine Menge köstlicher Leckereien, damit sie jedem Bettler, der sie darum bitten würde, etwas zu geben hatte, und setzte sich mit ihren Gaben an den Straßenrand. „Willst du diese Sachen verkaufen?" fragten einige der Vorübergehenden. „Nein. Ich verschenke alles an notleidende Menschen", antwortete Anna.

„Bist du verrückt? Hier gibt es keine Notleidenden. Uns geht es gut!"

Anna wunderte sich, denn sie hatte wohl Menschen mit allerlei Gebrechen und Kümmernissen umhergehen sehen und auch solche, die ausgemergelt und hungrig erschienen. Hatte sie wieder etwas falsch gemacht? Sie warf einen Blick auf ihren Sack. Richtig. Drinnen bewegte sich etwas, zuckte und ruckte hin und her, so daß der Sack beinahe umfiel. Kaum hatte sie ihn geöffnet, hüpfte auch schon eine silberne Nuß hervor. „Gut, daß du mich endlich rausläßt!" quietschte die Nuß. „Ich konnte es kaum abwarten!"

„Wohin willst du denn?" fragte Anna.

„Ich weiß es nicht", antwortete die Nuß, „aber ich habe es eilig!"

Dann fing sie an herumzuhüpfen, auf Annas Hände, auf den Kopf, die Schultern, tanzte ihr vor den Augen hin und her und rannte dann immer im Kreis um Anna herum. „Halt! Bleib stehen! Du machst mich ja ganz nervös!" rief Anna der Nuß hinterher. „Ganz nervös! Ganz nervös!" klang es wie ein Echo zurück. Von allen Seiten tönte dieses Echo jetzt, denn aus der einen Nuß waren viele geworden. Immer mehr Nüsse quollen hervor, hüpften, rasten, quengelten und kullerten schließlich in alle Richtungen davon. Anna rannte hinterher, um sie einzufangen, als sie plötzlich über sich ein Gekicher hörte. Sie hielt inne und schaute hinauf. Der Zwerg hatte es sich auf dem Ast eines Baumes gemütlich gemacht und schaute belustigt zu ihr herab. „Was für sinnlose Dinge die Menschen doch tun!" meinte er kopfschüttelnd. Anna begriff schlagartig, wie dumm ihre Ungeduld war. „Was kann ich tun, um sie wieder einzufangen?" fragte sie den Zwerg hoffnungsvoll.

„Nichts", sagte der Zwerg spöttisch. „Nur ein Magnet kann sie wieder zu dir bringen."

„Ein Magnet?" fragte Anna erstaunt.

„Ja. Der Magnet der Ruhe", gab der Zwerg zurück.

„Wo kann ich ihn finden?" wollte Anna wissen. „In dir", konnte sie noch vernehmen, ehe der Zwerg verschwunden war.

Sie setzte sich wieder neben den Sack und versuchte, ganz still zu werden. Da kamen die vielen Nüsse zurückgerollt, tanzten wieder um ihren Kopf, kribbelten in den Fingerspitzen und zuckten in den Füßen. Anna aber blieb sitzen und ließ sich nicht mehr aus der Ruhe bringen. Da strömten die Silbernüsse in ihrem Herzen zusammen und zogen lauter goldene Fäden hinter sich her, die sie von Kopf bis Fuß einhüllten.

Am nächsten Tag besorgte Anna allerlei Heilmittel, denn sie hatte in dem Dorf viele Krüppel, Blinde und Lahme gesehen, denen sie gerne helfen wollte. Wieder saß sie am Straßenrand und wartete geduldig. Aber die Menschen gingen achtlos vorbei, spotteten und schmähten sie mit bösen Worten. Einen ganzen Tag lang saß sie so da. Dann stand sie enttäuscht und verbittert auf, ließ ihre Geschenke am Straßenrand zurück und ging, ohne sich noch einmal umzudrehen, mit ihrem Sack aus dem Dorf hinaus.

Am Waldrand wartete schon der Zwerg auf sie. Diesmal spottete er nicht, sondern sah richtig bekümmert aus. „Es gibt wohl Menschen, die noch dümmer sind als du!" schnaubte er verächtlich. „Stolze, verbohrte Kreaturen, die geradewegs in ihr Unglück rennen und jede Hilfe verschmähen! Pfui! Solche sind auch der Erde ein Greuel! Aber laß dich nicht entmutigen! Nimm noch eine Nuß aus dem Sack!"

Anna griff in den Sack und fischte eine Nuß heraus. Sofort strömte eine eigenartige Kälte in ihren Arm hinauf und breitete sich über den ganzen Körper aus. Eisige Erstarrung lähmte all ihre Gefühle und Gedanken. Nur Leere und Sinnlosigkeit konnte sie noch empfinden. Wozu sollte das alles gut sein? Alle Mühen waren doch vergebens, der Weg hatte kein Ziel und ihr Leben keine Freude mehr!

„Was fehlt dir jetzt?" fragte der Zwerg einfühlsam.

„Liebe", sagte Anna tonlos. „Und Vertrauen." Sie fing an zu weinen. Alsbald zerfloß die eisige Silbernuß in lauter Goldfäden, die ihrem Mantel einen warmen Glanz verliehen. Das Eis war geschmolzen und eine wohlige Wärme durchströmte ihre Glieder. Der Zwerg nickte wohlwollend. „Gut", sagte er zufrieden. „Du hast schon viel gelernt. Aber längst noch nicht alles. Komm mit!"

Sie gingen noch einmal durch das Dorf, das sie soeben verlassen hatten. Alles, was Anna am Straßenrand hinterlassen hatte, war verschwunden. Sie sah, daß die Menschen es jetzt doch an sich genommen hatten und ihr verschämt, aber dankbar zulächelten. Auch der Zwerg lächelte jetzt. Anna war über die Maßen froh über diese unerwartete Wendung.

Nun führte der Zwerg sie zur Hochburg der Grafen von Löwenflügel. Das war ein stolzes Geschlecht von Menschen, die nach der höchsten Weisheit strebten und mit verächtlichem Mitleid auf die Talbewohner herabblickten, die in mühseliger Arbeit ihr Leben fristeten. Die Grafen nahmen Anna und ihren Begleiter hocherfreut auf. Sie hatten den goldenen Glanz auf ihrem Mantel bemerkt und sonnten sich in seinem Licht. „Erzähle uns, wie du zu deinem Mantel kamst", sagten sie begierig.

Als Anna ihnen die Geschichte von den Silbernüssen erzählte, schüttelten sie erst ungläubig die Köpfe, wollten dann aber durchaus auch solche Nüsse haben. Der Zwerg gab jedem eine Nuß zur Probe. Sie spiegelten sich zufrieden in ihrem Silberglanz und hielten es für Gold.

„Wie schön, daß wir so erleuchtet sind!" lobten sie sich gegenseitig und dankten Anna und dem Zwerg überschwenglich. Der Zwerg zog Anna beiseite und raunte ihr zu: „Mehr können wir jetzt nicht tun. Laß uns weitergehen." Sie verabschiedeten sich und zogen weiter ins Tal hinab in die Stadt Steinreich.

„Was habt ihr in dem Sack?" wurden sie gleich am Stadttor gefragt. „Was zu verzollen?"

Anna ließ den Wächter in den Sack schauen. „Nur Nüsse!" sagte er enttäuscht und beinahe vorwurfsvoll, denn er hatte den Silberglanz nicht bemerkt. „Wollt ihr etwas kaufen in unserer Stadt? Wir können alles bieten, was das Herz begehrt. Ich kann euch einen Plan mit den besten Geschäftsadressen verkaufen."

„Danke. Wir werden nicht viel brauchen!" sagte der Zwerg höflich und zog Anna mit sich fort.

„Was wollt ihr hier, wenn ihr nichts kaufen wollt?" rief der Torwächter ihnen nach. „Stehlen? Oder uns die Arbeit wegnehmen? Gehört ihr zu den Tagedieben der Grafenburg?"

Die beiden antworteten nicht, aber viele Leute hatten den Ruf des Wächters gehört. Die Nachricht vom Eindringen der Tagediebe in die Stadt verbreitete sich wie ein Lauffeuer.

Überall auf den Straßen und in den Häusern wurde rastlos gearbeitet an der Vermehrung und Sicherung des Wohlstands. Für jede nur mögliche Gefahr oder Katastrophe wurde Vorsorge getroffen; und jeder unbekannte Eindringling stellte eine mögliche Bedrohung dar. So mußten Anna und der Zwerg erleben, wie alle Türen und Fensterläden vor ihnen verschlossen wurden und sie nirgends ein gastliches Haus fanden. Ratlos standen sie vor einer Bäckerei und fragten sich, ob man ihnen wohl zu essen geben würde. Sie klopften an. Nichts geschah. Sie klopften noch ein zweites und ein drittes Mal. Endlich öffnete der Bäcker die Tür. „Ihr habt wohl Hunger, was?" sagte er mißtrauisch. „Ich habe noch ein paar alte Brötchen. Die könnt ihr haben, wenn ihr bezahlen könnt. Was habt ihr in dem Sack?"

Anna ließ ihn hereinschauen.

„Wertloser Plunder! Überflüssiger Schnickschnack!" schnaubte der Bäcker verächtlich, obwohl er den Silberglanz der Nüsse gesehen hatte. „Ihr könnt trotzdem zu essen haben, wenn ihr für mich arbeitet.

„Gut. Was sollen wir tun?" fragte der Zwerg bereitwillig. „Holt zwei Säcke Mehl von der Mühle ab und bringt sie in die Backstube!" befahl der Bäcker. Das war schwere Arbeit, aber die beiden taten es gern.

„Gut, jetzt könnt ihr den Teig zubereiten und die Brötchen formen", sagte der Bäcker, als sie wieder angekommen waren. „Dann das Holz spalten, den Ofen heizen und die Brötchen backen!"

„Was sollen wir noch alles tun für ein paar alte Brötchen?" fragte Anna unwillig.

„Seid froh, daß ich euch Arbeit gebe, sonst müßtet ihr verhungern!" sagte der Bäcker selbstsicher.

„Nein, das müssen wir nicht!" fiel der Zwerg jetzt ein und zog aus Annas Sack ein paar Walnüsse hervor, die sie sich vor des Bäckers aufgerissenen Augen schmecken ließen. Dann kramte er aus der Tasche eine silberne Nuß hervor und überreichte sie dem Bäcker als Abschiedsgeschenk. Der beäugte die Silbernuß gründlich von allen Seiten. Dann fing er an zu zittern. „Das Ding da macht mir Angst!" wimmerte er. „Nehmt es lieber wieder mit!"

„Nein, das lassen wir dir hier als Strafe für deinen Geiz!" lachte der Zwerg boshaft. Dann zog er Anna aus der Tür und sagte: „Auch hier können wir jetzt nichts mehr tun. Laß uns weiterziehen!"

Nun kamen sie in eine unwirtliche Gegend. Ein schmaler Pfad führte mitten durch eine ausgedehnte Sumpflandschaft. Schon von weitem hörten sie das laute Gequake von Hunderten von Fröschen, die zu beiden Seiten des Weges mit aufgeblähten Backen hockten und mit ihrem wunderbaren Konzert Erde und Himmel zu erfreuen meinten. „Das sind die ungerecht Behandelten", grinste der Zwerg. „Jedenfalls glauben sie das. Sie jammern über alles, was ihnen widerfährt und beklagen sich lauthals über den Gesang der Nachbarn." Er kramte ein paar Silbernüsse aus seiner Tasche hervor und warf sie den nächstsitzenden Fröschen ins aufgerissene Maul. „Daran haben sie eine Weile zu kauen und zu verdauen!" sagte er belustigt und hüpfte Anna voran auf ein nahegelegenes Wäldchen zu.

„Laß dich nicht aus der Ruhe bringen, wenn wir durch diesen Wald gehen", warnte er Anna. „Hier herrscht fast immer Krieg."

„Warum?" fragte Anna. „Worüber streiten sie sich?"

„Worüber, warum, wozu?" brabbelte der Zwerg vor sich hin. „Niemals gibt es einen vernünftigen Grund für einen Krieg! Sie haben Haß und Geltungssucht in sich. Das ist eine gefährliche Mischung. Sie würden selber explodieren wie eine Bombe, wenn sie nicht immerzu ihre Giftpfeile abschießen würden. Wen es dabei trifft, ist völlig egal. Die Hauptsache ist, sie fühlen sich im Recht und genießen ihre Macht."

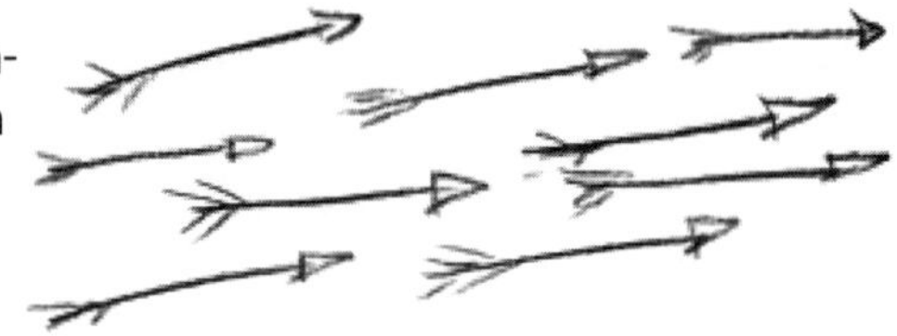

Sie waren unterdessen im Wald angekommen. Unversehens standen sie im dichtesten Pfeilgewitter. „Warum beschießen sie uns?" fragte Anna erschrocken. „Wir haben ihnen doch nichts getan!"

„Hast du nicht gehört, was ich vorhin gesagt habe?" brummte der Zwerg ärgerlich. „Zieh deinen Mantel fest zu und gehe ganz ruhig weiter. Dann können die Pfeile dich nicht verletzen."

Anna befolgte diesen Rat und die Pfeile prallten an ihr ab. Manche kehrten sogar um und trafen den Absender selbst. Das empörte die Waldbewohner außerordentlich, denn nichts konnte sie so sehr in Zorn versetzen wie jemand, der nicht angreifbar war. Das Pfeilgewitter schwoll mächtig an, aber Anna und der Zwerg gingen unbekümmert weiter. Währenddessen hatte der Zwerg auf dem Weg einige Silbernüsse fallen lassen, die schnell zu großen stachligen Kugeln emporwuchsen. Im Nu war sie gespickt von steckenbleibenden Pfeilen. Der Zwerg kicherte zufrieden in sich hinein: „Damit haben sie fürs erste genug zu tun."

Sie waren auf einer großen sonnigen Wiese angekommen, durch die ein klares munteres Bächlein floß. „Ein schöner Rastplatz", sagte der Zwerg zufrieden. „Hier wollen wir eine Weile bleiben." Anna war froh, daß der Zwerg ihr endlich einmal eine Verschnaufpause gönnte, denn der Weg war mühsam und voll seltsamer Erlebnisse gewesen.

Nachdem sie gegessen, getrunken und ein wenig geruht hatten, fragte Anna den Zwerg: „Sage einmal, warum hast du überall Silbernüsse hinterlassen bei Menschen, die doch nichts damit anzufangen wissen?"

„Das sind Samen für die Zukunft", erklärte der Zwerg. „Erinnerst du dich noch an den Ort, an dem du Geschenke verteilen wolltest und niemand sie annehmen wollte?"

„Ja", sagte Anna lächelnd. „Und als wir wiederkamen, waren sie dann doch angenommen worden."

„Siehst du", sagte der Zwerg weise, „manche Samen müssen erst sterben, bevor sie zu neuem Leben erweckt werden. Es ist niemals vergeblich, auf den Feldern des Todes zu säen."

Anna schwieg nachdenklich, bevor der Zwerg fortfuhr: „Laß uns noch ein paar Nüsse aus deinem Sack knacken, damit er leichter und dein Mantel goldener wird. Das wirst du brauchen für deinen weiteren Weg. Denn da werde ich dich nicht begleiten können." Anna blickte erschrocken auf, denn sie hatte sich an die Begleitung des Zwerges gewöhnt und mochte seine Hilfe nicht mehr missen. Doch der Zwerg blieb dabei. Nachdem sie einige Tage ausgeruht und Nüsse geknackt hatten, verabschiedete er sich von Anna und zeigte ihr noch die weitere Richtung an. „Gehe auf diesem Weg weiter, bis du zu einem großen Haus kommst. Dort klopfe an und frage nach Arbeit. Vergiß nichts von dem, was du gelernt hast und erschrick nicht vor dem, was dir dort begegnet."

Zaghaft machte sich Anna auf den Weg und kam auch bald bei dem Haus an. „Kleider aller Art" stand auf einem alten, halb vermoderten Schild zu lesen. Vorsichtig klopfte sie an. Ein Mann in prächtigen Gewändern öffnete. „Guten Tag. Ich bin der König", sagte der Mann. „Kann ich etwas für dich tun?"

„Hast du eine Arbeit für mich?" fragte Anna.

Der König betrachtete sie von oben bis unten. „Du könntest in unserer Spinnerei arbeiten", sagte er dann. Er führte Anna durch einen langen Gang mit vielen Türen. „Schneiderei", „Weberei", „Färberei" und „Spinnerei" stand über den Eingängen zu lesen. „Bei uns im Haus wird alles selbst gemacht." erklärte der König stolz. „Morgens wird die rohe Wolle und Baumwolle gebracht und abends werden die fertigen Kleidungsstücke abgeholt."

Das gefiel Anna, denn sie dachte, daß es eine Freude sein mußte, so mit vielen Menschen Hand in Hand zu arbeiten. Nur schade, daß es hier überall so dunkel war. Und so still! Die Spinnerinnen schauten kaum von der Arbeit auf, als der König mit Anna eintrat und ihr einen Platz an einem Spinnrad zuwies. Als sie mit ihren ersten Spinnversuchen begann, schielten einige mit spöttischem Grinsen zu ihr hin. Sie schienen sich zu freuen, wenn ihr der Faden abriß oder das Spinnrad ihr noch nicht recht gehorchen wollte, und sie begannen untereinander zu tuscheln. Endlich stand eine hochgewachsene, prachtvoll gekleidete Spinnerin auf und ging zu ihr hin. „Ich bin hier die Königin", sagte sie leise zu Anna. „Du kannst mich immer um Hilfe fragen. Aber paß auf, was du hier sagst und tust. Du bist hier nicht gern gesehen!"

Anna fragte sich, wer hier etwas gegen sie haben könnte, denn sie kannte ja noch niemanden und bemühte sich, ihre Arbeit gut zu machen. Kurz darauf trat eine kleine rundliche Frau in den Raum und holte die fertig gesponnene

Wolle ab. „Du sitzt hier auf meinem Platz!" zischte sie Anna böse zu. „Deinetwegen hat der König mich in die Weberei geschickt! Dabei bin ich hier die Königin!"

„Das tut mir leid", sagte Anna entschuldigend. „Das wußte ich nicht." Und sie fragte sich, welches nun die richtige Königin sein mochte.

Nun kam die große Königin wieder auf sie zu und flüsterte: „Du solltest deinen goldenen Mantel ausziehen! Das könnte sonst Neid hervorrufen. Und laß uns in deinen Sack schauen, denn es wird schon gemunkelt, du hättest wohl was zu verbergen vor uns."

„Warum sollte ich Geheimnisse haben?" fragte Anna laut, und setzte hinzu: „Ich gebe jedem Auskunft, der etwas von mir wissen will."

Aber niemand kam, um mit ihr zu reden. Statt dessen hörte sie, wie getuschelt wurde: „Vielleicht hat sie was gestohlen? Oder will sie sich nur wichtigtun?" „Es könnte auch sein, daß sie uns etwas vorenthalten will, was eigentlich uns zusteht." „Oder, daß der Sack eine Gefahr für uns bedeutet. Vielleicht ist sie mit dem Teufel im Bunde!" Anna war traurig, aber den goldenen Mantel wollte sie trotzdem nicht ausziehen, denn er war ihr einziger Schutz und die einzige Lichtquelle in dieser Finsternis.

Bald aber mußte Anna feststellen, daß Mißtrauen, Neid und Angst das ganze Haus beherrschten. Jeder wollte König oder Königin sein und glaubte, seinen Thron gegen vermeintliche Angriffe verteidigen zu müssen. Die Weberinnen beschuldigten die Spinnerinnen, absichtlich unregelmäßige und schlechte Fäden zu spinnen, um sie zu ärgern. Die Schneiderinnen schimpften über die Weberinnen und alle zusammen über den, der sich König nannte. Anna war ratlos. Vielleicht konnte sie in ihrem Sack eine Antwort finden?

Aber, welch ein Schreck! Sobald sie den Sack öffnen wollte, kroch eine widerliche Gestalt dahinter hervor, von der eine eisige Kälte ausging, die Anna erschauern ließ. Sie nahm allen Mut zusammen und fragte mit zitternder Stimme: „Wer bist du und was willst du hier?"

„Ich bin der Verdreher,

ein Sohn der Unterwelt", knarrte das Ungeheuer mit höhnischem Lächeln. „Gegen mich bist du machtlos! Ich verzerre alle guten Absichten ins Gegenteil, verbiege und verdrehe alles Schöne ins Häßliche und alle gutgemeinten Worte in böse Verleumdungen. Deine Nüsse habe ich alle verdorben und deinen Mantel mit finsterem Ruß bedeckt." Anna blickte erschrocken an sich herab. Wahrhaftig! Sogar der goldene Mantel hatte sich verfinstert. Das war zuviel! Hier mochte sie nicht mehr bleiben. Sie ließ den Sack stehen und rannte Hals über Kopf davon. Nur schnell fort von diesem Schreckensort.

Sie rannte und rannte, bis sie vor Erschöpfung nicht weiter konnte und in einen tiefen Schlaf fiel. Eine Nacht, einen Tag und wieder eine Nacht lag sie wie tot im Gras. Endlich, am übernächsten Morgen, kam wieder Leben in ihre Glieder. Sie reckte und streckte sich und schlug die Augen auf. Über ihrem Kopf, hoch oben in einer Baumkrone, erblickte sie ein freundliches Gesicht. Es wurde immer größer, verschwand hinter den Wolken und dann kam eine majestätische Gestalt zum Vorschein. „Ich bin die Elfenkönigin und habe eine Botschaft für dich", sprach die Gestalt.

Dann war sie wieder zwischen den Wolken verschwunden. Anna blickte sich um.

Da stand die Elfenkönigin hinter ihr und legte ihr die Hand auf die Schulter. „Gut, daß es dir wieder besser geht", sagte sie. „Seit du hier bist, haben meine Elfen dich gepflegt, damit du wieder zu Kräften kommst. Die Botschaft hat ein Zwerg hier für dich hinterlassen, von dem ich dich grüßen soll. Sie lautet: Wirke im Tun, ohne selbst etwas zu wollen!"

„Was soll das bedeuten?" grübelte Anna.

„Vielleicht wolltest du zuviel erreichen?" lachte die Elfenkönigin und verschwand wieder in den Wolken.

Ja, vielleicht hat sie recht, dachte Anna nachdenklich, ich wollte Licht in die Finsternis bringen und bin nun selber ganz schwarz geworden. Sie blickte an ihrem Mantel herab und schüttelte sich. Ein wenig Staub fiel herab und hie und da schimmerten ein paar goldene Fäden hervor. Das gab ihr neuen Mut. Zuversichtlich ging sie weiter, bis sie vor einem rußgeschwärzten Haus ankam. Ein großer kräftiger Mann trat vor die Türe und begrüßte sie herzlich: „Da bist du ja endlich, Anna, ich habe schon auf dich gewartet. Ich bin Michel, der Schmied. Komm nur herein! Der Zwerg hat mir schon von dir erzählt."

Auch wenn Michels Hände und Gesicht schwarz von Ruß waren, hatte Anna doch keine Angst, sondern folgte ihm gerne und vertrauensvoll in seine Hütte. Michel bot ihr reichlich zu essen und zu trinken an, bevor er ihr seine Schmiede zeigte und sie anschließend in ein kleines geheimnisvolles Zimmer führte. Obwohl kein Tageslicht in dieses Zimmer fiel, war es doch von einem eigenartigen Glanz erleuchtet. Es hatte die Form einer kreisrunden Kuppel, die nach oben hin eine kleine Öffnung hatte, durch die ein Fernrohr ragte. „Hier kannst du Antwort auf deine Fragen finden", sagte Michel. „Bleib in diesem Raum, solange du willst." Damit ging er hinaus und ließ Anna allein zurück.

Anna dachte über ihre Erlebnisse seit dem Beginn der Wanderung nach. Was mochte wohl mit den Menschen geschehen, die die Silbernüsse nicht knacken konnten, die der Zwerg ihnen gegeben hatte?

Im selben Augenblick, in dem sie das dachte, drehte sich das Fernrohr zu ihr hin und zeigte ihr eine eigenartige Landschaft. Eine von Kratern übersäte, fahl beleuchtete Steinwüste, in der in der Ferne eine Gruppe von Menschen zu erkennen war. Anna ging näher zu ihnen hin. Es war keine gute Stimmung dort unter den Leuten. Es gab einen Anführer, vor dem sich alle duckten und zitterten. Der hatte einen riesigen Kopf und bewachte alles mit seinem scharfen Blick. Die anderen wagten kaum, sich zu rühren, verharrten wie eine erstarrte, leblose Masse um den Kopf herum. Als dieser Anna kommen sah, wandte er sich zu ihr hin. Er schien ihr freundlich gesonnen, und sein Blick wurde etwas milder. Die Masse begann aufzuatmen und sich zu regen. Der Kopf schaute unverwandt zu Anna hin und nickte ihr lächelnd zu. Nun kam Leben in die Masse und die Erstarrung löste sich mehr und mehr auf. Da kippte der Kopf um und brach auseinander. Anna erschrak. Dann aber sah sie, daß aus der zerbrochenen Hülle ein kleines Männchen herausschlüpfte und sich hilflos und verschämt umblickte. Einer aus der Masse fing an zu kichern: „Habt ihr gesehen, daß alles nur eine Fassade war? Daß er in Wirklichkeit ganz klein ist?" Auch andere lachten und atmeten befreit auf. Dann aber bekamen sie Mitleid mit der hilflosen Gestalt und halfen ihr, wieder auf die Beine zu kommen. Das kleine Männchen konnte kaum alleine stehen und mußte für jede Hilfe dankbar sein, die ihm geboten wurde. Als Anna sah, wie rührend die Menschen sich um ihn kümmerten und ihre Hilfe

nicht mehr nötig war, ging sie zurück und fand sich plötzlich in dem kleinen Kuppelraum wieder. „Vom Mond kommen die Silbernüsse", hörte sie Michel sagen, obwohl sie ihn nirgends sehen konnte, „und der Mond ist wie ein Spiegel der menschlichen Gedanken und Taten. Diesem Spiegel kann kein Mensch entrinnen, wenn er nach dem Tod auf sein Leben zurückschaut."

„Und wo kommen die Goldfäden her?" wollte Anna nun wissen. „Können sie auch erscheinen, wenn keine Nüsse geknackt werden?"

Im selben Augenblick begann das Fernrohr sich wieder zu drehen und eine weite Hochebene unter strahlend blauem Himmel wurde sichtbar. Um einen umgegrabenen Acker herum standen eine Anzahl hochgewachsener hellgekleideter Männer und Frauen, die mit gemeinsamen Gesängen und Gebeten den Sonnengott um seinen Segen anriefen. In den Ackerfurchen knieten etliche junge Männer und Frauen, die hingebungsvoll im Rhythmus der Gesänge die Saat in die Erde gleiten ließen. Anna konnte sehen, wie goldene Fäden aus der Sonne diesem Platz zuströmten, wie Licht und Lebenskraft aus dem Himmel in die Erde und in die Körner flossen. „Aus der Sonne kommt das Leben", hörte sie Michels Stimme wieder sagen, „durch gemeinsame hingebungsvolle Arbeit und durch Liebe zu Himmel und Erde und allen Geschöpfen werden die goldenen Fäden angezogen."

Als Anna das hörte, wurde sie sehr traurig, denn sie mußte plötzlich an die Arbeit in der Spinnerei denken, und wie die Menschen durch Bosheit und Eigennutz die goldenen Fäden zerstörten und fernhielten. Auch an den Verdreher mußte sie denken, gegen den sie so machtlos gewesen war.

Dann kam ihr die Botschaft des Zwerges in den Sinn: „Wirke im Tun, ohne etwas zu wollen!" Wie sollte das bloß möglich sein?

Sofort begann das Fernrohr sich zu drehen und wieder wurde eine weite Ebene sichtbar. Diese war jedoch in dichten Nebel gehüllt. Eine einsame Gestalt in weitem Umhang stand da, den Blick gen Himmel gerichtet, und ließ einen langen schmerzlichen Ton weit über die Ebene erschallen. Es war nur ein einziger Ton, aber Anna konnte am Klang der Stimme hören, welche Botschaften in diesem einen Ton verborgen lagen. Schmerz und Verlassenheit drückten sich darin aus, Trauer, aus dem Paradies des Himmels herabgestoßen und auf die kalte, harte Erde versetzt worden zu sein. Dann veränderte sich der Ton. Freude und Jubel waren nun zu spüren, Jubel darüber, daß es den Menschen gegeben war, Töne und Worte hervorzubringen, durch die er die Schöpferkräfte in sich erleben und gestalten konnte. Die Gestalt verschwand und Michel erschien mit einem gewaltigen Hammer in der Hand. Den gab er Anna mit den Worten: „Nun lerne die Macht des Wortes und die Kraft des Eisens kennen. Führe den Hammer gut und laß dich von ihm führen." Dann wurde es ganz dunkel. Der Hammer begann wie wild herumzuwirbeln, so daß Anna Mühe hatte, ihn festzuhalten. Er riß sie hoch empor und weit durch die Lüfte davon, dann wieder hinab zur Erde, bis er sie endlich vor der Tür eines großen Hauses absetzte. „Kleider aller Art" las sie auf einem Schild, das sie nur zu gut kannte. Die Spinnerei! dachte sie erschrocken. Hatte der Hammer sie absichtlich hierher geführt?

Schon öffnete sich die Tür und der Hammer zog sie hinein, geradewegs in die Spinnerei. Anna bemerkte sofort, daß sich einiges geändert hatte: Aus den Silbernüssen waren große verbogene Spiegel geworden, in denen die Menschen wie greuliche Fratzen aussahen. Um ihr Spiegelbild nicht sehen zu müssen, hatten sie versucht, die Spiegel mit Tüchern zu verhüllen. Aber jeden Morgen waren die Tücher wieder abgerissen und einer beschuldigte den anderen dieser Tat. Als sie Anna sahen, wurden sie sehr aufgebracht. „Hast du uns diese Spiegel hinterlassen? Reißt du jede Nacht die Tücher wieder ab?"

„Nein, ihr feigen Lästermäuler!" sagte Anna mit einer Donnerstimme, von der sie selbst überrascht war. Der Hammer in ihrer Hand begann zu zucken und fuhr mit Gewalt auf die Silberspiegel los. Ehe Anna und die erstaunten Spinnerinnen begreifen konnten, was geschah, hatte der Hammer aus den Trümmern der Spiegel lauter kleine Silberglöckchen geschmiedet, die mit hellen Klängen das Haus erfüllten. Aus allen Räumen des Hauses strömten jetzt die Leute herbei, um das Wunder zu bestaunen. Dann begannen sie zu lachen, mitzusummen, zu pfeifen, zu singen und zu tanzen und machten sich wieder vergnügt an die Arbeit. Im ganzen Haus hörte man fortan, wie lustige Liedchen geträllert und heitere Unterhaltungen geführt wurden.

Die Arbeit ging nun nicht nur schneller voran, sie wollte auch besser gelingen. Bald bemerkten die Leute, daß ihre Stoffe wie von goldenen Fäden durchzogen schienen, und ein zufriedenes Lächeln glänzte in ihren Augen.

Anna aber war weitergezogen, denn der Hammer trieb sie rastlos vorwärts. Als sie sich wieder dem Wald näherte, aus dem sie damals mit Mühe dem Pfeilgewitter entronnen war, sah sie am Eingang des Waldes einen alten Bekannten sitzen. Es war der Zwerg, der dort auf sie wartete und mit spöttischem Lachen in den Wald hineinzeigte. Da krochen die Krieger verzweifelt und hilflos auf dem Boden herum, um noch ein paar zerstreute Pfeile zu finden. Denn fast alle ihre Pfeile waren in den großen Silberkugeln steckengeblieben. Als Anna und der Zwerg näherkamen, begann der Hammer wieder zu zucken und stürzte auf die pfeilgespickten Kugeln zu. Im Nu waren Äxte, Sägen und anderes Gerät geschmiedet und der Zwerg kommandierte: „Los, Bäume fällen! Hier ist ein guter Platz für ein großes gemeinsames Haus."

Mit Feuereifer machten sich die ehemaligen Krieger ans Werk, und der Zwerg half mit seiner Weisheit zu gutem Gelingen. Dann zog er mit Anna weiter. Sie kamen zu dem Sumpf der quakenden Frösche. Alles Wasser in dem Sumpfgebiet schien wie von einer feinen Silberschicht überzogen. Die Frösche saßen da, quakten und jammerten über ihr eigenes Spiegelbild und schämten sich. Da sprang der Hammer aus Annas Hand und zog lange Linien durch das Wasser. Der Zwerg eilte hinterher und sammelte etwas auf, das Anna bei näherem Hinsehen als lauter silberne Flöten erkannte. Die gab der Zwerg den Fröschen und ermunterte sie, fleißig zu üben und dann als Musikanten durch die Welt zu ziehen.

„Nun wollen wir unseren Freund, den Bäcker, besuchen", sagte der Zwerg grinsend, „und sehen, wie ihm unsere Nuß bekommen ist!" Der Bäcker hatte nichts Eiligeres zu tun gehabt, als das Abschiedsgeschenk des Zwerges aus dem Haus zu schaffen und im Garten zu vergraben, auf daß es ihm niemals mehr vor die Augen käme. Die Nuß jedoch fing in der folgenden Nacht an zu wachsen und wurde zu einem riesigen Nußbaum, der Hunderte von silbernen Nüssen trug und dicht vor dem Fenster des Bäckers stand. Er ließ ihn fällen, aber sofort wuchsen ringsum neue Nußbäume empor und versperrten den Eingang zu seinem Haus. Seitdem hatte er zitternd in seiner Stube gesessen und nur von alten Brötchen gezehrt. Bleich und mager saß er in einer Ecke, als Anna und der Zwerg eintraten. „Habt Erbarmen mit mir!" heulte er. „Verschont mich! Ich will auch alles tun, was ihr verlangt, nur befreit mich von diesen schrecklichen Nüssen!"

„Also los, du Feigling!" kommandierte der Zwerg. „Schau aus dem Fenster!" Da sah der Bäcker, wie ein Hammer durch die Bäume fegte, die Nüsse herunterschlug und zu silbernen Münzen schmiedete. „Worauf wartest du noch?" fuhr der Zwerg den Bäcker an. „Nimm deine leeren Mehlsäcke, sammle die Münzen ein und verteile sie unter den Ärmsten der Stadt!" Der Bäcker gehorchte sofort, denn er war froh, von dieser Plage befreit zu sein.

Anna und der Zwerg aber zogen weiter zur Hochburg der Grafen von Löwenflügel. Die Grafen und ihre Frauen trugen die Nüsse wie Orden auf stolz geschwellter Brust. Der Hammer flog ihnen um die Ohren, daß ihnen Hören und Sehen verging, und schleuderte die Nüsse weit in den Himmel hinein, so daß sie wie silberne Wölkchen davonflogen. Dann wurde er selbst immer größer und zerfiel schließlich in viele Teile, die sich zu Spaten und Hacken formten. Die drückte der Zwerg den verdutzten Grafen in die Hände und forderte sie auf. „Los! Fangt an zu graben! Dann könnt ihr Gold finden!" Das ließen sich die Grafen nicht zweimal sagen und begannen eifrig zu graben.

„Laß uns ein wenig ausruhen!" bat Anna den Zwerg, denn sie war sehr müde von dem langen Weg.

„Ja, schlaf nur", sagte der Zwerg. „Dort unter dem Baum ist ein schöner Platz." Anna legte sich nieder und schon fielen ihr die Augen zu.

Als sie wieder erwachte, stand der Mond hoch am Himmel, voll und rund, und die silbernen Wölkchen flogen an ihm vorbei. Anna fröstelte und zog ihren Mantel fester zu. Wo war nur der Zwerg geblieben? fragte sie sich. Nanu! Das war ja der Garten von ihrem Haus, in dem sie geschlafen hatte! Wie lange sie wohl fort gewesen war? Ob Vater oder Mutter sie wohl vermißt hatten? Die Tür war noch angelehnt, und sie schlich sich leise ins Haus. Ihr Bett sah noch so aus, wie sie es verlassen hatte. Bevor sie aber hineinschlüpfte, schaute sie noch einmal aus dem Fenster. Da stand der Zwerg und winkte ihr zu. „Danke, lieber Zwerg", flüsterte Anna und winkte zurück. Dann kroch sie ins Bett und schlief tief und fest bis zum Morgen.

Der Beryll
– eine sichtende Geschichte

„Das Zeichen des Himmel", hatte die Hebamme ehrfürchtig gemurmelt, als sie das goldene Dreieck auf der Stirn des neugeborenen Knaben erblickt hatte. Dann hatte sie dem Vater seinen erstgeborenen Sohn in die Arme gelegt und ihm geraten: „Du solltest das Kind so bald wie möglich in die Burg zum goldenen Tor bringen und es von den Brüdern dort erziehen lassen. Kinder mit einem solchen Zeichen gehören dem Himmel und sind untauglich für die Aufgaben der Erde. Es würde den Himmel erzürnen, wenn du dieses Zeichen mißachtest."

Schweren Herzens war der Vater diesem Rat gefolgt und hatte den kleinen Jakob trotz allen Jammerns und Wehklagens seiner Mutter in die Burg gebracht. Dort wuchs er unter der Obhut einer Amme heran. Später nahmen sich die weisesten Männer seiner Erziehung an. Er lernte die Sprache des Himmels zu verstehen und auf die Stimme seines Herzens zu lauschen, aber die Geheimnisse der Erde und des Lebens blieben ihm verborgen.

Als Jakob zu einem Jüngling herangereift war, ergriff ihn eine eigenartige Unruhe. Er hatte schon vieles gelernt, was Sonne, Mond und Sterne offenbaren konnten. Aber sollte das schon alles sein? Nicht, daß die Erzählungen der Gestirne eintönig gewesen wären, oh nein! Jeder Tag hatte etwas Neues zu berichten, keiner glich dem anderen. Die Sonne hatte bei ihrem Aufgang ein anderes Gewand als zur Mittagsstunde oder bei ihrem Abstieg, desgleichen der Mond und die Wandelsterne, deren Töne in immer wieder neuen Harmonien vor den wechselnden Hintergründen erklangen.

Aber was geschah, wenn dichte Wolkenschichten den Himmel verdeckten oder Regen und Sturm über das Land fegten? Dann mußten die Zöglinge sich in ihr Inneres versenken und den Offenbarungen ihres Herzens lauschen.

Jakob aber hatte eines Tages gefragt: „Wozu sind Wolken, Wind und Regen nütze? Warum verdecken sie die Sonne?"

Da hatten seine Lehrer geantwortet: „Wenn du solche Fragen stellst, bist du hier nicht am rechten Ort. Es geschieht zwar selten, daß jemand, der das Zeichen des Himmels trägt, unsere Burg verläßt, aber wenn du durchaus Antwort auf deine Frage finden willst, erlauben wir dir, zu unseren Brüdern im Auental zu ziehen. Dort wirst du mehr erfahren."

„Und wo finde ich dieses Tal?" wollte Jakob noch wissen. Aber der Burgälteste schmunzelte nur: „Wer die richtige Frage hat, wird den Weg schon finden." Sie gaben ihm ihren Segen und Proviant für den Weg.

Und so machte er sich auf und folgte immer dem Lauf der Sonne, bis es Abend wurde und die Dunkelheit hereinbrach. Unter den schützenden Ästen einer Buche ließ er sich nieder, aß etwas von seinen Vorräten, machte sich ein Lager zurecht und schlief bald ein. Als er am nächsten Morgen erwachte, waren seine Kleider feucht von Tau und seine Glieder schmerzten. Grauer Nebel hatte sich über das Land gelegt und stand wie eine dichte Wand vor ihm. Wie sollte er nun den Weg finden? Er wußte ja nicht einmal, wo das Auental lag, und es gab niemanden, den er hätte fragen können.

Während er so unschlüssig und grübelnd dasaß, flatterte plötzlich ein Rotkehlchen vor seine Füße und pickte an seinem Schuh. Jakob bückte sich nieder, um das herzige Tier zu streicheln, denn er freute sich über diesen unerwarteten Besuch. Da flog es auf und ließ sich einige Schritte weiter entfernt in einem Busch nieder. „Warte! Bleib bei mir! Hab keine Angst!" rief Jakob dem Rotkehlchen leise nach. Es schaute ihn mit glänzenden schwarzen Augen an und schien ihm zuzunicken. Aber kaum hatte er seine Sachen zusammengepackt und sich dem Vögelchen genähert, flatterte es schon wieder auf und ließ sich auf dem nächsten Baum nieder. So ging es immer weiter, bis Jakob endlich bemerkte, daß er längst vom Weg abgekommen war und sich durch dichtes Gestrüpp schlagen mußte.

Er begann sich zu fragen, warum er eigentlich diesem Rotkehlchen nachlief und ob er jemals wieder aus dieser Wildnis herausfinden würde. Da er aber ohnehin den Weg zum Auental nicht kannte, beschloß er, dem Vogel weiter zu folgen. Es ging steil bergab, über Wurzeln und dorniges Gestrüpp bis zu einer Ansammlung großer Felsbrocken, zwischen denen ein klares Bächlein hervorquoll, das munter den Berg hinabplätscherte. Hier hielt er inne, stillte seinen Durst und wusch sich in dem Bach.

Unterdessen war die Sonne hoch am Himmel hinaufgestiegen und hatte den letzten Rest des Nebelschleiers aufgezehrt. Jakob blickte sich um. Jetzt erst wurde er gewahr, daß sein Rotkehlchen nirgends mehr zu sehen war. Statt dessen sah er zwischen den Baumstämmen eine grüne Wiese hervorschimmern, ein

breites helles Tal, in dem eine kleine Anzahl von Hütten beieinander stand. Er brauchte nur dem Bach zu folgen. In kurzer Zeit hatte er die Siedlung erreicht. Ob das wohl das Auental war? Wären die Menschen hier überhaupt bereit ihn aufzunehmen?

Er klopfte zaghaft an der größten Hütte an. Ein großer stattlicher Mann öffnete ihm die Tür. „Was machst du dir für unnütze Gedanken, Jakob?" sagte der Mann freundlich. „Wer einmal den Weg hierher gefunden hat, ist uns immer willkommen! Tritt ein in meine bescheidene Hütte und stärke dich erst einmal. Du wirst sicher müde sein!"

„Wer bist du und woher weißt du meinen Namen?" fragte Jakob verwundert.

„Ich bin Bertram", stellte der Mann sich vor und fügte hinzu: „Kein Bote ist so schnell wie der Wind", als ob dies eine Erklärung sei. Auch wenn Jakob diese Bemerkung nicht recht verstehen konnte, war er doch froh, daß er offenbar sein Ziel gefunden hatte, und folgte Bertram vertrauensvoll in seine Hütte.

Einige Wochen waren seitdem vergangen. Jakob hatte von Bertram und den anderen Talbewohnern viel gelernt. Ihm war aufgefallen, daß es fast nur Männer in dem Tal gab, die alle für sich alleine lebten, aber doch auf eigentümliche Weise miteinander verbunden schienen. Sie verstanden sich, ohne viel Worte zu machen, und handelten immer im Einklang miteinander. Ihre Hütten suchten sie nur zum Schlafen auf, denn den Tag verbrachten sie bei jedem Wetter in freier Natur. Dort sammelten sie, was sie zum Leben brauchten. Aber das war nicht das Wichtigste. Ihre eigentliche Aufgabe war es, die Geheimnisse der Erde zu ergründen und ihre Botschaften zu entschlüsseln.

Wozu sind Wolken, Wind und Regen da? hatte Jakob damals seine Lehrer gefragt. Wegen solcher Fragen hatten sie ihn hierher geschickt. Denn Bertram wußte mehr als jeder andere darüber. Jeden Tag nahm er Jakob mit zu seinen Erkundigungen. „Siehst du die Öffnung dort unter der Baumwurzel?" fragte er ihn einmal. „Das ist der Eingang zu einer großen Höhle, in der die Berggeister, Gnome und Zwerge ihre Arbeit verrichten."

„Was tun sie dort?" fragte Jakob aufmerksam.

„Schau es dir selbst an!" antwortete Bertram.

Jakob hatte schon gelernt, daß er mit den Dingen, über die er etwas zu erfahren wünschte, innerlich ganz verschmelzen mußte. Alle Fragen und Gedanken mußten schweigen in diesem Moment, in dem er seine Aufmerksamkeit auf das Innere der Höhle richtete. Bald sah er eine große Anzahl Zwerge, die in emsiger Geschäftigkeit hin und her liefen und ihre Arbeit verrichteten. Auch wenn er nicht genau sehen konnte, was sie da eigentlich taten, spürte er deutlich, daß in diesem Höhlenraum eine Kraft erzeugt wurde, die durch den Ausgang nach oben floß und immer wieder erneuert wurde. Er ließ sich von dieser Kraft nach oben tragen und fand sich bald über einer Quelle wieder, über der sich eine große Schar von Nixen tummelte, die einen eigenartigen, rhythmischen Tanz vollführten. Sie nahmen ihn lachend in ihren Reigen auf, wiegten ihn hin und her wie ein schaukelndes Boot und warfen ihn dann hoch in die Luft.

Er wurde von einem stürmischen Wirbel ergriffen, von einem rasenden ekstatischen Tanz, den die Feenscharen oberhalb des Nixenreigens aufgenommen hatten. Von hier aus verteilte sich der Kraftstrom aus der Erde über das ganze Tal, um Pflanzen, Tiere und Menschen zu speisen. Das schien aber noch nicht das Ende des Kreislaufs zu sein. Jakob sah, wie hilfreiche Feuergeister die verbrauchten Schlacken reinigten und wieder der Erdhöhle der Zwerge zuführten.

„Siehst du, wie die Naturgeister zusammenarbeiten, um das Leben auf der Erde zu ermöglichen? Sie sind es auch, die unter der Leitung höherer Führer in Wind, Regen, Wärme und Frost wirken", sagte Bertram zu Jakob, als er sich vor dem Eingang der Höhle wiederfand. „Sie arbeiten in Freude, Harmonie und Liebe miteinander. Nichts kann sie dabei stören. Nichts und niemand, außer den Menschen, die in ihrem Unverstand gegen die Gesetze der Natur handeln."

„Die Menschen?" rief Jakob erstaunt aus. „Warum tun sie das?"

Bertram seufzte: „Sie haben sich zu Herrschern über die Natur gemacht und dabei in ihrer Selbstsucht ihre Grenzen und Pflichten mißachtet. Lange genug hat die Erde sich von ihnen quälen lassen. Aber wenn sie es in ihrem Hochmut und Eigennutz gar zu weit treiben, werden sie die Kraft der Elemente zu spüren bekommen!"

Jakob war nachdenklich geworden. Die letzten Worte Bertrams hatten ihn sehr erschreckt. Gab es denn kein anderes Mittel als das Wüten der Elemente, um die Menschen zur Besinnung zu bringen?

„Vielleicht gibt es ein Mittel", sagte Bertram, als ob er seine Gedanken erraten hätte. „Willst du davon hören?"

Als Jakob nickte, fuhr er fort: „Der König unseres Landes soll einen Sohn haben, nach dem überall im Land gesucht wird. Es heißt, daß der Knabe kurz nach seiner Geburt in die Obhut fremder Menschen gegeben wurde. Über den Grund dazu kann ich dir nichts sagen. Nur soviel weiß ich, daß dem König noch zwei weitere Söhne geboren wurden, von denen einer zu seinem Nachfolger bestimmt war. Dann aber geschah ein schreckliches Unglück. Die beiden Brüder waren auf einen See hinausgerudert, als sie von einem plötzlich hereinbrechenden Unwetter überrascht wurden. Ihr Boot kenterte und sie ertranken in den Fluten. Nur wenig später starb auch die Königin, denn der Verlust ihrer Söhne hatte ihr das Herz gebrochen. Der König verzehrte sich vor Gram und Kummer, und der Schmerz um Frau und Kinder raubte ihm die Lebenskraft. Doch nicht genug damit! Zu allem Unglück wurde ihm von einer Seherin geweissagt, daß sein Land von schweren Verwüstungen heimgesucht werden würde, solange, bis einer käme, der imstande sei, die Naturgewalten zu bändigen. Dies aber könne niemand als sein ältester Sohn. Seitdem ist des Königs einzige Hoffnung, diesen Sohn wiederzufinden."

„Kann man ihn denn nicht einfach wieder dort abholen, wo er hingebracht wurde?" unterbrach Jakob Bertrams Erzählung.

Aber Bertram schüttelte den Kopf: „Es heißt, daß er diesen Ort verlassen hat und niemand weiß, wo er sich jetzt befindet."

„Könnten wir denn nicht bei der Suche helfen?" fragte Jakob aufgeregt, denn er wußte, daß es im Auental viele Männer gab, die die Sprache des Windes, des Wassers, der Bäume und der Tiere verstanden. Wenn nun alle mit vereinten Kräften suchen würden?

Bertram lächelte: „Das haben wir schon versucht", sagte er. „Einer unserer Männer erfuhr von einem alten Baumgeist, daß der Schlüssel zu diesem Geheimnis auf der Hochebene von Sambor zu finden sei. Aber alle, die bisher losgezogen sind, um danach zu suchen, haben nichts gefunden. Willst du es vielleicht versuchen?"

„Ja!" sagte Jakob mit glänzenden Augen. Aber gleich darauf verließ ihn der Mut. Wie sollte ihm ein solches Vorhaben besser gelingen als den erfahrensten Männern des Tales?

Bertram jedoch schien ihn mit seinen Blicken zu ermuntern. „Es könnte sein", sagte er dann, „daß keiner unserer Männer zum rechten Zeitpunkt losgezogen ist. Du hingegen hast gelernt, die Botschaften der Gestirne zu verstehen. Vielleicht hast du mehr Glück. Du kannst es gerne versuchen. Zuvor aber solltest du dir in unserem Tal eine eigene Hütte bauen. Wo und wie du die Hütte einrichtest, bleibt dir selbst überlassen. Du bist jetzt lange genug bei uns, daß wir deinen Entscheidungen vertrauen können."

Einige Wochen waren seitdem ins Land gegangen und Jakob hatte seine Hütte am Rande der Siedlung bezogen. Nun war er genauso auf sich gestellt wie die anderen Männer hier. Bertram hatte ihm unmißverständlich erklärt, daß von nun an alle Entscheidungen in seinen eigenen Händen lägen. Er wußte, daß alles davon abhängen würde, daß er zum rechten Zeitpunkt losging, weder zu früh, noch zu spät, und daß er diesen Zeitpunkt selbst herausfinden mußte. Niemand sonst würde ihm das Zeichen zum Aufbruch geben.

So verbrachte er Tag für Tag in der Stille seiner Hütte und lauschte. Lauschte tief in sein Inneres hinein und weit in die Umgebung hinaus. Aber alles blieb stumm.

Inzwischen waren die Blätter von den Bäumen abgefallen und der Winter zog ins Land. Jakob hatte sich gemütlich in seiner Hütte eingerichtet und genügend Vorräte für die Winterzeit gesammelt. Er dachte nur noch wenig an seinen Plan, denn vor dem Frühjahr würde er ohnehin nicht losziehen können. Der erste Schnee war gefallen und im Tal war es jetzt noch stiller als sonst. Die Männer blieben in ihren Hütten. Nur selten traf man jemanden im Freien an. Es war die Zeit der kürzesten Tage und der längsten Nächte, als Jakob eines Nachts aufwachte, weil etwas an sein Fenster klopfte.

Er stand auf und schaute hinaus. Aber es war nichts zu sehen, obwohl der Vollmond hoch am Himmel stand und die Nacht hell erleuchtete. Jakob wollte sich schon wieder ins Bett legen, als er plötzlich etwas Seltsames bemerkte. Es sah so aus, als ob aus dem Mond immer größer werdende Ringe hervorquollen, einer nach dem anderen, die sich wie eine sprudelnde Quelle wellenförmig ausbreiteten und das Mondlicht wie einen lebendigen Spiegel seiner selbst vervielfältigten. In der Mitte des Mondes erblickte er das Gesicht eines wunderschönen Mädchens, das ihm lächelnd zunickte, so als ob es sagen wollte: „Komm endlich! Worauf wartest du noch?"

Ja, worauf warte ich denn? fragte sich Jakob zweifelnd. Wenn der Frühling kam und der Schnee geschmolzen war, war es vielleicht schon zu spät! Ohne sich lange zu besinnen, zog er sich an und trat vor die Tür. Der Mond sah aus wie immer und würde ihm sicher gut den Weg leuchten. Nun hatte er es plötzlich sehr eilig. So schnell trieben ihn seine Füße voran, daß er schon nach drei Stunden die Hochebene von Sambor vor sich liegen sah. Es war eine weite, fast kreisrunde Fläche, auf der nur vereinzelte Bäume standen. Sie war frei von Schnee. Es wehte ein warmer Wind, so als ob der Frühling mit einem Gastspiel aufwarten wollte. Jakob war am Rande der Ebene stehengeblieben, um sich zu besinnen. Wohin sollte er sich jetzt wenden?

„Geh weiter, weiter, weiter", murmelte etwas neben ihm. Eine Quelle sprudelte dicht neben seinen Füßen aus den Felsen hervor und plätscherte über rundgeschliffene Steine den Hang hinab. Jakob trank von dem Wasser und ging weiter auf eine alte Eiche zu, deren vertrocknete Blätter leise im Wind raschelten. „Nach links. Geh weiter nach links!" meinte Jakob in ihrem Rascheln zu hören. In der Richtung, die er jetzt eingeschlagen hatte, sah er einen hohen Felsbrocken aufragen. Dort würde er gewiß eine Botschaft oder ein Zeichen finden. Als er aber den Felsen erreicht hatte, war auch dort nichts Ungewöhnliches zu bemerken. Ratlos sah er sich um. Was nun? Etwas drängte ihn, bis zum Rand der Ebene zu gehen. Von dort aus konnte er weit über das mondbeglänzte Tal schauen. Der Mond neigte sich schon dem Horizont zu und sah jetzt aus wie eine Blume. Ja, rings um die Scheibe bildete sich ein Kranz von Strahlen, die wie Blütenblätter um den Kelch herumstanden. Einer dieser Strahlen begann zu wachsen und streckte sich bis zu Jakobs Füßen hinab. Dort, wo er endete, sah Jakob ein Gänseblümchen stehen, in dessen Blüte eine kleine Elfe saß. Und das mitten im Winter!

„Kannst du mir vielleicht sagen, wo der junge Königssohn zu finden ist?" fragte Jakob hoffnungsvoll. Da lachte die Elfe glockenhell, als ob er einen großartigen Scherz gemacht hätte. Dann sagte sie munter: „Vielleicht können meine Schwestern dir weiterhelfen. Du findest sie rings um die Ebene herum. Und wenn du sie siehst, sage ihnen, es sei an der Zeit!" Dankbar machte er sich auf den Weg und fand auch richtig die Elfen am Rande der Ebene verteilt. Aber welche Enttäuschung mußte er nun erleben! Überall erntete er auf seine Frage hin nur dasselbe glockenhelle Lachen der Elfen, bis er schließlich rund um die ganze Ebene gelaufen war. Erschöpft ließ er sich am Rande des Waldes nieder, aus dem er gekommen war.

Unsägliche Enttäuschung und Trauer überfielen ihn jetzt. War er doch in solcher Zuversicht und Hoffnung aufgebrochen! Was war daraus entstanden? Ein endloser Irrweg, kreuz und quer und rings um die Ebene, um zuletzt noch von den Elfen genarrt und verlacht zu werden.

Erbittert stand er auf, um sich wieder auf den Heimweg zu machen. Nun würde er genauso unverrichteter Dinge nach Hause kommen, wie die Männer, die vor ihm ihr Glück versucht hatten.

Er kam wieder an der Quelle vorbei und beugte sich hinab, um sich an dem kühlen Wasser zu erfrischen. Als er wieder aufblickte, sah er ein Mädchen am Rande der Quelle sitzen. Ihr Gesicht schien ihm vertraut zu sein. Richtig, es war dasselbe Gesicht, das ihn aus dem Mond angeblickt hatte, bevor er losgezogen war. Hatte das Mädchen den Spiegel des Mondes benutzt, um ihn hierher zu rufen? Es schien fast so, denn sie sagte beinahe vorwurfsvoll: „Es ist gut, daß du endlich kommst! Du hast lange gebraucht für deinen Weg!" Dann fischte sie einen klaren, runden Stein aus dem Wasser heraus und reichte ihn Jakob mit den Worten: „Diesen Stein sollst du zum König bringen, damit er seinen Sohn wiederfinden kann. Es ist ein Beryll, der alle Dinge klarer und deutlicher erscheinen läßt und der das Verborgene offenbar macht. Achte auf alles, was dir auf dem Weg dorthin begegnet, und berichte dem König davon. Und: Warte, bis die rechte Zeit für diesen Weg gekommen ist!"

Jakob war hocherfreut über die Botschaft und die Gabe des Quellenmädchens, aber er konnte es nicht lassen zu fragen: „Warum hast du mir diesen Stein nicht gleich gegeben, als ich zum ersten Mal von der Quelle trank?"

„Nun, wer hätte dann den Elfen sagen sollen, daß es an der Zeit ist? Das konnte kein anderer als du tun, denn ich selbst kann meinen Platz am Wasser nicht verlassen. Auch solltest du wissen, daß du die Dinge, die du suchst, erst dann findest, wenn du aufhörst, danach zu suchen!" sagte das Mädchen lachend. Dann tauchte es im Wasser unter und war verschwunden.

Seit Jakob den Beryll in der Hand gehalten hatte, war eine eigentümliche Veränderung mit ihm vorgegangen. Zuerst hatte der Stein sich erwärmt. Diese Wärme strömte wie eine flammende Glut durch seinen Arm bis in sein Herz und verbreitete sich von da aus durch alle Adern von Kopf bis Fuß. Das Merkwürdigste aber war die Veränderung, die mit seinen Augen vorgegangen war.

Solange er den Stein in der Hand hielt, schien es ihm, als ob die Konturen der Bäume und Sträucher schärfer hervortraten, so daß er sogar Gegenstände in weiter Entfernung klar erkennen konnte und selbst die Dunkelheit vom Strahl seiner Augen erleuchtet wurde. Wenn er die Augen schloß, konnte er das Innere seiner Hütte oder weit entfernte Städte, Länder und Menschen sehen. Er sah, wie die Quelle, an der er jetzt stand, auf ihrem weiteren Weg zu einem breiten Fluß wurde, an dessen Ufern fruchtbare Landschaften, Dörfer und Städte lagen, und der schließlich in weiter Ferne ins Meer mündete. Dort erblickte er das Quellenmädchen wieder, das ihm aufmunternd zuzwinkerte, so als ob es sagen wollte: Hier ist dein Ziel!

Voll Glück und Freude über seinen Fund machte sich Jakob auf den Heimweg. Beim Morgengrauen langte er an seiner Hütte an. Erschöpft warf er sich auf sein Lager und schloß die Augen. Da sah er Bertrams Gesicht auftauchen, wie er den Männern des Tales mit freudiger Miene verkündete: „Jakob hat die Botschaft gefunden!" Seltsam, woher weiß er das? fragte sich Jakob noch, bevor er einschlief.

Es sollte bis zum nächsten Frühjahr dauern, bis Jakob sich auf den Weg zum König machte. Auch für diese Reise galt es, nicht zu früh und nicht zu spät aufzubrechen. Denn Jakob hatte gelernt, daß Ungeduld die Dinge fernhielt, die man herbeisehnte, daß aber Trägheit dazu führen konnte, den rechten Augenblick zu verschlafen. So waren seine Tage in ruhiger Aufmerksamkeit dahingegangen. Tag für Tag fühlte er seine Kraft und Sicherheit wachsen. Seit jener Nacht, in der er den Stein gefunden hatte, waren ihm die Männer des Tales mit großer Hochachtung begegnet, obwohl er niemandem von seinem Fund berichtet hatte.

Eines Morgens klopfte ein Rotkehlchen an seine Fensterscheibe. „Da bist du ja wieder, mein kleiner Freund!" sagte Jakob freudig überrascht. Er erinnerte sich daran, wie ein Rotkehlchen ihn in dieses Tal geführt hatte. Ob es dasselbe war? Und ob es ihm jetzt das Zeichen zum Aufbruch geben wollte?

Bertram jedenfalls schien nicht überrascht zu sein, als Jakob sich noch am selben Tag von ihm verabschiedete. Er begleitete ihn bis zum Rand des Auentals und wünschte ihm viel Glück für seine Unternehmung.

Jakob war schon weit gewandert, als die ersten Häuser und Dörfer vor ihm auftauchten. Wie anders schien ihm das Leben hier als in dem friedlichen Auental! Menschen hasteten geschäftig mit verbissenen Gesichtern umher. Hinter ihrem gehetzten Blick verbarg sich die Angst vor der Sinnlosigkeit ihres Daseins. Ihr einziges Ziel schien darin zu bestehen, zu Reichtum, Ansehen und Macht zu gelangen. Sie sahen nicht die Schönheit und Weisheit der Natur, in der sie lebten, und mißachteten ihre Gesetze, ohne zu merken, daß sie damit auch ihr eigenes Leben zerstören würden. Das also hatte Bertram gemeint, als er vom Unverstand der Menschen sprach, durch den sie die Arbeit der Naturgeister zunichte machten.

Unwillkürlich tastete Jakob nach dem Beryll in seiner Tasche, der ihm Klarheit und Sicherheit verlieh. Er nahm ihn in die Hand und schloß die Augen. Da sah er in der Ferne eine Gestalt auftauchen, die rasch näher kam und dann direkt vor ihm stehenblieb. Ein milder Lichtschein umfloß die Gestalt. Aus ihrem Blick sprach Liebe und Zuversicht. Sie glich keinem der Wesen, die Jakob kannte, und so fragte er vorsichtig: „Wer bist du und was tust du hier?"

„Nenne mich Raurik", antwortete die Gestalt, „ich bin gekommen, um dir zu helfen. Die Elfen auf der Hochebene von Sambor haben die Botschaft im ganzen Land verbreiten lassen, daß es an der Zeit ist!"

Jakob war erstaunt. Was sollte das mit ihm zu tun haben? Er fragte Raurik: „Aus welchem Geschlecht stammst du denn und welcher Art kann deine Hilfe sein?"

Raurik antwortete nicht ohne Stolz: „Ich bin der Anführer eines neuen Geschlechts auf Erden. Unsere Scharen wachsen von nun an unaufhörlich. Während die Natur stirbt und zerstört wird, lassen wir aus der Vernichtung neues Leben hervorgehen, denn wir sind die Boten der Auferstehung. Wir werden der Spur der Verwüstung folgen, die du hinterlassen wirst, und aus dem Tod neues Leben entstehen lassen."

„Verwüstung? Ich?" fragte Jakob erschrocken. War er nicht ausgezogen, um gerade das zu verhindern?

„Es geht nicht anders", sagte Raurik bedauernd, „denn es ist an der Zeit! Ohne Zerstörung kann es keinen Fortschritt geben..."

Verwirrt ließ Jakob den Stein wieder in die Tasche gleiten und ging weiter. Raurik war nicht mehr zu sehen. Jakob begann sich zu fragen, ob ein Spuk ihn hier genarrt hatte. Er wanderte am Rand des Baches weiter, der mittlerweile zu einem breiten Fluß angeschwollen war. Hatte er bis dahin nur kleine Boote und Kähne auf dem Wasser gesehen, so fuhren jetzt schon stolze Schiffe an ihm vorüber. Hohe Mauern säumten das Ufer, so daß er kaum noch ans Wasser gelangen konnte. Endlich führte eine Treppe nach unten. Er stieg hinab, um sich am kühlen Wasser zu erfrischen. „Trink nicht!" hörte er es im Wasser plätschern, und gleich darauf sah er eine Schar von Nixen aus den Wellen empor tauchen. „Das Wasser hier ist vergiftet vom Unrat der Menschen, und selbst wir können unsere Arbeit nicht mehr tun, um es zu reinigen!" riefen sie weiter.

„Warum nicht?" fragte Jakob bestürzt.

„Wir sind gefangen in diesen Mauern, die die Menschen errichtet haben, damit ihre Schiffe besser fahren können!" klagten die Nixen. „Wenn du uns deinen Stein leihst, können wir uns befreien."

Jakob holte seinen Stein aus der Tasche und schon schwappte eine Welle über seine Hand und spülte ihn fort. Dann sah er, wie die Nixen ein kleines Boot herbeitrieben und ihn aufforderten, einzusteigen. Kaum hatte er sich hineingesetzt, als das Wasser zu steigen begann und ihn mit sich emportrug. Unter ihm begann es zu schäumen und zu brodeln. Von allen Seiten kamen Nixen und Wassermänner geschwommen, die mit unsäglichem Vergnügen die Wassermassen über die Ufermauer trieben. Schon hatten die Fluten die ersten Häuser erreicht. Jakob sah, wie die Menschen in Panik davonliefen oder auf ihre Dächer kletterten. Einige versuchten, sich in Booten zu retten, aber mit diesen trieben die Wassermänner ihren besonderen Spaß. Sie ließen die tosenden Wellen über ihnen zusammenschlagen oder zogen sie in wilde Strudel hinab.

Jakob schaute diesem Treiben mit ohnmächtigem Entsetzen zu. Das hatte er bestimmt nicht gewollt! Fast schien es ihm, als seien hier böse Geister am Werk, die ihn an seinem Weg hindern wollten. Warum hatte er bloß in seiner Gutgläubigkeit und Hilfsbereitschaft den Nixen seinen Stein gegeben! „Halt! Halt!" rief er verzweifelt. „Gebt mir meinen Stein wieder!" Augenblicklich spülte eine Welle den Stein in sein Boot und die Wassermassen begannen zu sinken.

„Du hast Recht!" sagte da jemand neben ihm. „Es ist genug! Jetzt fängt mein Teil der Arbeit an!" Jakob erkannte Raurik, der mit seinen Scharen übers Wasser gekommen war und die Wogen glättete.

„Was willst du denn hier tun?" fragte Jakob gespannt.

„Nun, zuerst müssen die Menschen etwas tun! Sie wollten bequeme Wege haben, nun haben sie die Mühe des Aufräumens! Dann aber werden wir die Wiesen und Felder mit nie gekannter Fruchtbarkeit segnen, denn es ist an der Zeit. In allem, was in Zukunft aus der Erde hervorsprießt, wird sich den Menschen der höchste Sinn des Lebens zeigen. Geh du nur weiter und überlasse uns, was hier zu tun ist!"

Während dieser Rede waren die Fluten rasch zurückgewichen und Jakob konnte trockenen Fußes aus seinem Boot steigen. Er steckte den Beryll wieder in die Tasche und verabschiedete sich von Raurik.

Bald darauf kam er in eine Gegend, in der die Felder öde und ausgetrocknet waren. Trotzdem gab es große vornehme Häuser, die alle von hohen Mauern und Zäunen umgeben waren, und reichgekleidete Menschen mit dicken Bäuchen, die mit wichtigen und besorgten Mienen umherliefen. Jakob ließ sich im Schatten eines Baumes nieder, nahm seinen Stein aus der Tasche und schloß die Augen.

Da wurde er gewahr, daß sich unter dem Baum eine große Höhle befand, in der wohl einst Zwerge ihre Arbeit verrichtet hatten. Aber sie war wie ausgestorben. Nur ein altes eisgraues Männlein hatte sich unter der Wurzel versteckt und schien ungeduldig nach etwas Ausschau zu halten. „Worauf wartest du?" fragte Jakob hilfsbereit.

Das Gesicht des Alten hellte sich auf. „Auf dich!" sagte er in einem Tonfall, als ob damit alles erklärt sei. Dann seufzte er und fuhr in klagendem Ton fort: „Die Menschen haben in ihrer Gier das ganze Land zugrunde gerichtet. Erst bekriegten sie sich um das fruchtbare Ackerland. Dieser Krieg lastet immer noch wie eine dunkle böse Wolke über uns. Die Zwerge haben sich vor dieser Wolke versteckt und sich tief in die Erde zurückgezogen. Schlimmer erging es denen, die sich nicht verstecken konnten, weil sie in Luft und Wasser leben. Die Sylphen und Nixen haben die Düsterkeit angenommen und sind gezwungen, dem Machtstreben der Menschen zu dienen. Aber nicht genug damit, daß wir seit diesem Krieg unsere Arbeit nicht mehr verrichten können. Seitdem haben die Menschen in ihrer Unersättlichkeit die Erde so ausgeplündert, daß alle Äcker vergiftet und verdorben sind. Sie halten das für eine ungeheure Leistung und bilden sich viel darauf ein. Wenn du wissen willst, wohin das führt, gib mir deinen Stein und folge mir."

Nur zögernd gab Jakob seinen Stein aus der Hand, denn er dachte daran, was die Nixen damit gemacht hatten, und auch die Worte Rauriks kamen ihm in den Sinn. Der Alte schien es sehr eilig zu haben. Er zog Jakob durch einen langen unterirdischen Gang hinab in die Tiefe der Erde. Dort stießen sie auf eine geräumige Halle, in der eine unübersehbare Zahl von Zwergen und Gnomen hockte, die so aussahen, als ob sie gelähmt oder erstarrt wären. „Los, regt euch!" rief der Alte mit dröhnender Stimme. „Es ist an der Zeit!"

Da kam Leben in die Zwergenschar. Ein gewaltiger Jubel brach aus, der den Berg ringsum erzittern ließ. Es wurden Boten in die Tiefen der Erde geschickt, die die schlafenden Feuergeister wecken sollten. Dann wurde mit vereinten Kräften eine höllische Glut entfacht, die die Gesteinsmassen zum Schmelzen brachte und die glühende Schlacke nach oben preßte.

„Heißa!" johlten die Feuergeister. „Lange genug haben wir die Bosheit der Menschen schlucken müssen und uns daran den Magen verdorben! Jetzt spucken wir alles wieder aus!" Der glühende Strom fraß sich immer weiter nach oben, durchbrach schließlich die Erdkruste und ergoß sich in gewaltigem Schwall über das Land.

„Heißa! Macht mehr Hitze!" johlten die Feuergeister wieder, und ihr Gebrüll ließ den Berg von neuem erbeben. „Halt! Hört auf!" schrie Jakob entsetzt, denn die unerträgliche Hitze ließ ihn beinahe den Verstand verlieren. „Gebt mir meinen Stein zurück!"

Der Alte kam sofort herbei, gab Jakob mit einem Dank den Stein zurück und rieb sich die Hände, wie jemand, der mit seinem Werk zufrieden ist. Nun strömte kühlende Luft von oben durch den feurigen Schlot herein und ließ die Glut erstarren. „Ein schöner Kamin!" sagte der Alte befriedigt. „Nun können wir endlich wieder unsere Arbeit tun! Und noch jemand kann sein Werk beginnen." Damit deutete er auf Raurik, der plötzlich wie aus dem Nichts heraus aufgetaucht war.

„Was werdet ihr denn jetzt tun?" fragte Jakob verwirrt.

„Komm mit!" sagte Raurik. Er führte Jakob durch den Ausgang nach oben. Jakob erschrak, als er das Ausmaß der Verwüstung sah. Viele Häuser lagen unter Schutt und Asche begraben. Aber Raurik tröstete ihn: „Sie haben zwar ihr Hab und Gut verloren, um das sie so sinnlose Kriege geführt haben. Aber dafür wird ihnen ein viel kostbareres Gut geschenkt."

„Wovon redest du?" fragte Jakob verwundert. Raurik antwortete: „Von dem Weisheitsschatz der Erde, der seit uralten Zeiten von dem Alten in der Höhle gehütet wurde und der jetzt ans Tageslicht kommen kann! Damit werden wir in der nächsten Zeit beschäftigt sein. Du aber geh nur weiter nach Hatinor, der Stadt des Königs. Dort werden wir uns wiedersehen, wenn es an der Zeit ist."

Der Weg nach Hatinor war nicht mehr weit. Jakob war froh, daß er bald sein Ziel erreicht haben würde. Schon sah er die Stadtmauern in der Ferne auftauchen. Er beeilte sich, die Stadt noch vor Einbruch der Dunkelheit zu erreichen. Da flog ein Rotkehlchen auf seine Schulter, pickte ihn am Ohr und flatterte dann vor ihm her, als ob es ihm den Weg zeigen wollte. Es flog aber nicht auf die Stadt zu, sondern auf einen nahegelegenen Hügel außerhalb der Stadtmauern, so als ob es Jakob warnen wollte, die Stadt zu betreten.

Unschlüssig folgte er dem Rotkehlchen auf den dicht mit Bäumen und Büschen bestandenen Hügel. Hunderte von Singvögeln hatten sich in den Zweigen der Bäume niedergelassen und erfüllten die Luft mit ihrem Gezwitscher. Es waren aber keine fröhlichen Gesänge, wie es Jakob schien, sondern klagende und verzweifelte Lieder. Dabei waren ihre Schnäbel der Stadt zugewandt, so als ob sie Jakob zeigen wollten, daß dort der Grund ihres Unglücks zu suchen war. Unwillkürlich fuhr seine Hand in die Hosentasche und tastete nach dem Beryll.

Da sah er, wie aus dem Brunnen am Marktplatz der Stadt dicke Nebelschwaden aufstiegen, die die ganze Stadt in eine riesige Dunstglocke hüllten. Darüber ragte eine erhabene strahlende Gestalt auf, deren Elend und Betrübnis nicht zu übersehen war. Als sie Jakob bemerkte, huschte ein Hoffnungsschimmer über ihr Antlitz. „Ich bin Hatinora, die Stadtgöttin", sagte sie zu ihm. Dann stieß sie einen tiefen Seufzer aus. „Schau her, was für eine widerliche Suppe die Lügendämonen der Stadt kochen! Sie stinkt zum Himmel, und die Luft ist zum Schneiden dick. Alle Singvögel sind aus der Stadt geflohen. Auch meine Sylphen können ihr Werk nicht mehr verrichten und Botschaften vom Himmel zur Erde bringen. Schon viele Menschen sind krank geworden von dieser giftigen Suppe, denn aus diesem Brunnen wird die ganze Stadt gespeist. Der Vorrat an

Zutaten wächst von Tag zu Tag, statt sich zu vermindern. Denn aus allen Verleumdungen, Lügen und Vorurteilen der Stadtbewohner wird diese Suppe gekocht, an der sie nun beinahe ersticken. Leihe uns deinen Stein, wenn du uns helfen willst!"

Jakob hielt den Stein in der Hand. Er wurde von einer heftigen Windböe erfaßt und davongewirbelt. Ein brausender Sturm erhob sich und fegte über die Stadt hinweg, riß die Ziegelsteine von den Dächern, zerbrach die Fensterscheiben und knickte Bäume und Zäune um. Den Menschen, die nicht schnell genug in ihre Häuser kommen konnten, peitschte er um die Ohren und zerfetzte ihnen die Kleider am Leib. Die Dunstglocke zerstob rasch in alle Richtungen.

Dann trieb der Orkan eine riesige Wolke direkt auf den Hügel zu, auf dem Jakob und die Vögel unbehelligt dem Unwetter zugesehen hatten. Das Tosen der Winde ließ nach und Hatinora nickte Jakob aufmunternd zu. „Steigt alle ein!" sagte sie. „Wir bringen euch in die Stadt." Schon setzte die Wolke sanft auf dem Hügel auf, umhüllte Jakob und die Vögel und trug sie durch die Luft bis über die Stadt. Die Vögel verteilten sich unter fröhlichem Gezwitscher auf Bäume und Sträucher. Jakob fühlte sich sanft neben dem Brunnen abgesetzt. Der Sturm hatte sich gelegt. Aber wo war der Beryll geblieben?

Platsch! hörte er etwas neben sich wie die Antwort auf seine Frage. O weh, dachte Jakob bestürzt, nun ist der Beryll in den Brunnen gefallen statt in meine Hände! Da hörte er Hatinora über sich lachen. „Laß nur!" sagte sie. „Du brauchst ihn jetzt nicht mehr. Von nun an wird er die trübe Suppe in einen klaren Quell verwandeln, der alles erfrischt, die Blinden sehend und die Kranken gesund macht. Fülle deine Flasche mit dem Wasser und bringe es zum König!"

Jakob befolgte den Rat der Stadtgöttin. Als der König von dem Wasser getrunken hatte, erkannte er das Zeichen auf Jakobs Stirn und schloß ihn in die Arme. „Endlich bist du gekommen, mein Sohn!" sagte er überglücklich. „Wie lange habe ich auf dich gewartet und dich suchen lassen!"

„Ich? Dein Sohn?" fragte Jakob ungläubig.

Da erzählte der alte König ihm von der Bedeutung des Zeichens und von dem schweren Entschluß, ihn nach seiner Geburt in die Burg zu bringen. Auch vom Tod seiner Brüder und seiner Mutter sollte Jakob alles erfahren und wie sehr sich der König über diesen Verlust gegrämt hatte. „Lange Zeit hatte ich schon die Hoffnung aufgegeben, dich zu finden", erzählte der König weiter. „Dann aber hat mir Bertram neue Hoffnungen gemacht."

„Bertram?" fragte Jakob verwundert. „Kennst du ihn?"

„Natürlich", sagte der König lächelnd. „Wußtest du nicht, daß er mir gelegentlich wertvolle Botschaften zukommen läßt? Zuletzt erfuhr ich von ihm, daß schwere Zeiten bevorstünden, die mir aber meinen Sohn zurückbringen würden. So bin ich trotz aller Not nicht verzweifelt, sondern habe geduldig ausgeharrt. Nun kann ich endlich Frieden finden und dich zu meinem Nachfolger machen."

Der Jubel war groß im ganzen Land, daß der junge Königssohn endlich gefunden war. Aus allen Teilen des Landes strömten die Menschen herbei, um seiner Krönung beizuwohnen. Am Abend vor dem Fest begab sich Jakob zu dem Brunnen, in den sein Beryll gefallen war. Da tauchte aus dem spiegelklaren Wasser ein wunderschönes Mädchen empor, verneigte sich vor ihm und sagte: „Ich bin die Hüterin des Brunnens seit langer Zeit und bin dir großen Dank schuldig. Seit deiner Ankunft trage ich den Namen Beryllia. So nannte mich Raurik, von dem ich dir eine Botschaft und einen Auftrag übermitteln soll: Morgen, wenn das ganze Volk hier versammelt ist, sollst du die Linde vor dem Brunnen fällen und zersägen und dann das Holz in den Brunnen werfen."

Das Holz in den Brunnen werfen? Was sollte das für einen Sinn haben? Es würde doch nur das Wasser verderben. Warum sollte die schöne Linde gefällt werden? Aber er konnte Beryllia nicht mehr nach dem Sinn dieser rätselhaften Botschaft fragen, denn sie war sogleich wieder untergetaucht und verschwunden.

Die halbe Nacht grübelte Jakob darüber nach, ob er dieser Nachricht wohl Vertrauen schenken konnte. Was würde das Volk sagen, wenn er vor aller Augen ein unsinniges Zerstörungswerk vollbringen würde? Endlich schlief er ein. Im Traum sah er Raurik auf einer Wolke herannahen. Er war in warmes glänzendes Licht gehüllt und trug eine goldene Axt in den Händen. Die erhob er zum Schlag, als ob er Jakob damit treffen wollte.

„Was willst du?" rief Jakob erschrocken.

„Deinen Zweifel zerschlagen", hörte er Rauriks Stimme in weiter Ferne. Dann wachte er auf.

Unschlüssig steckte er am nächsten Morgen seine Axt in einen Sack und begab sich in Begleitung seines Vaters zum Brunnen. Schon strömte das Volk zusammen und jubelte ihm zu. Da zog er seine Axt hervor. Die Menge verstummte in ehrfürchtigem Staunen, und selbst Jakob wollte seinen Augen nicht trauen: Die Axt hatte sich in pures Gold verwandelt! Jakob ahnte, daß dies Rauriks Werk war, aber er bezweifelte, ob eine solche Axt geeignet wäre, einen Baum zu fällen. Trotzdem holte er zum Schlag aus und fällte die Linde mit einem Streich.

Der alte König erschrak. Aus der Menge war empörtes Gemurmel zu hören. Jakob ließ sich nicht beirren und zerteilte den Stamm in lauter kleine Stücke. Währenddessen schrumpfte das Holz zu schwarzer Kohle zusammen, so als ob der Baum in Sekundenschnelle verbrannt wäre. „Er ist mit bösen Geistern im Bunde!" wurden schon Stimmen aus dem Volk laut. Als er gar begann, die verkohlten Stücke in den Brunnen zu werfen, wollten ihn die Nächststehenden im Zorn ergreifen und ebenfalls in den Brunnen werfen.

In diesem Moment aber war aus dem Brunnen ein gewaltiges Getöse zu hören. Die Leute wichen erschrocken zur Seite, denn der Brunnen spie die hineingeworfenen Teile mit ungeheurer Wucht wieder aus, so daß sie sich im weiten Umkreis verteilten. Überall aber, wo ein solches Stück niedergegangen war, begann es vor den Augen der erstaunten Menge, Wurzeln zu schlagen und neues Grün auszutreiben. Blitzschnell sprossen Knospen, Blätter und Blüten hervor. Aus jedem Sproß wurde ein großer Baum.

Unbändiger Jubel brach aus. Jakob sah, wie Raurik mit seinen Scharen auf den Wolken herankam und die Stadt in milde glänzendes Licht hüllte.

Jeder aber, der in Zukunft von dem Brunnen trank oder sich im Schatten der Linden aufhielt, wurde von seinen Gebrechen geheilt und mit frischen Kräften gestärkt.

Jakob wurde bis weit über die Grenzen des Landes gerühmt und geehrt, und seine Herrschaft brachte dem Volk Heil und Frieden.

Wiedergekommen
– eine herausfallende Geschichte

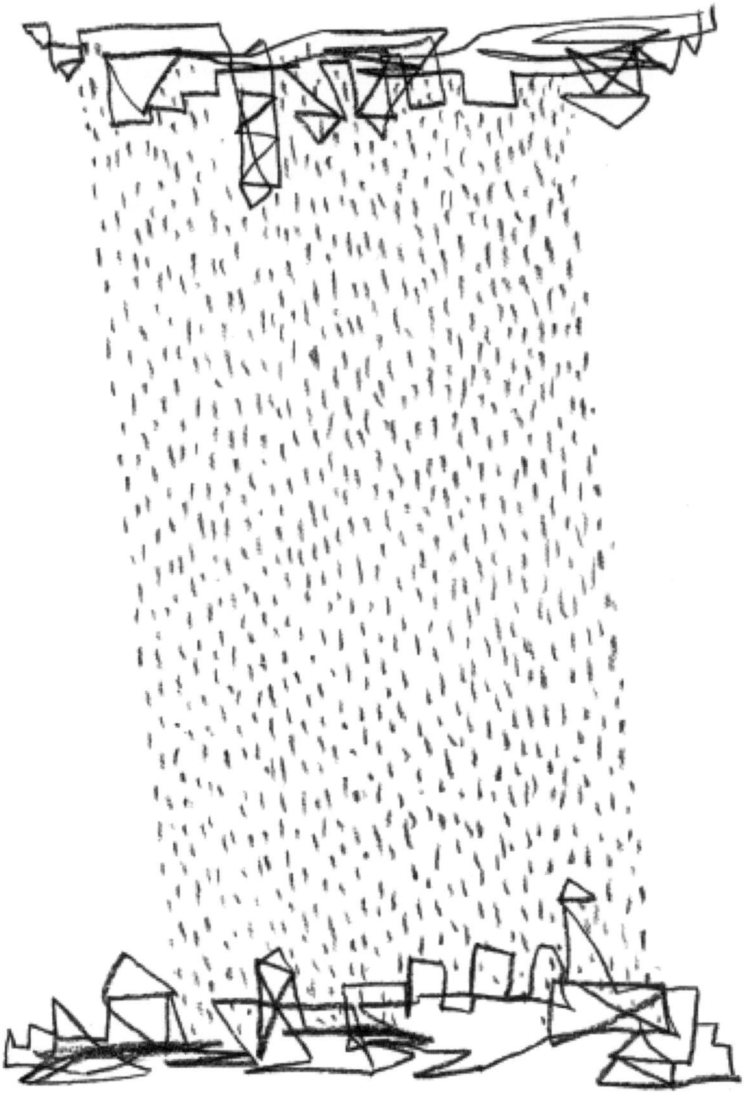

Eine große dunkle Wolke stand über der Stadt. In dieser großen dunklen Wolke waren Tausende und Abertausende kleiner Regentropfen versammelt. Sie hielten sich untereinander ganz fest, denn so konnten sie eine riesengroße Wolke bilden. Nur wenn sie zu schwer wurden, fielen sie einer nach dem anderen zur Erde. Dort zerflossen sie zumeist, sammelten sich dann aber wieder in Pfützen, Rinnsalen, Bächen oder Kanälen, die unter der Erde dahinflossen, um sich irgendwann in einem großen Meer wiederzufinden und eines Tages von der Sonne aufgeleckt zu werden und leicht und selig in den Himmel zu steigen. Immer in Gesellschaft zu vielen Hunderten und Tausenden, waren sie in fortwährender Bewegung und Verwandlung begriffen. Nie hatten sie davon gehört, daß einmal einer der ihrigen allein auf Wanderschaft gegangen wäre.

Diesmal aber sollte das Ungewöhnliche geschehen: Die Wolke stand noch hoch am Himmel. Die kleinen Regentropfen warteten schon ungeduldig auf den Befehl der Wolkenfrau, einander loszulassen und zur Erde zu fallen. Doch da die Wolkenfrau gar zu lange zögerte, packte einen der kleinen Tropfen die Ungeduld, und er ließ sich vor allen anderen fallen.

Die Wolkenfrau hatte das wohl bemerkt und runzelte die Stirn. „Ungezogene kleine Tropfen müssen bestraft werden", grollte sie und trieb die Wolke weit weg von der Stadt.

„Halt! Bleibt hier. Laßt mich nicht allein", rief der kleine Tropfen. Aber es half nichts, denn schon platschte er auf einem grauen Pflasterstein auf. Oh weh, warum bin ich nicht bei meinen Brüdern und Schwestern geblieben? dachte der kleine Tropfen erschrocken. Er fühlte sich plötzlich elend und einsam. So allein war er noch nie gewesen, seit er sich erinnern konnte. Ein armer kleiner Tropf war er jetzt, der nun ganz allein mit sich und der Welt zurechtkommen mußte, bis er vielleicht eines Tages seine Kameraden wiederfinden würde.

Der Fleck, den er auf das Pflaster gezaubert hatte, schien immerhin recht groß zu sein. Das gefiel dem armen Tropf, denn wenn man schon alleine ist, ist es gut, groß zu sein und bemerkt zu werden.

Einen Namen sollte ich mir zulegen, dachte er bei sich, denn wer alleine durch die Welt zieht, ist schließlich eine Persönlichkeit und nicht mehr bloß eine Massenerscheinung. Aber wie kommt man zu einem Namen?

Während dieser Überlegung war der Fleck schon beträchtlich kleiner geworden, aber der kleine Tropf bemerkte gleichzeitig, wie er leichter, luftiger und größer wurde. Die Sonne erwärmte ihn. Er fühlte sich wohlig und geborgen.

Zu groß wollte er aber auf keinen Fall werden, denn er wußte schon, daß er dann in einen tiefen Schlaf fallen würde und seine Grenzen nicht mehr spüren konnte. Und das konnte doch kein wünschenswerter Zustand sein für einen, der gerade eine Persönlichkeit geworden war! Er zog sich also mit aller Kraft zusammen. Mit Befriedigung stellte er fest, daß der Fleck augenblicklich wieder größer wurde.

Das hatte er früher nie aus eigener Kraft gekonnt. Vielleicht sollte er es gleich noch einmal versuchen. Er gab sich also der Sonnenwärme hin, dehnte sich aus und befahl sich dann selbst, wieder zu schrumpfen. Es klappte auch diesmal. Hervorragend, so etwas konnte sonst nur die Wolkenfrau. Ich muß eine sehr bedeutende Persönlichkeit sein, dachte er, während er die Übung noch einige Male wiederholte. Wachsen, schrumpfen, wachsen, schrumpfen. Wie wunderbar. Bald beherrschte er die Kunst perfekt, vom Tropfen zu einer kleinen Dunstwolke und wieder zum Tropfen zu werden.

Von Mal zu Mal wurde die Haut des kleinen Tropfens fester und dicker, so daß er nun die Kugelform behielt, statt in einen unansehnlichen Fleck auszulaufen. Das erlaubte ihm, sich kullernd über die Erde zu bewegen und doch immer in Form zu bleiben.

„Hast du den Jojo da drüben gesehen?" hörte er plötzlich eine aufgeregte Kinderstimme neben sich.

„Nein. Wo denn?" fragte ein anderes Kind zurück.

„Da drüben! Es war ein kleines silberhelles Ding, das auf und ab hüpfte und dabei kleiner und größer wurde. Schade, jetzt sehe ich es auch nicht mehr."

„Du hast wohl geträumt", meinte das andere Kind herablassend, „ich sehe nur einen Wassertropfen im Gras."

Jojo hatte das Kind ihn genannt. Jojo! Was für ein hübscher Name. Wohlklingend und vornehm, wie es sich für eine so bemerkenswerte Persönlichkeit geziemte. Zum Dank für diese unverhoffte Taufe wollte er seine Namensgeberin auf die Nase küssen.

Das war ihm ein Leichtes: Erst wachsen und unsichtbar werden, dann schrumpfen und mit einem Platsch landete er auf der Nase seiner Auserwählten.

„Huch, es fängt ja an zu regnen!" rief das kleine Fräulein erschrocken aus.

„Jetzt glaube ich wirklich, daß du träumst!" sagte die andere Stimme spöttisch. „Schau, es ist keine einzige Wolke am Himmel."

Jojo aber hatte sich schnell wieder in Dunst verwandelt, denn er wollte ja nicht von einer Kinderhand weggewischt werden.

Am nächsten Tag ging ein heftiger Regenguß über der kleinen Stadt nieder. Doch was für ein Wunder! Jojos Haut war so dick geworden, daß er in den Pfützen schwimmen konnte und trotzdem seine Form behielt. Er löste sich nicht im Getümmel seiner Geschwister auf. Er wurde nicht eins mit ihnen wie früher, als er noch zu der Schar namenloser Tropfen gehörte.

Die einstigen Kameraden beäugten ihn mißtrauisch und abweisend: „Was bist du denn für ein komischer Kauz?" fragten sie beinah vorwurfsvoll. „Was willst du hier bei uns?"

„Ich nehme ein Bad", erwiderte Jojo hochmütig, denn seine Eitelkeit war ihm zu Kopf gestiegen. „Seht ihr nicht, daß ich eine bemerkenswerte Persönlichkeit bin? Mein Name ist übrigens Jojo."

„Hach, was du nicht sagst", hörte er einen der Tropfen lachen. „Dich kenn ich doch von früher. Du bist nichts Besseres als wir!"

„Du irrst dich", antwortete Jojo spitz. „Es ist lange her, daß ich mich zu euresgleichen zählen mußte. Doch ich habe mich weiterentwickelt, während ihr eine namenlose Masse geblieben seid."

Die Tropfen kicherten und wandten sich spottend von ihm ab. „Hehehe! Der will was Besseres sein als wir. Guckt ihn euch an, den dummen Tropf!"

Jojo kochte vor Wut. Sahen diese Einfallspinsel nicht, daß er wirklich etwas Besonderes war? Aber all sein Prahlen und Toben nützte ihm nichts – die anderen kümmerten sich nicht mehr um ihn und vergnügten sich fröhlich miteinander.

Da wurde Jojo sehr traurig. Sehnsüchtig dachte er daran, wie schön es gewesen war, als er genauso unbeschwert mit seinen Brüdern und Schwestern lachen und weinen konnte. Immer hatten sie zusammengehalten, und immer hatten sie sich wiedergefunden, wenn sie einmal für kurze Zeit getrennt wurden. Wehmütig sann er über die gute alte Zeit nach, in der noch nicht die schwere Verantwortung und die bittere Einsamkeit einer bedeutenden Persönlichkeit auf ihm lasteten. Darum blieb ihm nur der Trost seiner Einmaligkeit, seiner herausragenden Einzigartigkeit.

Aber auch dieser Trost sollte nicht lange währen. Denn nur wenige Tage später begegnete ihm etwas Unfaßbares: Etwas kullerte ihm entgegen, daß er beinah für sein eigenes Spiegelbild halten mochte. Es war ein ebenso runder Wassertropfen wie er selbst einer war.

Der andere schien genauso erstaunt zu sein wie Jojo und hielt unvermittelt in seinem Kullern inne. Sie standen schweigend voreinander und beäugten sich mit abschätzenden Blicken.

„Ich bin Jojo." sagte Jojo schließlich mit überlegenem Lächeln. „Wenn du weißt, was ein solcher Name bedeutet!"

„Jaja", sagte der andere und rümpfte sichtbar die Nase.

„Was soll das heißen: ja ja?" brauste Jojo auf. „Willst du dich über mich lustig machen?"

„Keineswegs", erklärte der andere mit gespielter Freundlichkeit. „Jaja ist mein Name! Ich bekam ihn von einer alten Dame, als ich ihr auf die Backe tropfte. Sie sprach diesen Namen so seufzend aus, als ob sie in mich verliebt sei."

„Das erklärt allerdings einiges", erwiderte Jojo mit spöttischem Blick und fuhr hocherhobenen Hauptes fort: „Wisse, daß ich meinen Namen von einem Kind bekam. Da in den Kindern die Zukunft ruht, ist einem solchen Namen wohl mehr Bedeutung beizumessen als dem, den eine alte Dame aussprach."

„Ganz bestimmt nicht", widersprach Jaja. „Du solltest nicht die Weisheit des Alters unterschätzen gegenüber dem Geplapper eines unmündigen Kindes!"

So stritten sie hin und her und ereiferten sich immer mehr, bis sie schließlich in großem Zorn auseinanderliefen. „So einer wie du kann mich nicht beleidigen!" rief Jojo noch zurück. Damit hatte er jedenfalls das letzte Wort behalten. Aber besonders glücklich war er trotzdem nicht darüber.

Zum ersten Mal hatte er einen richtigen Streit erlebt. Doch worüber hatten sie eigentlich gestritten? War es wirklich so wichtig, wer welchen Namen trug? Jojo wußte es nicht. Aber er empfand seine Einsamkeit nun noch bitterer als zuvor. Seine Sehnsucht nach der großen Wolke, aus der er herausgefallen war, wurde größer und größer.

Was würde er darum geben, wieder mit vielen Brüdern und Schwestern gemeinsam um die Welt zu segeln. Ja, vielleicht würde er sogar auf seinen Namen verzichten. Aber dafür war es wohl zu spät.

Jaja sollte jedoch nicht der einzige Genosse bleiben, der so wie Jojo ein Sonderdasein führte. In der folgenden Zeit begegneten ihm noch weitere solcher Einzelgängertropfen. Wie es ihm schien, wurden es täglich mehr.

Zuerst ärgerte Jojo sich darüber, denn nun war er ja nichts Besonderes mehr, sondern einer von vielen, so wie früher. Aber das hatte auch eine gute Seite: Er war nicht mehr so allein. Er begann, mit den anderen Gespräche zu führen und die interessantesten Erlebnisse auszutauschen. Jeder hatte eine eigene Geschichte zu erzählen, jeder prahlte mit seiner Herkunft, seiner Klugheit oder seinem Besitz. Bald gab es einige, die sich zum Herrscher über die anderen berufen fühlten – und das waren mehr als solche, die sich gerne beherrschen lassen wollten.

Darum verwundert es nicht, daß es bald mehr Streit und böse Worte gab als fröhliche Geselligkeit und erquickende Gespräche. Angenehm sei diese Gesellschaft nicht, fand Jojo, aber doch besser, als alleine zu sein.

Eines Tages bemerkte Jojo, daß sich eine neue Mode breit machte: Bisher hatten es die Tropfen nicht nötig gehabt, Kleider zu tragen. Wozu auch? Nun aber sah man einige, die in feinen Pelzen umherstolzierten. Jojo wußte nicht, was es mit diesen Pelzen auf sich hatte, und befragte Soso, den er schon lange kannte: „Warum trägst du einen solchen Pelz? Wie bist du zu ihm gekommen?"

Soso antwortete: „Das Fell stammt von den alten Ratten unserer Stadt. Wie du vielleicht weißt, sind die Ratten ein Volk, das sich zu behaupten weiß. Als wir sie fragten, woher es kommt, daß sie so erfolgreich sind, sagten sie: Man brauche eben ein dickes Fell. In dem Fell steckten Kraft und Erfolg. Sie könnten uns gerne solche Felle verschaffen, wenn wir wollten. Wir zeigten uns interessiert daran. Da bissen die jungen Ratten die Alten tot und machten aus den Fellen diese Pelze für uns."

„Wie grausam", sagte Jojo angewidert.

„Für Leute, die ein dickes Fell haben, ist das nichts Besonderes", meinte Soso achselzuckend.

„Um so schlimmer!" ereiferte sich Jojo. „Ich würde mich schämen, einen solchen Pelz zu tragen."

Soso lachte überlegen: „Weißt du, das beste an diesem Pelz ist, daß man sich wegen nichts mehr zu schämen braucht.

Nur wer nackt ist und nichts hat, um seine Blöße zu verdecken, muß sich schämen."

„Ich schäme mich meiner Nacktheit nicht", sagte Jojo selbstbewußt, „denn ich habe nichts zu verbergen."

„So?" fragte Soso gedehnt und musterte Jojo von oben bis unten. „Und was ist mit deinem Streit mit Jaja? Schämst du dich nicht, so hochmütig und aufbrausend gewesen zu sein?"

Jojo wurde rot vor Verlegenheit: „Woher weißt du...?" stammelte er unsicher.

„Siehst du", entgegnete Soso grinsend. „Man sieht dir eben alles an, was du erlebt hast, solange du so durchsichtig bist und keinen Pelz trägst."

Jojo sagte nichts mehr. Er drehte sich um und ging weg in der Hoffnung, Soso nie mehr zu begegnen.

Aber je weiter er sich entfernte, desto klarer wurde ihm, daß eine derartige Begegnung sich auch in Zukunft nicht vermeiden lassen würde. Selbst wenn er Soso nicht mehr traf, würde es dann nicht andere geben, die genauso dachten wie Soso?

Jojo wurde sehr nachdenklich. Erst jetzt, nach dieser Begegnung, wurde ihm bewußt, wie sehr Soso Recht hatte. Es stimmte, daß man den durchsichtigen Tropfen alles ansehen konnte, was sie erlebt hatten: Gutes wie Böses, Schönes wie Häßliches prägte sich dem Wasser ein wie Farbe oder Schriftzeichen auf Glas oder Papier. Jeder trug eine andere Geschichte in sich abgebildet. Gerade das machte diese bemerkenswerten Tropfen, die wie Jojo aus der namenlosen Menge herausgefallen waren, so besonders. Die eigene Einzigartigkeit betrachtete jeder dieser Genossen als herausragende Daseinsberechtigung, die der anderen dagegen als unerträgliche Zumutung. Das hatte schon oft Anlaß zu Streit, Neid und hinterhältigen Bosheiten gegeben. Je länger Jojo darüber nachgrübelte, desto mehr mußte er sich eingestehen, daß das Tragen eines Felles vielleicht gar nicht so dumm sei. Man würde leicht sein Inneres verbergen können und wäre vor neugierigen und mißgünstigen Blicken geschützt.

Es dauerte nicht mehr lange, da hatte sich nicht nur Jojo einen Pelz zugelegt. Beinah alle, die er kannte, trugen ein solches Kleidungsstück. Man konnte sie aber nicht mehr gut unterscheiden, denn fast waren sie einander so ähnlich wie früher. Aber nur äußerlich. Ihre Geschichte trugen sie sorgsam verhüllt unter dem Pelz. Wenn man etwas über einen von ihren erfahren wollte, mußte

man ihn bitten, seine Geschichte zu erzählen. Das taten sie gern, denn den Worten konnte man nicht anmerken, ob sie die Wahrheit wiedergaben. So wurden viele rühmliche Geschichten erzählt, die mit dem, was unter dem Pelz verborgen war, nur noch wenig Ähnlichkeit hatten. Manchmal wurde der Schwindel entlarvt und der Lügner mit Schimpf und Schande davongejagt, aber allzuoft gingen die Leute den Betrügern auf den Leim und hielten sie für ehrenwerte ruhmreiche Persönlichkeiten.

So bequem dieses Leben mit den Pelzen auch war, weil man immer alles zu seinem Besten drehen und wenden konnte, ohne es mit der Wahrheit allzu genau nehmen zu müssen, so wenig wollte es Jojo gefallen, daß dieses Leben immer eintöniger und trübsinniger wurde. Wem durfte er überhaupt noch trauen? Wer zeigte noch sein wahres Gesicht? Mit wem konnte er unbefangen lachen und fröhlich sein oder seinen Kummer und seine Sorgen teilen?

Platsch machte es eines Tages neben ihm, als er wieder einmal sehnsüchtig und gedankenverloren in den Himmel starrte.

„Nanu?" Jojo war überrascht. Ganz in seiner Nähe erblickte er ein silberglänzendes Tropfenmädchen.

„Danke für die freundliche Begrüßung", entgegnete das Mädchen. „Aber nenne mich lieber Nanuschka!"

Neugierig kam Jojo näher. Nanuschka schien zu wissen, wer sie war und was sie wollte, obgleich sie noch keine Geschichte hatte, geschweige denn einen Pelz trug. Das hatte sie auch gar nicht nötig, denn ihre Klarheit und Reinheit war so vollkommen, daß Jojo sie für das schönste Tropfenmädchen hielt, daß er je gesehen hatte.

„Wo kommst du denn her?" Jojo ahnte, daß sie ihre himmlische Herkunft noch nicht lange verlassen hatte.

Nanuschka antwortete lächelnd: „Die Wolkenfrau hat mich zu dir geschickt. Sie hat deine Sehnsucht wohl bemerkt."

„Die Wolkenfrau?" fragte Jojo aufgeregt. „Bist du gekommen, um mich zurückzuholen?"

Nanuschka wiegte bedächtig den Kopf hin und her. „Zurück wohl kaum. Aber ich könnte dir einen Weg zeigen, um deinem Elend zu entrinnen, wenn du mir vertraust und meinen Rat befolgst."

Dazu war Jojo nur zu gerne breit. Er mochte Nanuschka und konnte seinen Blick kaum von ihr wenden.

„Als erstes ziehe deinen Pelz aus", sagte Nanuschka sanft, aber bestimmt.

„Aber..." wollte Jojo einwenden. Doch dann merkte er, wie dumm sein Einwand war. Vor Nanuschkas Augen brauchte er sich bestimmt nicht zu schämen. Ihr konnte er sich ganz anvertrauen.

„Nun gib dich der Wärme der Sonne hin", sagte Nanuschka, als er den Pelz ausgezogen hatte.

Es war lange her, seit Jojo sich zum letzten Mal zu einer Dunstwolke ausgedehnt hatte. Fast hatte er Angst davor, das Bewußtsein zu verlieren. Dann aber sah er, wie auch Nanuschka sich auflöste, und tat es ihr gleich. Eine unbeschreibliche Seligkeit umfing ihn. Er fühlte sich auf wunderbare Weise mit Nanuschka vereinigt und in die Sonnenwärme eingebettet. Ganz leicht und frei war ihm zumute, als er an Nanuschkas Seite höher und höher emporstieg, der Sonne entgegen.

Wie lange sie so dahinschwebten, war schwer zu sagen. Raum und Zeit schienen nicht mehr zu existieren. Erst als es plötzlich kälter wurde, nahm er eine seltsame Veränderung an sich wahr. Er schrumpfte wieder zusammen, aber nicht zu einer Kugel, sondern zu einem wunderbaren sternförmigen Schneekristall. Es schien ihm eine Ewigkeit her zu sein, daß er schon einmal in einem solchen Gewand zur Erde geschwebt war. Damals war er ganz weiß gewesen, jetzt kam es ihm eher so vor, als ob die Sonnenstrahlen alle erdenklichen Farben aus ihm herauszauberten. Neben ihm schwebte eine ebensolche Schneeflocke, die noch schöner war als er, und die ihm auf irgendeine Weise vertraut war. Sie schillerte in allen Farben des Regenbogens und erinnerte ihn an ein Ereignis, das sich in seiner fernen Vergangenheit zugetragen haben mochte und das jetzt in überraschender Deutlichkeit aus den Tiefen seines Gedächtnisses auftauchte. Damals war alles ganz schnell gegangen, so schnell, daß er kaum wußte, wie ihm geschah. Soeben hatte die Wolkenfrau das Zeichen zum

Loslassen gegeben. Er spürte im Herabfallen, wie die Strahlen der Sonne die eintönig graue Regenwand trafen. In Sekundenschnelle hatte er ein Wechselbad der schönsten Farben genossen und dann noch von unten einen Blick auf die siebenfarbige Brücke erhaschen können. Wie viele seiner Geschwister waren an diesem Wunderwerk beteiligt gewesen!

Und nun waren alle diese Farben an einem einzigen Schneekristall zu sehen, wenn auch nur ganz zart.

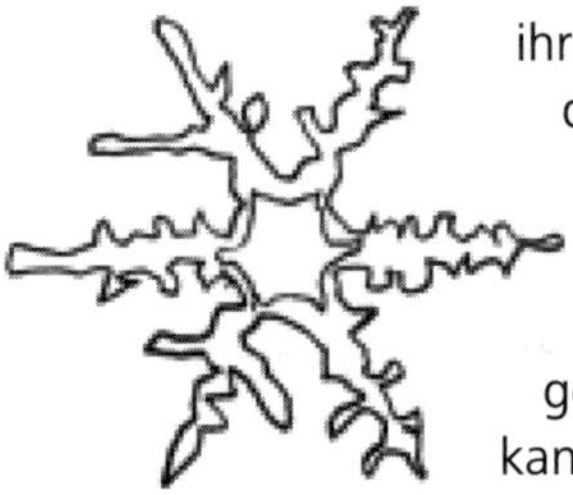

Sie näherten sich der Erde. Wie durch ein Wunder behielten sie ihre Gestalt, obwohl es dort viel wärmer war als oben über den Wolken.

Johannes und Marianne wußten nichts mehr davon, daß sie einmal Jojo und Nanuschka gewesen waren, als sie jetzt als zarte Schneekristalle die Erde betraten. Die Gegend, in der sie sich niederließen, kam Johannes zwar bekannt vor, aber es wollte ihm nicht einfallen, wann er schon einmal hier gewesen sein sollte. Es wimmelte hier von unzähligen kugeligen Gestalten, die in dicke Pelze gehüllt waren und einander mißtrauisch aus dem Weg gingen oder zuweilen auch wütend aufeinander einschlugen.

Etliche dieser Gestalten weckten in Johannes den Eindruck, als müsse er sie kennen. Er forschte in seinem Gedächtnis nach irgendeinem Anhaltspunkt und schaute fragend zu Marianne hinüber. Ob sie etwas darüber wußte?

„Jaja", sagte sie seufzend, als ob sie seine Gedanken erraten hätte. Um ihm auf die Sprünge zu helfen, fügte sie beiläufig hinzu: „Soso."

„Jaja und Soso!" entfuhr es Johannes. Nach und nach kamen all die anderen Namen in sein Gedächtnis.

In der Zwischenzeit waren sie von den Pelzröcken bemerkt worden. Als er die Namen Jaja und Soso ausgerufen hatte, kamen sie neugierig heran.

„Woher kennst du uns?" fragte Jaja erstaunt.

„Kennt ihr mich denn nicht mehr?" entgegnete Johannes bestürzt. „Ich habe doch lange hier mit euch gelebt!"

Die Pelzröcke schüttelten ungläubig die Köpfe. Die meisten wendeten sich sofort ab und beschimpften ihn empört als Lügner.

Nur wenige waren stehengeblieben und musterten ihn forschend. „Er hat eine Ähnlichkeit mit Jojo“, tuschelten sie. Um ihrer Sache sicher zu sein, fragten sie ihn geradeheraus, ob er Jojo sei.

„Ich heiße Johannes“, sagte er zögernd, „aber vielleicht habt ihr sogar recht, daß ich früher einmal Jojo genannt wurde.“

Diese wenig klare Aussage befriedigte die Pelzröcke nicht. Die meisten der Stehengebliebenen entfernten sich und murmelten: „Ein Verrückter.“

Nur eine Handvoll der Pelzröcke war bei ihm geblieben. Jaja und Soso waren darunter. Johannes erkannte auch Hihi, Lulu und Tralala.

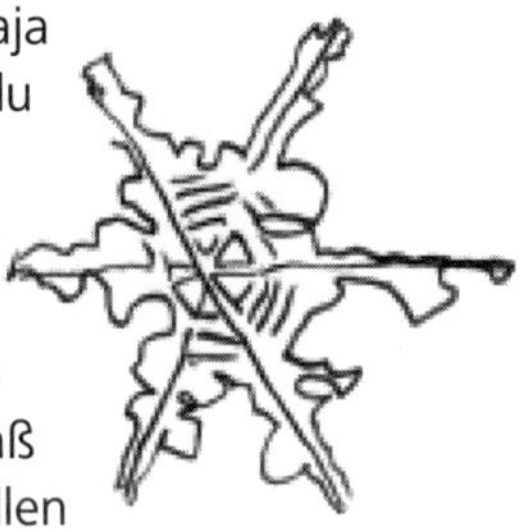

Lulu ergriff das Wort: „Sage uns, Johannes, wie du zu dieser wunderbaren Gestalt gekommen bist. Wir sind es leid, die beschwerlichen Pelzröcke zu tragen. Wir sehnen uns nach Leichtigkeit, Reinheit und Freiheit. Es scheint, daß du das Geheimnis kennst, wie sich unsere Sehnsucht erfüllen könnte.“

Bisher hatte Marianne schweigend daneben gestanden und aufmerksam dem Gespräch gefolgt. Nun ergriff sie das Wort und sagte: „Nichts leichter als das! Zieht einfach eure Pelzröcke aus und kommt mit uns.“

Die Freunde erschraken, daß das Unglaubliche so schnell erreichbar sein sollte. Der Gedanke, sich voreinander zu entblößen, war ihnen allerdings überaus unangenehm. Sie ersannen allerlei Ausflüchte, um einen Aufschub ihres Vorhabens zu erreichen. Man sei ja schließlich nicht ungeduldig und es gebe vorher noch viel zu erledigen, sagten sie.

Nur Lulu und Tralala wollten den Versuch wagen. Mit Mariannes Hilfe entledigten sie sich schnell ihrer Pelzröcke und lösten sich bald im warmen Sonnenlicht auf. Nicht lange danach sah man zwei wunderbar schillernde Kristallsterne zur Erde schweben.

Ludwig und Tamara sorgten für noch größeren Aufruhr unter den Pelzröcken, als es schon Johannes und Marianne getan hatten. Es entbrannte ein erbitterter Streit darüber, ob diese herrlichen Gestalten tatsächlich ihre früheren Genossen waren und ob eine solche Verwandlung überhaupt möglich sei.

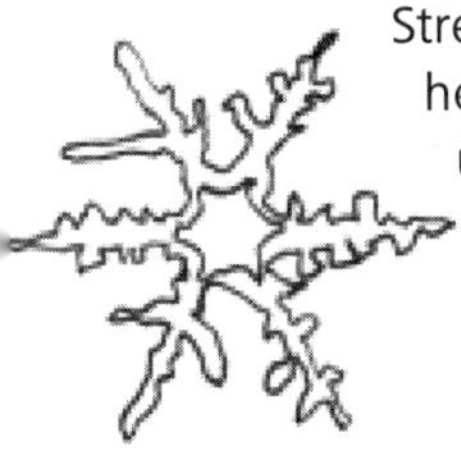

Marianne ermunterte alle Zweifler, es zu versuchen, und bot ihnen ihre Hilfe an. Es waren aber nur wenige, die sich auf ein solches Abenteuer einlassen wollten. Schließlich sagte Marianne: „Gebt acht, ihr Pelzröcke. Die Zeit ist nah, in der sich zeigen wird, ob der Kern mehr wert ist als die Schale. Wer sein Fell nicht abstreifen will, soll auch bald ganz mit ihm verwachsen."

Diese Aussicht gab einigen Pelzröcken so zu denken, daß sie es für das geringere Übel hielten, sich von dem Fell zu befreien.

„Ihr kommt spät. Euer Fell ist schon beinah an euch festgewachsen", sagte Marianne zu ihnen. „Es wird nicht leicht sein, euch davon zu befreien. Seid ihr bereit, einen langen beschwerlichen Weg auf euch zu nehmen, voller Gefahren und Prüfungen? Dann könnte ich euch helfen, zum Ziel zu gelangen."

Die Pelzröcke nickten stumm und demütig. Sie waren zu allem bereit, um ihren Kern zu retten.

Die anderen aber, die ihre Haut retten wollten, wurden zu abscheulichen Ratten, die wild übereinander herfielen und sich in Bosheit und Habgier die Augen auskratzten und das Fell zerrissen.

Als das die einstigen Pelzröcke sahen, die gerade begonnen hatten, sich mühsam aus ihren Pelzen herauszuwinden, dachten sie im Stillen bei sich: „Wie gut, daß wir rechtzeitig dieser Gefahr entronnen sind. Womöglich wären wir sonst auch zu wilden Ratten geworden." Sie schüttelten sich vor Abscheu. Nein, mit solchem Ungetier wollten sie nichts mehr zu tun haben. Sie konnten froh und stolz sein, den besseren Weg gewählt zu haben, und sich frei und leicht über die einstigen Gefährten zu erheben.

Johannes aber, der diese Gedanken erraten hatte, warnte: „Hütet euch vor solchem Hochmut." Er erinnerte sich gut daran, daß auch er sich einmal für besonders auserwählt gehalten hatte. Das war der Anfang von allem Elend gewesen.

Marianne wendete sich an die einstigen Pelzröcke: „Eure erste Aufgabe auf eurem Weg wird sein, die Ratten zu zähmen."

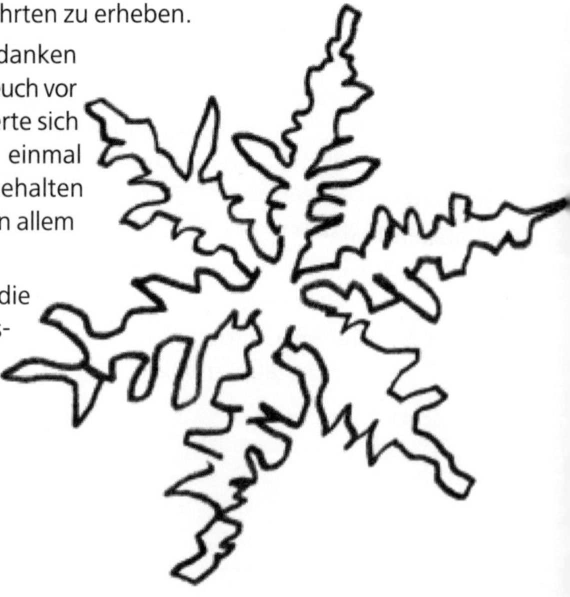

Da erschraken die einstigen Pelzröcke, denn so hatten sie sich ihren Weg in die Freiheit nicht vorgestellt.

In der Tat war diese Aufgabe nicht nur mühsam und beschwerlich, sondern auch mit Gefahren verbunden. Denn die Ratten sind ein Volk, das sich zu behaupten weiß und nicht viel Federlesens macht mit wehrlosen Leuten, die kein dickes Fell haben. Die braven Zähmer wurden gnadenlos verfolgt, gebissen und am Ende gar verspeist.

Das aber sollte den gefräßigen Ratten schlecht bekommen. Der vermeintliche Leckerbissen blieb ihnen nämlich derart im Halse stecken, daß sie daran zu ersticken drohten. Hustend und prustend rangen sie nach Luft und würgten mit letzter Kraft die unverdaulichen Brüder wieder heraus. Oder vielmehr das, was von ihnen übrig geblieben war.

Denn von den einstigen Pelzröcken war keine Spur mehr zu sehen. Statt dessen entschwebten den aufgesperrten Rachen der halbtoten Ratten eine Schar wunderbar leuchtender Kristallsterne. Sie zogen lange Leinen hinter sich her, die aus den Resten alter Pelze zu bestehen schienen und an denen sie die Ratten wie zahme Hündchen spazieren führten.

„Wunderbar habt ihr das gemacht!" rief Marianne freudig aus, als sie die zarten Lichtgestalten mit den zahmen Ratten daherkommen sah. Einige dieser ungleichen Paare waren schon so eng miteinander verbunden wie Roß und Reiter und manche sogar wie ein Liebespaar.

Sie hatten sich in kurzer Zeit so aneinander gewöhnt, daß ein großes Wehgeschrei anhob, als Marianne sagte: „Eure nächste Aufgabe wird es sein, die Leinen zu zerreißen und euch wieder zu trennen. Sonst ist alles vergeblich."

Da half kein Jammern und Klagen. Die Paare begannen gehorsam, die liebgewonnenen Bande zu zerreißen und zu zerbeißen. Mit der Leine fiel auch das Fell von den Ratten ab. Was darunter zum Vorschein kam, waren die schönsten Lichtgestalten, die man sich nur vorstellen konnte.

In allen erdenklichen Farben schimmerten sie, die einstigen Tropfen. Zusammen bildeten sie ein riesiges flutendes Farben- und Lichtmeer, das sich jetzt unter Mariannes Führung hinauf zur Wolkenfrau bewegte.

„Wie habt ihr euch verändert, meine Kinder", sagte die Wolkenfrau gerührt und nicht ohne Stolz. „Ihr seid auf eurem Weg nicht nur schöner, sondern auch mächtiger als ich geworden. Hat euch euer Ungehorsam in Einsamkeit und Leid gestürzt, so sollt ihr jetzt um so größere Freude erleben. Schaut euch an!"

Das war eine Freude, die Brüder und Schwestern in solchem Glanz zu sehen und gemeinsam einen leuchtenden Farbenteppich zu weben!

Von der Imagination zur Karmaerkenntnis

Eine Einführung

Reinkarnation und Karma

Karma ist das geistige Gesetz von Wiederverkörperung und Schicksal. Dieses Gesetz ermöglicht menschliches Wachstum und erklärt den Sinn vieler menschlicher Erfahrungen, die ohne das Verständnis dieses Gesetzes als ungerecht empfunden werden könnten. Es bietet eine Erklärung für die Verwicklungen und Erfahrungen des menschlichen Daseins. Das Karmagesetz vermittelt das sichere Wissen, daß unser Schicksal nicht vom Zufall abhängt, sondern unsere eigene Schöpfung ist, bewußt oder unbewußt. Einmal geschaffene Ursachen zeigen irgendwann ihre Wirkung. Das kosmische Gesetz ist so unbestechlich wie die Naturgesetze, denen wir ebenfalls unterworfen sind, unabhängig davon, ob wir sie durchschauen oder nicht.

Wir ernten, was wir gesät haben. Täglich sind wir mit den Folgen früherer Entscheidungen, Gedanken, Gefühle und Taten konfrontiert, auch wenn wir uns dessen nicht bewußt sind. Zunehmend haben Menschen heute das Bedürfnis, diese geistigen Gesetzmäßigkeiten zu durchschauen. Sie wollen einerseits Ereignisse, Begegnungen, zwanghafte Verhaltensmuster oder Situationen, die aus dem heutigen Leben unerklärlich scheinen, als Folge früherer Erdenleben begreifen und in einen sinnvollen Zusammenhang einordnen. Andererseits wünschen sie sich, in Zukunft aus der Kenntnis dieser Gesetze heraus verantwortungsbewußter zu handeln. Ohne solche Einsichten und die damit verbundene Korrektur früherer Fehlentscheidungen bleiben wir wie zwanghaft an alte karmische Muster gefesselt, suchen unbewußt ähnliche Situationen immer wieder auf und fühlen uns dem Geschehen ausgeliefert, als Spielball des Schicksals statt als selbstbewußter Schöpfer unserer Lebensumstände. Eine Erkenntnis karmischer Gesetzmäßigkeiten kann zur Befreiung aus belastenden Verstrickungen, ausweglos empfundenen Situationen und zum Verständnis sowie zur Heilung leidvoller Erfahrungen führen.

Reinkarnationsvorstellungen früherer Kulturen

Vorstellungen von Reinkarnation und Karma entdeckt man in fast allen früheren Kulturen und Religionen. Nicht nur in der altägyptischen und fernöstlichen Tradition findet sich der Glaube an Seelenwanderung und Wiedergeburt, auch in der altgriechischen Kultur sowie im Judentum und im frühen Christentum ging man vom Reinkarnationsgedanken aus. Pythagoras wurde sogar zugeschrieben, daß er sich an alle seine früheren Lebensläufe erinnert habe, einschließlich solcher in Tier- und Pflanzenkörpern, was seine Zeitgenossen allerdings für unmöglich hielten.

Im Hinduismus geht man aus von Atman, der unsterblichen Seele, die im Vollzug ihrer karmischen Bestimmung eine Reihe verschiedener Körper annimmt und sich dabei immer mehr vervollkommnet. Im Buddhismus hält man dagegen die Seele selbst für eine kurzlebige Illusion und verweist statt dessen auf die ewige Qualität des Bewußtseins als das immerwährende Kontinuum, das sich in verschiedenen Formen manifestiert. Das Ziel der buddhistischen Lehre ist die Befreiung vom Rad der Wiedergeburten und damit vom leidvollen irdischen Dasein, die Auflösung der Persönlichkeit durch Weltentsagung.

Im orthodoxen Judentum war es grundlegender Glaube, daß jedes Neugeborene die Seele eines Ahnen verkörpert. Ähnliche Vorstellungen herrschen in vielen Naturreligionen. Auch innerhalb des frühen Christentums gab es Strömungen, die den Glauben an die Wiedergeburt vertraten. So war der Kirchenvater Origines (185 -254 n. Chr.) davon überzeugt, daß die Seelen, motiviert durch Siege oder Niederlagen früherer Leben, zur Welt kommen. Erst rund dreihundert Jahre nach seinem Tod wurde seine Lehre auf dem zweiten Konzil von Konstantinopel für heidnisch erklärt und verboten.

Der oströmische Kaiser Justinian ließ durch seine Bischöfe erklären: „Jeder, der die mythische Lehre von der Präexistenz der Seele und die daraus folgende wunderliche Ansicht von ihrer Wiederkehr unterstützt, sei mit dem Kirchenbann belegt." Damit vertrat Justinian die Auffassung, daß das Versprechen eines Himmelreichs auf Erden wörtlich zu verstehen sei und die Auferstehung von den Toten die Wiedererweckung der physischen Körper bedeute. Dadurch entfernte sich die christliche Lehre zunehmend vom spirituellen Denken und bewegte sich hin auf ein materialistisches Nützlichkeitsprinzip mit entsprechenden Machtstrukturen. Es wird dabei ignoriert, daß in der biblischen Auferstehungsgeschichte von einem Gewand aus Licht die Rede ist und nicht von einer Wiederbelebung des Leichnams, die nur den guten (rechtgläubigen) Menschen vorbehalten ist, während die sündigen Menschen auf ewig verdammt sind.

Östliche Religionen führen die Umstände, in die ein Mensch hineingeboren wird, auf dessen Karma zurück, das er im Verlauf von vielen vorangegangenen Leben erworben hat. Die westlichen Glaubensrichtungen sind dagegen durch die Vorstellung geprägt sind, daß das Schicksal dem Willen eines allmächtigen und allwissenden Gottes unterliege. Das führt in letzter Konsequenz dazu, Gott für das Schicksal verantwortlich zu machen, statt selber die Verantwortung für sein Leben zu übernehmen, und für die Nutzung der Möglichkeit, dieses Leben zu transzendieren. Die Aussicht auf Vergebung der Sünden durch das katholische Sakrament der Buße und insbesondere die Absolution begünstigen die Tendenz zur moralischen Unverbindlichkeit, andererseits aber auch die Abhängigkeit von der Willkürherrschaft der Kirche.

Bedeutung des Karmagedankens für die heutige Zeit

Die Einseitigkeit einer materialistischen Weltsicht, durch die unsere heutige Kultur nachhaltig geprägt ist, war für eine gewisse Zeit eine Entwicklungsnotwendigkeit, ein Durchgang durch einen Nullpunkt absoluter Gottesferne und ein Zurückgeworfensein auf das eigene Denken, das dadurch einen besonderen Stellenwert erlangte. Die Ausbildung der abendländischen Philosophie und der Naturwissenschaften wurde durch diese einseitige Hinwendung zur Materie möglich. Nachdem die Talsohle des sogenannten Kali Yuga, des finsteren Zeitalters, durchschritten war, wurde eine neue Orientierung zum Spirituellen hin möglich und nötig.

Mit der Begründung der theosophischen Gesellschaft (1875) durch Helena P. Blavatsky wurden östliche Weltanschauungen, vor allem hinduistisches Gedankengut, auch im Westen bekannt. Zunächst spielte die Reinkarnationslehre eine untergeordnete Rolle. Sie gewann aber durch die Vorträge und Schriften Rudolf Steiners immer mehr an Bedeutung im Zusammenhang mit der anthroposophischen Darstellung der gesamten Menschheitsentwicklung durch verschiedene Bewußtseinsstufen und der damit verbundenen Ausbildung der verschiedenen Wesensglieder des Menschen. Jede einzelne Menschenseele hat an jeder dieser Entwicklungsstufen teil. Als Ziel wird die Vervollkommnung der Individualseele angesehen. Die Aufgabe des Menschen ist es dabei, durch Arbeit an sich selbst seinen natürlichen Körper in einen höher entwickelten geistigen Körper zu verwandeln. Diese Auffassung deckt sich mit der urchristlichen Vorstellung eines Auferstehungsleibes aus Licht.

Vereinfacht ausgedrückt, stellt der gesamte Entwicklungsfortgang der Menschheit ein immer stärkeres Ausformen und Bewußtwerden der einzelnen Individualitäten dar. Die ursprüngliche Einheit allen Daseins, das Verbundenheitsgefühl mit der Natur und den anderen Menschen, ging immer mehr verloren zugunsten der Ausbildung der selbstbewußten Persönlichkeit. Dieser Vorgang wurde als schmerzhaftes Trennungserlebnis vom gemeinsamen göttlichen Ursprung erlebt. Auf der anderen Seite wäre ohne diese Trennung keine Entwicklung zu Freiheit, Erkenntnis und selbstbewußter Schöpferkraft möglich. In der weiteren Zukunft soll eine neue Einheit auf einer anderen Bewußtseinsebene erreicht werden.

Der ägyptische Mythos vom zerstückelten und wieder zum Leben erweckten Osiris bringt das urbildlich zum Ausdruck. In der griechischen Mythologie ist es der Gott Dionysos, der von den Titanen in Stücke gerissen wurde. Sie kochten seine Glieder in Wasser und begruben sein Herz, das von Minerva wieder in den Himmel gehoben wurde, wo es eine strahlende Sonne wurde. Aus dem Rauch der zerstreuten Glieder – so erzählt die Sage – seien die Menschenseelen entstanden, die von der Erde immer mehr herabgezogen und zerrissen werden, wobei sie sich in Liebe und Schmerz, Verbrechen und Haß suchen und sich doch immer mehr voneinander trennen. Im Dionysoskult wurzelt der Ursprung der Tragödie, überhaupt der darstellenden Künste. Tanz, Musik, Theater, Dichtkunst und auch der Wein waren Mittel, um die Grenzen unter den Menschen ertragen und überwinden zu lernen.

Gegenwärtig erreicht die Bewußtwerdung dieses Individualisierungsprozesses neue Dimensionen. Schmerzhafte Trennungserlebnisse, Einsamkeit, Unverstandensein, Heimatlosigkeit, Entwurzelung oder allgemeine Orientierungslosigkeit können Stufen auf diesem Weg sein. Vor diesem Hintergrund kann es bei einer ernsthaften Karmaforschung gar nicht um die Frage gehen: „Welche bedeutende Persönlichkeit der Geschichte war ich wohl in meinem letzten Leben?" sondern eher um die Fragestellung: „Wie viel gibt es von mir überhaupt schon?

An welchen Erfahrungen der Vergangenheit, der Menschheitsentwicklung hatte meine Seele Anteil, welche der früheren Erlebnisse prägen mich heute?"

Die Entwicklung, die eine Menschenseele durch ihre vielen Inkarnationen macht, ist vergleichbar der Entwicklung vom Säugling zum Erwachsenen. Zunächst überwiegen die Prägungen durch Umwelteinflüsse, Vererbung, soziale Position, Zeiterscheinungen und so weiter. Erst mit der Übernahme von Verantwortung für das eigene Leben zeigt sich Individualität und schöpferische Schicksalsgestaltung.

Übertragen auf die gesamtmenschheitliche Entwicklung stehen wir heute an dem Punkt, diese Verantwortung übernehmen zu müssen. Gleichzeitig gilt es, frühere Prägungen zu erkennen, unbewußte Einflüsse ins Bewußtsein zu heben und auf den Prüfstand zu stellen und die Folgen früherer Fehlentscheidungen zu korrigieren.

Kindern wird man ihre Fehler und Dummheiten nicht verübeln, sondern von einem notwendigen Lern- und Erfahrungsprozeß sprechen. Von Erwachsenen dagegen erwartet man die erforderliche Einsicht, ihre Handlungen so einzurichten, daß sie die Folgen überschauen und sie nicht zum Schaden, sondern zum Nutzen der eigenen Lebensumstände und der Allgemeinheit beitragen. Erst mit dem heutigen Zeitalter wird die Möglichkeit des karmischen Versagens, des folgenschweren Irrtums, wirklich relevant. Es wird immer wichtiger, die geistigen Gesetze zu kennen und zu berücksichtigen, für sein eigenes Schicksal Verantwortung zu übernehmen und im Einklang mit seinem höheren Bewußtsein zu handeln.

Befreiung und Heilung durch Erkenntnis
Erinnerung an vergangene Erdenleben

Unserem gewöhnlichen Alltagsbewußtsein sind Erinnerungen an frühere Erdenleben genauso wenig zugänglich wie Erinnerungen an die früheste Kindheit. Trotzdem glauben wir den Erzählungen unserer Eltern, daß wir schon als Säugling existent waren und in unserer Umgebung einiges an Wirkung anrichteten. Umgekehrt richtete diese Umgebung ebenfalls einiges an Wirkungen an, die tief in unserem Unterbewußtsein verankert sind und unser späteres Verhalten prägen können. Aus dieser Erkenntnis hat sich die Psychoanalyse entwickelt, mit deren Hilfe man versucht, frühkindliche Prägungen und Traumatisierungen bewußt zu machen und dadurch zu verarbeiten.

In den Dreißiger Jahren des vorigen Jahrhunderts wurde in hypnotischen Rückführungen erstmals die Erfahrung gemacht, daß die Erinnerungen von Klienten sich nicht nur in die Embryonalzeit und den Zeitpunkt vor der Konzeption zurückführen ließen, sondern Bilder und Handlungsabläufe früherer Lebenssituationen ins Bewußtsein traten. Für viele Psychologen war das völlig überraschend, zumal diese Erlebnisse erstaunliche Heilerfolge mit sich brachten. Für diese Heilerfolge ist es überhaupt nicht relevant, ob der Therapeut selber oder der Patient an die Möglichkeit wiederholter Erdenleben glaubt. Es reicht, die symbolische Botschaft dieser Bilder zu verstehen und bewußt zu verarbeiten.

In verschiedenen spirituellen Strömungen, zum Beispiel Theosophie oder Anthroposophie, wurde bereits vor dieser Entdeckung der Psychologen auf die Möglichkeit und Notwendigkeit der Rückerinnerung an frühere Leben gesprochen. Rudolf Steiner wies schon am Anfang des zwanzigsten Jahrhunderts darauf hin, daß spontane Rückerinnerungserlebnisse ab etwa 1930 und zukünftig bei immer mehr Menschen als natürliche Fähigkeit auftreten würden. Es sei aber ebenso wichtig, die geistigen Gesetze zu studieren und diese Fähigkeiten gezielt zu üben, um diese Erlebnisse dann richtig einzuordnen und zu bewältigen.

Dabei geht es nicht nur um Bewußtwerdung und Heilung des einzelnen Menschen, sondern um eine aus diesen Erkenntnissen resultierende Neugestaltung sozialer Strukturen und Umgangsformen, die durch die fortschreitende Individualisierung und den Verfall herkömmlicher Werte gefordert sind. Schwierigkeiten im sozialen Bereich haben ihren Ursprung fast immer in ungelöstem altem Karma.

In den Jahren 1907 bis 1910 verfaßte Rudolf Steiner seine vier Mysteriendramen, die in München uraufgeführt wurden. In diesen Dramen wird beispielhaft dargestellt, wie eine spirituell orientierte Menschengemeinschaft anhand aktuell auftretender Problematiken zu karmischen Rückschauerlebnissen und daraus folgenden erhellenden Erkenntnissen und Lösungen kommt. Aus vielen Hinweisen in Steiners umfangreichem Werk geht hervor, daß er durch die Mysteriendramen eine Art Idealbild für eine zukünftige Gemeinschaftsbildung darstellen wollte. Ohne konkrete Karmaerkenntnis würde in Zukunft das soziale Chaos drohen und schließlich ein Krieg aller gegen alle die Folge sein.

In seinen Schriften und Vorträgen finden sich zahlreiche Hinweise auf karmische Gesetzmäßigkeiten und konkrete Übungen, die die Erinnerungsfähigkeit an vergangene Erdenleben hervorrufen können. Eine solche Übung wird in dem Vortragszyklus „Esoterische Betrachtungen karmischer Zusammenhänge", Band 2 (Steiner Gesamtausgabe GA 236), beschrieben: Man geht von einem vergangenen eindrücklichen Erlebnis aus und ruft sich dieses Ereignis möglichst bildhaft in allen Einzelheiten in Erinnerung einschließlich der damals aufgetretenen Gefühle, Empfindungen und Willensimpulse. Diese Übung wird vor dem Einschlafen durchgeführt und dann sozusagen „überschlafen". Am nächsten Morgen beobachtet man beim Aufwachen auftretende Stimmungen, Gedanken oder Bilder. Diese Übung wird an drei aufeinander folgenden Tagen wiederholt und alle eintretenden Veränderungen werden beobachtet. Das Erlebnis wird sich immer weiter verdichten, in seiner Essenz erfahrbar und gegebenenfalls auf seinen Ursprung in Ereignissen früherer Leben durch das Auftreten entsprechender Bilder oder intuitiver Gedanken hindeuten.

Viele Menschen haben heute solche Eindrücke oder Ahnungen früherer Geschehnisse auch unmittelbar nach einem extremen Erlebnis, nach einer bewegenden Begegnung mit einem anderen Menschen, einem Ort, einer Situation. Oft sind solche Erlebnisse nur flüchtig, werden kaum richtig wahrgenommen geschweige denn ernst genommen. Um zusammenhängende Abläufe und komplexere Zusammenhänge aus früheren Leben wahrnehmen zu können, braucht es sehr viel Übung und Erfahrung. Aus diesem Grund kann es zunächst hilfreich sein, unter Anleitung diese Fähigkeiten zu üben, um nicht nur diese Erinnerungen hervorzurufen, sondern auch erkannte Verstrickungen zu lösen und Belastungen verwandeln zu lernen.

Wahrnehmungsübungen im Alltag

In den letzten Jahrzehnten sind viele Wege entwickelt worden, auch ohne Hypnose in einer Art „meditativem Gespräch" den Zugang zu den im Unterbewußtsein gespeicherten Erinnerungen zu finden. Das Gedächtnis hat seine eigene Dynamik, die es zu beachten gilt. Jeder, der schon einmal verzweifelt in seinem Gedächtnis nach einem Namen oder einer Telefonnummer geforscht hat, kennt das Phänomen, daß die sehnlich herbeigewünschte Erinnerung sich erst einstellt, wenn man das vergebliche Suchen danach resigniert eingestellt hat. Plötzlich kommt der richtige Einfall! In einem solchen meditativen Gespräch ist es die Aufgabe des Fragenden, unter Berücksichtigung dieser Dynamik Konzentration, Loslassen, Warten und Festhalten der Bilder zu üben.

Man kann aber auch schon viel tun, um sich im täglichen Leben eine vertiefte Beobachtungs- und Wahrnehmungsfähigkeit anzueignen, durch die man zumindest anfänglich Aufschluß über karmische Grundtendenzen erhalten kann. Theoretische Spekulationen führen nicht weiter. Vielmehr geht es darum, eine Gefühls- und Willenserinnerung zu entwickeln, indem man die eigenen Gefühle, Empfindungen, Reaktionen und Verhaltensmuster beobachtet und registriert, ohne sie gleich zu bewerten. Auch Unmut über andere Menschen sollte man nicht gleich äußern, sondern die eigenen Reaktionen beobachten und nachwirken lassen.

Der berühmte Splitter im Auge unseres Mitmenschen sollte uns bestenfalls auf den eigenen Balken aufmerksam machen, der ein karmischer Wegweiser allerersten Ranges ist. Gerade dadurch, daß wir uns an „befremdlichen Sichtweisen" oder nicht nachvollziehbaren Reaktionen anderer Menschen stoßen, können uns unsere eigenen Besonderheiten zu Bewußtsein kommen.

Der erste Schritt, um Antwort bezüglich eines Lebensrätsels zu erhalten, ist, eine möglichst präzise Frage zu stellen in Gedanken, Worten, in einer Meditation oder indem man sie aufschreibt. Man kann sich dabei innerlich an seinen Schutzengel wenden oder – wem diese Vorstellung nicht zusagt – an eine andere überpersönliche Instanz, zum Beispiel das eigene höhere Selbst, das göttliche Bewußtsein oder einen spirituellen Meister, dem man diese Frage übergibt. Dann gilt es wiederum, genau zu beobachten, in welcher Weise eine Antwort übermittelt wird. Ist es eine plötzlich aufblitzende Erkenntnis, ein inneres Bild, ein Traum, ein scheinbar zufällig hingesagter Gedanke eines anderen Menschen, ein Buch oder ein Prospekt, der einem in die Hände „fällt"?

Auf jede ernsthaft gestellte Frage wird uns zur rechten Zeit die Antwort zuteil. Die geistige Welt antwortet immer. Übersinnliche Botschaften sind allerdings so subtil, daß die direkte Wahrnehmung nicht immer auf Anhieb gelingt. Das größte Hindernis ist der Zweifel an den eigenen Fähigkeiten, das Nicht-ernstnehmen anfänglicher Wahrnehmungen, zu festgelegte Vorstellungen, wie diese Botschaften auszusehen haben, und ein Mangel an Vertrauen und Geduld.

Die genannte Beobachtung im Alltag wird aber erst sinnvoll und fruchtbar sein, wenn ergänzend dazu zumindest die theoretische Einsicht in karmische Gesetzmäßigkeiten kommt, wie man sie durch das Studium entsprechender Literatur erlangen kann. Viele selbstbezogene Sichtweisen relativieren sich, wenn man anerkennt, daß jede Seele alle nur möglichen Erfahrungen des Erdendaseins durchlebt, sei es die abwechselnde Inkarnation in einem männlichen oder weiblichen Körper, in verschiedenen Rassen, Kulturen, Religionen und so weiter. Durch das Erleben unterschiedlicher Positionen, als Opfer oder Täter, in Armut oder Reichtum, Macht oder Ohnmacht wird allmählich das individuelle Gewissen gebildet. Jedes Verachten anderer Lebensformen könnte schlagartig aufhören, wenn alle Menschen realisieren würden, daß jeder das erntet, was er gesät hat.

Es geht aber nicht nur um Erkenntnis der Vergangenheit, sondern um daraus resultierende Veränderungen, um eine neue moralische Verantwortlichkeit, ein Bewußtsein davon, daß wir nicht nur durch Taten und Unterlassungen, sondern auch durch Worte, Gedanken und Gefühle permanent Karma erzeugen. Eine der wichtigsten Übungen im Alltag ist daher die Kontrolle der Gedanken und Gefühle. Das wurde von allen Okkultisten aller Zeiten gelehrt, insbesondere in Kombination mit der beständigen inneren Ausrichtung auf die göttliche Weisheit und den eigenen göttlichen Wesenskern, das „ICH BIN" im eigenen Inneren.

Gedanken der Unzufriedenheit, des Neides, des Hasses, der Verurteilung, Kritik oder der Verachtung sind zu vermeiden. Achtung und Ehrfurcht allem Dasein gegenüber machen offen für geistige Wahrnehmungen. Eine Beobachtung der eigenen Befindlichkeit wird unmittelbar den schädlichen Einfluß negativer Gedanken und Gefühle erfahrbar machen. Eine nicht ganz einfache, aber sehr effektive Übung ist es, alle Gedanken und Gefühle, die sich auf Vergangenheit oder Zukunft beziehen, auszuschalten und sich vollkommen der Geistes-Gegenwart bewußt zu sein.

Unerläßlich für eine ernsthafte Karmaforschung ist ein ehrlicher Umgang mit sich selbst und seiner Umwelt. Das bedeutet auch, jegliche Schuldzuweisungen an eine andere Instanz außerhalb unserer selbst fallen zu lassen und jede Situation, in die wir geraten, als Spiegel unserer unbewußten Anteile bzw. als gewollte Entwicklungsmöglichkeit unseres höheren Selbst betrachten zu lernen. Unsere Kritik an anderen kann eine Projektion eigener Fehler und Schwächen sein oder aber ein Hinweis auf zu entwickelnde Fähigkeiten, die der andere vielleicht in übertriebenem Maße hat, während wir in diesem Bereich gehemmt oder unterentwickelt sind.

Der Umgang mit inneren Bildern als Übungsweg

1 Wahrnehmung des Engels

Die aufmerksame Selbstbeobachtung im Alltag wird im allgemeinen genügend konkrete Fragen aufwerfen, anhand derer eine gezielte Karmaforschung vorgenommen werden kann. Für die meisten Menschen hat sich eine imaginative Vorgehensweise bewährt. Imaginationen sind aktiv erzeugte Vorstellungsbilder, die symbol- oder urbildhaft Aufschluß über innere seelische Realitäten geben können. Auch Handlungsabläufe früherer Leben können auf diese Weise als innere Bilder geschaut werden. Alle im Folgenden vorgeschlagenen Übungen können in einem so genannten meditativen Gespräch als Einstiegsgrundlage dienen. Sie lassen sich im Prinzip aber auch von einer Person alleine durchführen, die sich in diesem Fall die Fragen selbst stellt. Dazu ist allerdings viel Übung und Erfahrung notwendig, so daß sich für den Anfang nach Möglichkeit die Arbeit zu zweit empfiehlt.

Die ersten Hürden können schon dadurch auftreten, daß falsche Erwartungen bestehen, wie diese Bilder auszusehen haben. Zweifel, Unsicherheit und die Angst, etwas falsch zu machen, erweisen sich oft als Blockaden. Die Tatsache, daß zunächst die aktive Vorstellungskraft eingesetzt werden muß und die Bilder anfangs eher blaß und flüchtig erscheinen, kann verwirrend wirken. Im Laufe der Übung wird aber deutlich, daß die scheinbar willkürlich erzeugten Vorstellungen ihre eigene Dynamik entwickeln und durch ihren Symbolgehalt eine deutliche Sprache sprechen.

Bei konkreten Fragestellungen können urbildhafte Symbole selbst gewählt werden. Das ist dann wie eine Verabredung mit der geistigen Welt bzw. mit der eigenen Seele, die ja die empfangenen Informationen erst in ihre eigene Vorstellungswelt, Gefühle oder Worte übersetzen muß. Dieser „Übersetzungsvorgang" ist die eigene Aktivität, der selbst erzeugte Anteil, durch den die geistigen Botschaften erst entschlüsselt werden können. Je nach Veranlagung wird das bei einigen Menschen in Form von Imaginationen geschehen, bei anderen überwiegen inspirative oder intuitive Elemente, also innere Worte, Töne oder unmittelbare Gedankenwahrnehmung.

Es empfiehlt sich, die Übungen mit einer Licht- und Schutzmeditation einzuleiten und die Bitte um Hilfe und Führung durch den eigenen Schutzengel, das höhere Selbst oder eine andere, dem persönlichen Weltbild entsprechende geistige Instanz anzuschließen. Eine erste Übung kann es sein, den Kontakt zu diesem spirituellen Führer oder inneren Ratgeber bewußt herzustellen. Auch hierbei können zu festgelegte Vorstellungen Blockaden bewirken. Daher ist es hilfreich, sich beispielsweise den Engel hinter oder neben sich vorzustellen und zu versuchen, seine Ausstrahlung zu spüren. Wie ist seine Gesinnung meinem Vorhaben gegenüber? Spüre ich Wohlwollen, Ermutigung, freudige Unterstützung? Oder ernste Zurückhaltung, Warnung, Mahnung?

Wie kann die Kommunikation zustande kommen? Worum möchte ich den Engel bitten? Welche Frage habe ich an ihn? Und was möchte ich ihm gerne mitteilen? Es kann zunächst ganz einfach ein Dank ausgesprochen werden für den immerwährenden Schutz dieses unsichtbaren Führers, der den inneren und äußeren Weg des ihm anvertrauten Menschen selbstlos begleitet und schützt seit undenklichen Zeiten, auch wenn der Mensch das nicht im Bewußtsein hat. Als nächstes könnte man ihn bitten, sich bemerkbar zu machen:

„Bitte stütze mich, wenn ich mich nach hinten lehne, laß mich deine Kraft spüren, lege deine Flügel um mich, trage mich auf deinen Armen." Das schafft viel Vertrauen, Trost, Erleichterung und die Gewißheit, nicht allein zu sein.

Dann können sich weitere Fragen anschließen: „Wie ist dein Name? Wie kann ich den Kontakt zu dir stärken? Welche Übungen sind für mich sinnvoll? Worauf möchtest du mich hinweisen? Wie soll ich sein? Woran soll ich jetzt am dringendsten arbeiten?" Bei konkreten Fragen nach aktuellen Problemen kann man sich vom Engel an den Ort und in die Zeit führen oder tragen lassen, wo die Wurzel dieses Problems zu finden ist, und ihn um Hilfe bei der Klärung und Lösung desselben bitten. Die Engel wollen um Rat gefragt werden, und man sollte auch in Alltagsfragen keine übertriebene Ehrfurcht vor ihnen haben. Die Distanz sollte nicht größer sein als die einer Mutter zu ihrem Kind, das sie führt und schützt, bis es erwachsen ist. So wie es für Mutter und Kind zu großem Leid führen kann, wenn das Kind in trotziger Selbstüberschätzung blindlings in sein Unglück rennt, statt die Mutter um Rat zu fragen, ist es auch im Verhältnis des Menschen zu seinem Führungsengel.

Die Engel leiden an der Ignoranz und dem Eigensinn der ihnen anvertrauten Menschen. Trotzdem schützen sie alle Wege, auch die Irrwege, mit der sprichwörtlichen Engelsgeduld. Die Freiheit des Menschen ist ihnen unantastbar. Engel sind Boten, Vermittler und Beschützer. Es liegt am Menschen, sich ihnen zu öffnen und mit ihnen ins Gespräch zu treten. Das bedeutet auch für die Engel eine weitere Entwicklungsmöglichkeit, so wie auch eine Mutter neue Aufgaben ergreifen kann, wenn das Kind größer wird und fragen gelernt hat.

2 Ablösung – Trennung – Grenzziehung

Ein häufiges Thema karmischer Forschung ist die Beziehung zu anderen Menschen. Woher kennen wir uns? Welche gemeinsamen Aufgaben verbinden uns? Welche gegenseitigen Verpflichtungen, aber euch Belastungen und Verstrickungen verbinden uns und wollen gelöst werden? Was habe ich mit meinen Eltern, Geschwistern, dem Partner, den eigenen Kindern, Kollegen oder gar erklärten Feinden zu tun? Ist eine Beziehung zu eng oder zu distanziert? Wie soll der richtige Abstand sein, wo muß ich mich abgrenzen oder den anderen in seine Grenzen weisen? Wie schaffe ich sinnvolle Grenzziehungen im Geflecht zwischenmenschlicher Beziehungen? Wie erkenne ich, was wirklich zu mir gehört und was nicht?

Oft bestehen zu starke Verbindungen auf der energetischen oder emotionalen Ebene, gegenseitige Abhängigkeiten oder Pseudoverantwortlichkeiten, die den einzelnen Menschen unfrei machen, ihn in seiner Entwicklung hemmen und das Erkennen und Leben seiner eigenen Individualität blockieren.

Die Amerikanerin Phyllis Krystal hat in ihrem 1982 veröffentlichten Buch: „Die inneren Fesseln sprengen" in Anlehnung an Pubertätsrituale einiger Naturvölker eine einfache, aber effektive Übung vorgestellt, die sich auch in meiner Praxis sehr bewährt hat: Es wird zunächst ein Lichtkreis visualisiert, in dessen Mitte man sich selbst befindet. Dann ein gegenüberliegender Lichtkreis, in dem man sich die Person oder die Sache vorstellt, mit der man sich in einer unguten emotionalen oder energetischen Verbindung erlebt. Um diese beiden Kreise wird nun eine Lemniskate (Achtform) aus blauem Licht visualisiert, die einerseits eine Verbindung, andererseits eine Trennung beider Energieräume schafft. Die Kreise dürfen sich nicht überschneiden, die Kreuzung der Acht liegt dazwischen.

Dann wird die Frage an den Engel oder das höhere Bewußtsein gerichtet: „Wie sehen die Fesseln aus, die mich in unguter Weise mit dem Gegenüber verbinden? Sind es Bänder, Seile, Ketten oder Sogwirkungen? Wo sind sie an meinem Körper befestigt und wo beim Gegenüber?" Es können sich mehrere und ganz verschiedenartige Verbindungslinien zeigen, die es dann nacheinander zu lösen gilt.

Wiederum kann der Engel gefragt werden: „Mit welchen Werkzeugen können diese Fesseln durchgetrennt werden? Kannst du mir dabei helfen? Kann ich das alleine schaffen?" Manchmal können die Seile oder Ketten ganz einfach abgestreift werden, manchmal ist es schwere Arbeit oder es bleiben Wunden zurück, die dann anschließend noch geheilt werden müssen. Aber auch dafür gibt es Hilfe. Es kann auch wichtig sein, die Reste dieser abgestreiften oder durchgetrennten Fesseln endgültig zu vernichten, zum Beispiel in ein visualisiertes Feuer zu werfen oder zu vergraben. Man wird in all diesen Fällen eine ungeheure Erleichterung erleben, auch beim Gegenüber, die sich anschließend unmittelbar im Alltagsleben auswirken kann. Eine Beziehung kann dann freier werden, entspannter und unter Umständen auch liebevoller als vorher.

Es geht niemals darum, einen geliebten Menschen zu verlieren, sich von ihm zu trennen oder loszusagen, sondern lediglich darum, die Hindernisse und Verhakungen zwischen beiden zu beseitigen. Es kann auch vorkommen, daß man vor dem Durchtrennen der Fesseln einen Hinweis bekommt, daß zuerst der Ursprung dieser Verbindung in der Vergangenheit angeschaut werden sollte, weil darin eine weiterführende nutzbringende Erkenntnis liegt. In diesem Fall wird man an den karmischen Entstehungsort geführt und bekommt tieferliegende Zusammenhänge gezeigt.

Manipulationen, Macht- und Rollenspiele, Gewalt und Unterdrückung, Unterwürfigkeit oder Hingabe bis zur Selbstverleugnung spielen sich auf diesen unbewußten Ebenen ab, oft lange Zeit geduldet, weil man es gar nicht anders kennt und immer wieder solche Menschen anzieht, die zu den eigenen Schwachstellen genauso passen wie der Schlüssel zum Schloß.

Zum Prozeß der Individualisierung gehört es, sowohl die eigenen Grenzen als auch die anderer Menschen kennen und achten zu lernen. Das bedeutet einerseits, die Verantwortung für sich selbst nicht anderen Menschen aufzubürden, sondern für seine Entscheidungen und Lebensbedingungen selbst zu sorgen und gerade zu stehen, andererseits sich nicht unangemessen und ungefragt verantwortlich zu fühlen für die Belange unserer Mitmenschen. Durch falsches Mitleid, Helfersyndrom oder mangelndes Vertrauen in die Schicksalswege anderer Menschen wird ebenso Schwäche und Abhängigkeit erzeugt wie durch Bequemlichkeit und Angst vor eigener Verantwortung.

Die genannte Übung kann auch mit Gegenständen, schlechten Gewohnheiten, Süchten, Orten, kurzum mit allem, was man als fesselnd erlebt, durchgeführt werden. In diesem Fall sucht man zuerst nach einem Symbolbild für das, wovon man eine Befreiung anstrebt, und visualisiert dieses Symbol in den gegenüberliegenden Kreis. Gelegentlich kann es auch angebracht sein, die Lemniskate selbst durchzutrennen. Auch davor sollte man keine Angst haben, selbst wenn es sich um nahestehende Personen handelt. Auf einer höheren Ebene sind wir alle miteinander verbunden, keine wertvolle Beziehung geht verloren. Nur die niederen energetischen Verbindungen, die auf Manipulationen und Mißachtung der menschlichen Freiheit beruhen, können der Entwicklung des Individuums und der höchsten Form von Liebe im Wege stehen.

3 Der Doppelgänger

Ein zentrales Thema ist in vielen Fällen die Arbeit am eigenen Doppelgänger, der unsere Schattenseiten verkörpert, die uns in Form von unbeherrschten Reaktionen, verdrängten negativen Emotionen und falschen Bewertungen im Wege sind. Sie sind so tief in unserem Unterbewußtsein verankert, daß uns selbst die bewußte Einsicht in unsere Schwächen wenig weiter hilft. Wir reagieren immer wieder so, wie wir es eigentlich gar nicht wollen. Durch die Arbeit mit inneren Bildern werden uns diese unterbewußten Schichten zugänglich und können verwandelt werden.

Aspekte des Doppelgängers können in vielfältiger Form in Erscheinung treten. Manchmal tauchen unerwartet bedrohliche Gestalten auf, die vielleicht den weiteren Weg versperren und dadurch geradezu herausfordern, daß man sich mit ihnen auseinandersetzt. Ein Ausweichen wird man in diesen Fällen als wenig sinnvoll erleben, da gleichzeitig deutlich wird, daß der weitere Weg ohne diese Auseinandersetzung nicht gegangen werden kann.

Der karmische Doppelgänger ist ein Geschöpf unserer eigenen vergangenen Taten und Untaten. Wenn er auftaucht, kann man ihn bitten, daß er einen zu dem Ort und dem Zeitpunkt seiner Entstehung hinführt und die damaligen Ereignisse sichtbar werden läßt. Nicht immer ist jedoch ein Blick in die Vergangenheit angezeigt. Oft reicht schon die Erkenntnis, daß dieses Wesen einen Teil unserer selbst verkörpert, eine negative Eigenschaft, die wir nicht einfach eliminieren, sondern nur durch Liebe und Geduld annehmen und verwandeln können. Das Bedrohliche, was bei so einer unerbittlichen Konfrontation empfunden werden kann, weicht häufig einem von Mitleid getragenen Erlösungswillen, sobald man den Mut zu der notwendigen Auseinandersetzung aufbringt. Durch diese Erkenntnisarbeit und den damit einhergehenden Reinigungs- und Transformationsprozeß kann der Doppelgänger allmählich geläutert, gewandelt und erlöst werden.

In dem 1999 erschienenen Buch „ Karma-Erkenntnis – Warum?" von Heide Oehms findet man die verschiedenen Arten von Widersachergestalten eingehend beschrieben. Die dort vorgeschlagene Übung hat sich vielfach bewährt:

Der Weg zu einer Begegnung mit dem Doppelgänger führt meistens in die Tiefe, in die Kellerräume eines Gebäudes, eine Treppe hinunter, an deren Ende vielleicht eine Tür, ein Raum oder ein dunkler Gang zu finden ist. Man kann den Engel um Begleitung, Licht und Schutz bitten, bevor man sich auf diesen Weg begibt. Mitunter kann schon beim Öffnen einer Tür oder beim Betreten eines Ganges eine furchterregende Gestalt erscheinen. Es können aber auch zunächst nur Gegenstände, Symbole oder einfach leere Räume sich zeigen. Man stellt sich die Frage: Ist noch jemand außer mir hier anwesend? Welche Wesen verstecken sich hier?

Manchmal ist es nur eine unangenehme Empfindung, die die Präsenz eines oder mehrerer Wesen ahnen läßt. Man bittet sie, sich zu zeigen, sich zu offenbaren, denn das müssen sie tun, wenn sie dazu aufgefordert werden. Es können Tiergestalten auftauchen, gespenstisch vermummte Wesen, flatternde Luftgeister oder auch menschlich wirkende Gestalten mit verzerrten Gesichtszügen.

Wie spricht man eine solche Figur an? Zunächst vielleicht so: Wer bist du? Was tust du hier? Seit wann bist du hier? Was hast du mit mir zu tun? Was ist deine Aufgabe, deine Botschaft? Nicht immer wird man gleich eine Antwort bekommen. Diese Wesen können sehr verstockt sein und wehren sich vehement gegen jede Entlarvung und daraus folgende Änderung. Es kann aber auch eine deutliche Antwort erfolgen wie: Ich möchte dich zerstören, dich am Weiterkommen hindern, dich gefangen halten, dir Kräfte rauben, dich verwirren.

Die Aufforderung, das bleiben zu lassen oder zu weichen, wird das Schattenwesen bestenfalls zu Hohngelächter oder einer hartnäckigen Weigerung veranlassen. Oft wird an dieser Stelle klar: Du bist doch ein Teil meiner selbst, ein Geschöpf meiner eigenen Taten und Fehler, ein Geschöpf, das keine eigene Freiheit hat, sondern immer weiter die Funktion ausübt, die ich ihm selbst bei seiner Entstehung gegeben habe. Du bist mein Haß, mein Neid, meine Gier, meine Überheblichkeit, meine Angst, meine Schüchternheit, mein Leichtsinn, meine Rachsucht. Aber: Der Herr im Haus bin ich! Du wirst dich früher oder später ändern müssen, weil ich mich geändert habe und weil die Zeiten sich ändern. Es ist für uns beide ein Vorteil, diese Änderung sobald wie möglich in Angriff zu nehmen. Es gibt keine andere Wahl. Du bist dann nicht überflüssig, sondern wirst neue und bessere Aufgaben bekommen.

Jetzt kommt Bewegung in die Situation. Die Gestalt offenbart vielleicht völlig neue Züge, eigenes Leiden an der langen Fesselung, aber trotzdem Angst vor der Veränderung. Das kann unser Mitleid erregen und das Bedürfnis, die Gestalt in den Arm zu nehmen mit den Worten: Wir schaffen das schon. Nur Mut! Dann werden sich ihre Gesichtszüge verändern, Hoffnung und Erleichterung kommen auf, es wird Energie für neue Aufgaben frei.

Eine andere Methode, um diese fehlgeleiteten Energien zu verwandeln, empfiehlt sich besonders für Menschen, die Mühe mit dem Hervorbringen innerer Bilder haben und die vielleicht eher körperliche Veränderungen, Anspannungen, Unwohlsein, plötzlich auftretende Schmerzen, Zittern oder Kribbeln spüren. Das alles kann auch in Kombination mit Bildern auftreten, oder als Antwort auf eine Frage, zum Beispiel: An welcher Körperstelle sitzt die Angst, die Wut, die Trauer? Im Herzen, in der Magengegend, im Unterbauch, im Kopf, im Nacken? Dann bittet man den Engel, die betreffende Stelle zu durchlichten, zu lockern, das Übel herauszulösen und einem in die zu einer Schale geöffneten Hände zu geben.

Jetzt ist der Tastsinn gefragt: Wie fühlt sich dieses Etwas, dieses Wesen an? Ist es schwer oder leicht? Hart oder weich? Starr oder beweglich? Kratzig, stachelig, glibberig, warm, kalt, unruhig? Was will es mir sagen? Welche Botschaft hat es für mich? Was hat es mit mir zu tun? Mit diesen „gefühlten" oder ebenfalls bildhaft erlebten Gebilden kann in ähnlicher Weise eine Kommunikation zustande kommen wie bei der imaginativen Methode. Oft ist das sogar der schnellere und präzisere Weg. Die Erleichterung wird unmittelbar körperlich spürbar. Nachdem die Wesen erkannt und transformiert wurden, lösen sie sich fühlbar aus den Händen, gehen entweder ganz weg oder nehmen nach ihrer Verwandlung einen anderen Platz ein gemäß ihrer neuen Funktion.

4 Erforschung der karmischen Vergangenheit

Alle bisher beschriebenen Übungen können dazu führen, daß Bilder aus der Vergangenheit auftauchen, wenn sie zur Klärung der Fragestellung beitragen können. Es kann auch Gründe geben, gezielt nach der karmischen Vergangenheit zu fragen, um größere Sinnzusammenhänge zu erforschen, die über einzelne, vielleicht belastende Situationen hinausgehen. Das können Verwandlungsprozesse während eines Lebens sein, Zusammenhänge zwischen mehreren Inkarnationen oder die Beurteilung eines vollendeten Lebens nach dem Tod sowie daraus resultierende neue Sichtweisen und Impulse für die Zukunft. Beziehungen zu bestimmten Menschen können zum Beispiel ein Thema sein, das sich oft über viele Inkarnationen und unterschiedliche „ Rollenverteilungen" zurückverfolgen läßt; oder auch bestimmte Verhaltensmuster, die auf eine ganze Kette zusammenhängender Themenkomplexe zurückgehen.

Wir tragen eine Menge alten Ballast mit uns herum, reflexartige Reaktionen, Vermeidungsstrategien, irrationale Ängste und Zwänge, die auf unverarbeitete frühere Geschehnisse, Traumata, Schocksituationen, gewaltsame Todesumstände oder ähnliche Erlebnisse hindeuten. Oft reicht es schon aus, die karmische Herkunft heutiger Verhaltensweisen zu erkennen und sie innerlich in die Vergangenheit zurück zu versetzen, um eine dauerhafte Befreiung davon zu erreichen.

Häufig wird man als erstes mit Opfersituationen konfrontiert, mit Folgen von erlebtem Leid, Gewalt und Elend. Erst auf weitere Fragen, was man selber dazu beigetragen hat, in eine solche Situation zu geraten, werden eigene Fehler und Schwächen sichtbar. Oft muß man eine lange Kette von leidvollen Geschehnissen verstehen und den „Tätern" verzeihen lernen, bevor man stark genug ist, mit den eigenen Untaten konfrontiert zu werden und sich selbst verzeihen zu lernen. Die Gefahr von Schuldzuweisungen und damit neuen Verstrickungen ist groß, wenn nicht immer wieder die Kraft der Vergebung und Transformation angerufen wird. Niemand ist frei von Schuld, alle Verstrickungen sind Teil eines großen Entwicklungsprozesses. Jedes Leid dient der Bewußtwerdung und Reifung.

Um gezielt nach Geschehnissen vergangener Leben zu fragen, kann zunächst eine Bitte an den Engel ausgesprochen werden, die betreffenden Zusammenhänge sichtbar werden zu lassen. Vielleicht wird man dann schon unmittelbar an den Ort und den Zeitpunkt des Geschehens geführt oder getragen. Wenn die Wahrnehmungen zu undeutlich sind und eine tiefere Entspannung erforderlich ist, um die unterbewußten Ebenen zu erreichen, kann die Vorstellung von einer unterirdischen Höhle hilfreich sein, in die man sich ganz entspannt fallen läßt. Schon die Vorstellung, in die Erdentiefe zu sinken, dabei aber behütet und geborgen zu sein und gleichzeitig alle Alltagsgedanken hinter sich zu lassen, kann eine tiefe Entspannung bewirken.

Dann wird die Sinneswahrnehmung auf Tasten, Wärme, Eigenbewegung, Gleichgewicht, das Lebensgefühl, die momentane Befindlichkeit gerichtet: Wie fühlt sich der Untergrund an, auf dem ich liege? Weich oder hart? Naß oder trocken? Kalt oder warm? Wie fühle ich mich in meinem Körper? Wohl oder unwohl? Kräftig oder schwach? Neugierig, erwartungsvoll, freudig, ängstlich, bedrückt? Gelingt es mir, mich aufzurichten? Bin ich im Gleichgewicht? Kann ich mich in der Höhle orientieren? Mich an den Wänden entlangtasten? Einen Ausgang finden? Wie fühlt sich der Boden an, auf dem ich stehe oder gehe? Naturboden, Stein; Sand oder etwas ganz anderes?

Nicht immer gelingt es auf Anhieb, überhaupt Boden unter den Füßen zu spüren oder beim Hinausgehen aus der Höhle eine konkrete Umgebung wahrzunehmen. Hier können weitere Fragen sich anschließen: Bin ich in freier Natur? In einem geschlossenen Raum? Alleine oder unter Menschen? Ist es Tag oder Nacht? Habe ich ein Ziel, während ich gehe? Bin ich an einem vertrauten oder fremden Ort? Wie bin ich gekleidet? Was habe ich an den Füßen? Wie alt fühle ich mich? Männlich oder weiblich? Welche Menschen gehören zu mir? Wo bin ich zu Hause? Worin besteht meine Tätigkeit?

Wenn eine markante Situation deutlich geworden ist, kann die Frage lauten: Wie ging das Leben nach diesem Geschehnis weiter? Was hat mich dahin geführt? Was ist vorangegangen? Wie bin ich in diese Situation geraten?

Auf diese Weise können nach und nach ganze Lebensläufe und Zusammenhänge erforscht werden. Nach Möglichkeit sollte auch versucht werden, die Todessituation eines Lebens und die nachtodliche Beurteilung der Erlebnisse ins Bewußtsein zu rufen: Welche Belastungen empfinde ich noch? Kann ich meinen Widersachern verzeihen, wenn ich aus einer übergeordneten Sicht heraus ihre Handlungsweise besser verstehen kann und als ebenso berechtigt hinnehmen kann wie meine eigenen Interessen? Kann ich mir selbst verzeihen? Was sollte aus diesem Leben gelernt werden? Welche Fähigkeiten wurden dadurch erworben? Was bedeutet das für mein jetziges Leben, für die Zukunft?

Nicht jede gestellte Frage wird unmittelbar beantwortet. Manchmal ist die Zeit einfach noch nicht reif dafür, oder es müssen erst andere Dinge erkannt werden, bevor eine Antwort auf die gestellte Frage sinnvoll ist. Da ist Geduld und Vertrauen in die weisheitsvolle Führung der geistigen Welt notwendig, denn auch die Umwege und das Warten auf den passenden Zeitpunkt erweisen sich im Nachhinein immer als sinnvoll und stimmig. Für jede empfangene Botschaft sollte man dankbar sein und immer auch um Heilung und Transformation aller noch belastenden Anteile bitten.

5 Geistiger Schutz – Chakra – Energiesystem

Die Übungen werden immer vollkommener und sicherer gelingen, wenn parallel dazu an der Ausbildung der geistigen Wahrnehmungsorgane gearbeitet wird. Diese werden Lotusblumen oder Chakren (Räder) genannt, weil sie in unseren feinstofflichen Körpern blumen- oder radähnliche Strukturen aufweisen. Sie haben – so wie die Organe des Körpers – unterschiedliche Funktionen und Verbindungen untereinander. Es gibt heute viele Methoden, die zur Stärkung, Öffnung und Ausbildung dieser Wahrnehmungsorgane führen können: Klänge, gesungene Vokale, Farbvisualisierungen, Mantren oder Imaginationen. Sehr anregend für die Arbeit an den Chakren können auch Symbolbilder sein, wie sie in den Engelbüchern von Alexa Kriele („Wie im Himmel, so auf Erden“, Band 1 bis 4) dargestellt werden. Dort finden sich nicht nur für die sieben Hauptchakren schöne Übungen, sondern auch für die Nebenchakren in Händen, Füßen, Ellenbeugen, Kniekehlen und Schulterblättern. Auch in dem bereits erwähnten Buch von Heide Oehms werden die Aspekte der Chakren sowie dazugehörige Übungen eingehend beschrieben.

Über diese allgemeinen Übungen hinaus wird es im Laufe der Zeit weiterführen, die Beschaffenheit des eigenen Energie- und Chakrensystems zu erkunden, um die Funktionsweise dieser Organe, aber auch Schwächen, Blockaden, Verunreinigungen, Unter- oder Überfunktionen zu erspüren. Eine starke Konzentration auf die entsprechende Körperstelle kann die Bewegung, das Pulsieren, Vibrieren oder Strömen des Chakras fühlbar werden lassen. Wenn dies nach einiger Übung gelingt, kann man versuchen, auf das Öffnen und Schließen der Chakren zu achten bzw. es willentlich herbeiführen. Führt man das Öffnen und Schließen der sieben Hauptchakren schnell hintereinander durch, wird man durch den unmittelbaren Vergleich dieser nebeneinander befindlichen Energiezentren Schwächen und Stärken sehr viel leichter herausfinden können, als wenn man lange bei einem Chakra verweilt, so wie ein Klavierstimmer beim Erklingen eines einzigen Tones noch keine Unstimmigkeit feststellen kann, sondern erst durch das Verhältnis der Töne untereinander.

Üblicherweise werden folgende Farben, Organe und Themenbereiche den sieben Hauptchakren zugeordnet:

- *Wurzelchakra*: rot. Wirbelsäule
  Urvertrauen, Stabilität, Durchsetzungskraft, Antrieb, Verbindung zur Erde, Verwurzelung, Vitalität.
- *Sakralchakra*: orange. Fortpflanzungsorgane
  Kreativität, Sexualität, Emotionen, Harmonie von Geist, Seele und Körper.
- *Solarplexuschakra*: gelb. Vegetatives Nervensystem, Leber, Magen, Bauchspeicheldrüse
  Persönlichkeit, Intellekt, Macht.
- *Herzchakra*: grün/ rosa. Herz, Thymusdrüse
  Liebe, Hingabe, Selbstlosigkeit.

- *Halschakra:* hellblau. Kehlkopf, Schilddrüse
  Kommunikation, verbaler und emotionaler Ausdruck.
- *Stirnchakra:* dunkelblau. Hypophyse
  Intuition, ganzheitliches Denken, tiefe Einsichten.
- *Scheitelchakra*: violett. Großhirn, Epiphyse
  Spiritualität, Mystik, höchste Vollendung.

Weitere Eigenschaften und Wahrnehmungsfähigkeiten dieser Energiezentren können durch die genannte Übung systematisch erforscht werden, um sie immer bewußter und effektiver einsetzen zu können. Auch bei dieser Arbeit kann der Engel um Rat gefragt werden, an welcher Stelle am ehesten gearbeitet werden soll, wie die Harmonisierung der Chakren untereinander und des gesamten Energiesystems am besten erreicht werden kann: Wie stärke ich den Energiefluß, die Vernetzung der verschiedenen Funktionen, die Schutzhülle? Wie beseitige ich Stockungen, Blockaden, Unterbrechungen der Energiebahnen? Wie reguliere ich Über- oder Unterfunktionen einzelner Chakren? Welche Farben reinigen, strukturieren und kräftigen die Aura?

Bewährt hat sich die Visualisierung des violetten Lichtes zur Reinigung, Klärung und Transformation, auch zur Beseitigung von Hindernissen und der Herstellung neuer Ordnung und Strukturen. Am besten stellt man sich eine Art Farbdusche vor, die über dem Kopf entspringt und ihr Licht von oben nach unten durch die gesamte Aura und den Körper strömen läßt. Dabei werden alle Verunreinigungen, Verspannungen, Verkrustungen und Blockaden aufgelöst und weggespült. Dann kann man grünes Licht nachströmen lassen. Es bewirkt Harmonisierung, Integration und Heilung. Im Einzelfall können auch noch weitere Farben in bestimmte Körperregionen gelenkt werden. Im allgemeinen reicht aber zum Abschluß einer solchen Meditation das weiß-goldene Licht, das alle Farben enthält, so daß alles aufgenommen werden kann, was gebraucht wird.

Für den Schutz der äußeren Aurahülle ist das blaue Licht geeignet, das zusätzlich nach außen hin mit einer violetten Schutzschicht umgeben werden kann, um Fremdeinflüsse fernzuhalten und zu neutralisieren. Einen blauen Schutzmantel kann man sowohl um sich selbst als auch um andere Personen visualisieren, um gegenseitige Abgrenzung und Reinhaltung der Energiefelder zu erreichen.

Im Laufe der Zeit können die Funktionen der Chakren und der Einfluß der Umwelt auf unser Energiesystem auch im Alltag beobachtet werden. Die Wirkung negativer Gedanken und Gefühle wird unmittelbar erfahrbar. Man spürt, wie angreifbar und verletzlich der eigene Egoismus einen macht, wogegen eine überpersönliche Ebene Schutz gewährt. Es wird unmittelbar erlebbar, was Worte, Gedanken und Gefühle anrichten können. Daraus erwächst ein sensiblerer Umgang mit diesen Energien.

Allgemeine karmische Gesetzmäßigkeiten

Karma ist einerseits ein übergeordnetes kosmisches Gesetz, andererseits eine ganz individuelle Angelegenheit. Jeder Mensch hat seine eigene karmische Signatur, sein eigenes Gesetz, so daß man sehr vorsichtig mit Verallgemeinerungen umgehen sollte. Individuelles Karma, Familien-, Volks- und Menschheitskarma spielen im einzelnen Menschen zusammen und üben einen wechselseitigen Einfluß aus. Die allgemeinen Gesetze sind niemals starr oder berechenbar. Im Einzelfall wird man immer wieder Überraschungen oder Besonderheiten erleben. Gerade diese charakteristischen biographischen Signaturen und thematischen Metamorphosen sind es meistens, die eine Gewißheit über die wahre Identität geben.

Es geschieht immer wieder, daß Menschen sich aufgrund bestimmter Charaktermerkmale mit einer historisch bekannten Gestalt identifizieren möchten. Möglicherweise hat die hinduistische Gepflogenheit, Inkarnationsreihen verehrter Persönlichkeiten, Heiliger oder spiritueller Meister aufzuführen, um deren spirituelle Bedeutung hervorzuheben, auch bei weniger erleuchteten Zeitgenossen zur Reduzierung des Reinkarnationsgedankens auf die Frage: „Welche bedeutende Persönlichkeit war ich wohl?" geführt. Solche Spekulationen führen aber selten zu brauchbaren Ergebnissen, zumal Charakteranlagen, Temperament, Begabungen oder sonstige äußere Merkmale größtenteils Vererbungseinflüssen und äußeren Umständen unterliegen und weniger mit dem „ewigen Wesenskern" zu tun haben.

Rudolf Steiner hat in seinem umfangreichen Werk sowohl allgemeine karmische Gesetzmäßigkeiten dargestellt als auch an individuellen Beispielen die konkreten Auswirkungsmöglichkeiten dieser Gesetze beschrieben („Die Offenbarungen des Karma." Vorträge von 1910. Bibl.-Nr. GA 120. Vier Mysteriendramen. Bibl.-Nr. GA 14. Esoterische Betrachtungen karmischer Zusammenhänge. Bibl.-Nr GA 235 bis 240). Viele moderne Psychologen haben aufgrund zahlreicher Rückführungen diese Erkenntnisse bestätigt und durch weitere Forschungen ergänzt. Daher mögen an dieser Stelle einige wenige Hinweise genügen.

Zeiträume zwischen den Inkarnationen

Immer wieder stritten Philosophen über diese Frage. Dem Kirchenlehrer Augustinus zufolge gingen die Griechen davon aus, daß es alle vierhundert Jahre zu einer Wiedergeburt komme. Dagegen behaupteten Platon und auch der römische Dichter Vergil, daß der Zeitraum zwischen zwei Inkarnationen tausend Jahre betrage. Frühe Aussagen Rudolf Steiners gehen ebenfalls von ungefähr tausend Jahren aus. In einer Kulturepoche von 2160 Jahren (Dauer der Wanderung des Frühlingspunktes durch ein Tierkreiszeichen) soll je eine Verkörperung als Mann und eine als Frau stattfinden. In seinen späteren konkreten Forschungen finden sich allerdings wesentlich kürzere Abstände zwischen zwei Leben. Statistische Vergleiche heutiger Reinkarnationsforscher, die tausende erlebter Rückerinnerungen untersucht haben, gehen zumindest für die letzten Jahrhunderte von einer Zeitdauer von 20 bis 80 Jahren, manchmal sogar noch viel kürzeren Abständen aus.

Impulse zur Wiederkehr

Viele Seelen wählen ihr neues Leben aufgrund ihrer Resterfahrungen des vergangenen Daseins. Dabei spielen unerfüllte Wünsche und Begierden ebenso eine Rolle wie traumatische Situationen, die man auf keinen Fall mehr erleben will. Aber auch unerlöste Schuldgefühle, selbsternannte Verpflichtungen, nachtodlich erkannte Fehler und das Bedürfnis nach Korrektur und Vervollkommnung können eine treibende Kraft sein. Manche Seelen neigen dazu, an dem bisher Gewohnten festzuhalten, und begeben sich wie zwanghaft immer wieder in ähnliche Situationen, die die Sicherheit des Bekannten und Vertrauten gewähren, selbst wenn sie unglücklich sind. Oft kommt es zu inneren Widersprüchen dadurch, daß die Seele einerseits den Willen zu Wandlung und Lösung mitbringt, andererseits Angst vor dem Neuen, Ungewohnten hat und doch nicht aus den alten Mustern herausfindet. Der daraus resultierende innere Unfriede führt dann nicht nur zu seelischen Spannungen, sondern auch zu körperlichen Beeinträchtigungen.

Unsinnig ist die Vorstellung von einer „Bestrafung" unserer Vergehen durch irgendeine andere Instanz außerhalb unserer selbst. Es ist das eigene höhere Bewußtsein, das nach dem Tod erkennt, wie die Seele durch bestimmte Taten oder Unterlassungen unvollkommener geworden ist. Daraus folgt der Impuls, die verlorene Vollkommenheit wieder zu erreichen, indem zum Beispiel leidvolle Situationen aufgesucht werden, die einen Reife- und Erkenntnisprozeß ermöglichen. Begriffe wie Schuld und Sühne sind in diesem Zusammenhang unnötig belastend. Ursachen für ein Leiden, eine Krankheit, einen Schicksalsschlag können sowohl in der Vergangenheit als auch in der Zukunft liegen, sowohl im persönlichen Karma als auch im Gruppen-, Volks- oder Menschheitskarma. Entscheidend ist immer die Frage, wie ein derartiges Erlebnis zur Vervollkommnung beitragen kann.

Karmische Beziehungen

Es gibt Ketten karmischer Bindungen, die auf Dauer Bestand haben. Manche nähern sich an, andere entfernen sich voneinander gemäß einer rhythmischen Bewegung, die einzelne Menschen zusammenfinden läßt oder voneinander abstößt. Die karmischen Beziehungen zu Eltern, Geschwistern, Kindern, dem Partner können sehr unterschiedlicher Natur sein. Blutsverwandtschaft kann sowohl die Ursache als auch die Folge karmischer Bindungen und Verstrickungen sein, im positiven wie im negativen Falle. Unglücklich erlebte familiäre Verkettungen haben häufig ihren Ursprung in ungelöstem altem Karma. Gar nicht so selten kommt es vor, daß Eltern einer Individualität ins Leben verhelfen, der sie in einem früheren Dasein das Leben genommen haben. Wenn dann der Wiedergutmachungsimpuls durch alte Haßgefühle behindert wird, kommt es zu zwiespältigen Haß-Liebe-Beziehungen. Ebenfalls häufig kommen wechselnde Rollenverteilungen innerhalb einer Familie vor. Die frühere Tochter oder der Sohn ist jetzt Mutter oder Vater, Bruder oder Schwester.

Starke emotionale Bindungen können ihren Ursprung in schmerzlichen Verlusterlebnissen haben, ebenso in großer Dankbarkeit, Bewunderung oder Verehrung gegenüber Menschen, die einen vielleicht aus einer Gefahr oder einer hilflosen Situation gerettet haben. Gemeinsame Tode durch Unglücksfälle, Kriege, Katastrophen führen mitunter zu ganz neuen starken Verbindungen. Kriegerische Auseinandersetzungen verschiedener Kulturen können zur Folge haben, daß sich die Seelen durch die nachtodliche Sichtweise gedrängt fühlen, auch die gegnerische Seite kennen und verstehen zu lernen. Oft finden sich dann ehemalige Moslems und Kreuzritter oder Indianer und Weiße innerhalb einer Familie wieder. Dadurch werden sie zu einer um Verständnis ringenden Auseinandersetzung genötigt.

Sehr häufig führt natürlich auch der Wunsch, einen geliebten Menschen wieder zu treffen oder begonnene Aufgaben fortzuführen, zu einer Wiederbegegnung. Uneingelöste Versprechen, Schuldgefühle oder Gelübde können weitere Gründe sein. Manche Beziehungen gehen nach einiger Zeit ohne erkennbaren Grund zu Ende, weil vielleicht eine Restschuld, ein Versprechen oder der Wunsch, den anderen Menschen einmal in einer anderen Rolle, einem anderen Lebensalter kennen zu lernen, erledigt ist. Zu einer fortschreitenden Individualisierung gehört es immer auch dazu, diese Zusammenhänge zu durchschauen, um von unbewußt wirkenden Abhängigkeiten und Bindungen frei zu werden.

Karmische Belastungen

Karmische Belastungen entstehen immer dann, wenn der Eigenwille des Menschen nicht im Einklang mit den übergeordneten kosmischen Entwicklungszielen und Lebensprozessen handelt. Leben besteht aus Verwandlung, Veränderung, Transmutation, aus Wachstum, Aufbau und Zerstörung, aus Geburt, Tod und Auferstehung. Durch falsche, einseitige Bewertung dieser Lebenstatsachen entsteht Disharmonie, Angst, inneres Aufbegehren gegen notwendige Veränderungen, gegen das eigene Schicksal, die eigene Rolle im großen Ganzen. Aufbau wird positiver empfunden als Abbau und Niedergang, Wachstum besser als Verwelken, Geburt freudiger als Tod, Wohlstand angenehmer als Armut.

Der Eigenwille erstrebt den Zustand, der dem Menschen persönlich angenehm und positiv erscheint. Aus Eigenwille wird Eigennutz, der dann nicht mehr nach dem Wohl der anderen oder dem großen Sinnzusammenhang fragt und sogar vor Gewaltanwendung nicht zurückschreckt. Durch Festhalten-wollen am Gewohnten, Sicheren, Angenehmen werden fällige Veränderungen blockiert. Da aber die Änderungen unumgänglich sind und durch übergeordnete Ziele, Dynamiken und Gesetzmäßigkeiten in Gang gesetzt werden, erleben wir sie als von außen erzwungen und leidvoll.

Nicht nur einzelne Menschen haben ihre Höhen und Tiefen, erleben Entfaltung und wieder Einschränkung, Macht und Ohnmacht, Freude und Leid; auch Völker, Kulturen und ganze Erdteile sind den Prozessen von Werden und Vergehen unterworfen. Je eher ein Mensch die Bedingungen des Menschseins akzeptiert und alle eintretenden Situationen als selbst gewollte Entwicklungsmöglichkeit betrachtet, um so eher wird er sich frei von karmischen Belastungen fühlen und inneren Frieden erreichen. Frei sind wir erst dann, wenn wir egoistische Wünsche und Vorstellungen zum Schweigen bringen und im Einklang mit unserem höheren Selbst und den kosmischen Gesetzen handeln.

Karmische Aufgaben

Welche Aufgaben ein Mensch in seinem Leben übernimmt, hängt in unserem Kulturraum immer weniger von äußeren Zwängen oder der sozialen Herkunft ab, sondern von der freien Entscheidung und den Fähigkeiten des Individuums. Je größer die Freiheit, um so größer kann aber auch die Unsicherheit sein, welcher Weg zu einer erfüllenden Lebensgestaltung zu wählen ist. So kann sich die Frage stellen: Welchen Zielen widme ich mein Leben? Wo ist mein Platz in der Welt? Was ist mein Beitrag zum Ganzen? Was ist das Neue, das durch mich in die Welt kommen soll? An welche früheren karmischen Aufgaben oder Fähigkeiten kann ich anknüpfen?

Die Blickrichtung auf äußere Arbeitsfelder und Bedingungen führt an dieser Stelle oft nicht weiter. Vielmehr geht es darum, innere Zielsetzungen zu erkennen, den Impuls, den die Seele aus dem vorgeburtlichen Dasein mitgebracht hat, auf der Erde zur Wirksamkeit zu bringen. Das kann nur ein solcher Impuls sein, der sich nicht am Vergänglichen, sondern am ewigen Wesenskern ausrichtet. So gesehen wird die Frage eher lauten: Was ist es, das sowohl meiner eigenen Entwicklung als auch einem größeren Zusammenhang förderlich ist? Welchen Beitrag kann ich dazu leisten, daß die Erde aus einem Kosmos der Weisheit in einen Kosmos der Liebe verwandelt wird? Mit dieser Formulierung hat Rudolf Steiner einmal das Ziel der Evolution beschrieben, dem sich alle anderen Ziele und Entwicklungsschritte unterordnen.

Das Idealbild eines Menschen, der nur der Liebe und dem eigenen Gewissen verpflichtet ist und nicht von äußeren Konventionen und Zwängen bestimmt wird, finden wir in dem Erdenleben des Christus Jesus, das wie urbildlich alle nur möglichen Aspekte des menschlichen Daseins enthält. Einzelne Aspekte dieses Lebensweges, der wie eine Art Lehrbuch für die Menschheit der Erdenaura eingeprägt wurde, können entscheidende Wegweiser sein, um die eigene Lebensaufgabe verstehen zu lernen. Sowohl in bestimmten Situationen als auch bezogen auf den gesamten Lebensplan können einzelne Szenen dieses übersinnlich wahrnehmbaren Lebenspanoramas richtungsweisend sein.

Ähnlich wie in den bereits dargestellten Übungen kann man darum bitten, eine Szene aus dem Christusleben gezeigt zu bekommen, mit der man in einer inneren Korrespondenz steht. Zeigt sich der Christus als Heiler, als Lehrer, als Einsamer in der Wüste? Als derjenige, der die Händler aus dem Tempel treibt, der sein Kreuz trägt oder an ihm aufgerichtet wird? Werden Aspekte der Mutter sichtbar, Maria mit dem Kind, mit Johannes unter dem Kreuz oder mit dem Leichnam des Sohns?

Selbstverständlich sind solche Bilder nur im übertragenen Sinne, als Symbole für die eigene Lebenssituation zu betrachten, die erst entschlüsselt werden müssen. Was bedeutet zum Beispiel die Brotvermehrung oder das Wandeln auf dem Wasser als urbildliches Geschehen? Die tiefere Bedeutung eines solchen Bildes und der Zusammenhang mit dem eigenen Leben erschließt sich oft erst durch intensives Eintauchen in das Geschehen. Worin besteht die wesentliche Botschaft dieser Szene? Welche innere Haltung hat der Christus in diesem Moment? Was strahlt er aus? Was geht in der Umgebung vor?

Auf die Frage, was dieses Bild mit der eigenen Aufgabe zu tun hat bzw. wie man dem Christus-Impuls am besten dienen kann, können ganz konkrete Hinweise erfolgen, wie die entsprechende Qualität im Alltag verwirklicht werden kann. Das Wesentliche besteht oft in ganz kleinen Dingen, einer Änderung der inneren Einstellung, der Lebenshaltung, der Wahrnehmungsfähigkeit. Aus ersten kleinen Schritten können sich dann auch größere Veränderungen ergeben bis hin zu ganz neuen Lebensthemen, die sich auch in äußeren Aufgaben manifestieren können. In vielen Fällen zeigt sich sogar, daß karmische Verfehlungen oder Traumatisierungen in neue Fähigkeiten und Aufgabenstellungen umgewandelt werden.

Karmische Netzwerke

Die Arbeit an der eigenen Individualisierung bringt es zwangsläufig mit sich, daß die Notwendigkeit neuer sozialer Formen stärker ins Bewußtsein tritt. Herkömmliche Sozialstrukturen und Gruppenformen funktionieren nicht mehr. Hierarchische Systeme werden der sich entwickelnden Individualität nicht mehr gerecht. Einsamkeit und Unverstandensein lassen oft das Gefühl entstehen, nirgends richtig dazu zu gehören.

Solange es für eine Gruppe oder Institution ein gemeinsames Ziel gibt, das die Menschen verbindet und worin sie sich gegenseitig bestärken, mag es vordergründig den Anschein haben, daß es noch geht. Das wird aber immer weniger der Fall sein, weil in der Zukunft die Entwicklung der Individualität selbst das Ziel sein wird, wogegen äußere Ziele als nicht mehr tragfähig erlebt werden.

Die Suche nach neuen Gemeinschaftsformen muß so lange enttäuscht werden, wie sie sich auf äußere Gruppenbildungen und definierte Ziele beschränkt. Auch sogenannte Netzwerke, die wirtschaftlichen oder inhaltlichen gemeinsamen Zielen dienen, fördern eher den Gruppenegoismus als eine Gemeinschaftsbildung auf der Basis von Freiheit und Achtung individueller Wege.

Neue Arbeits- und Lebensformen können sich nur dort entfalten, wo Abhängigkeiten und Manipulationen aufhören und genügend Raum für freie Initiativen geschaffen wird. Alte und neue karmische Verbindungen, die von einem tiefen Erkennen und Lieben der anderen Individualität geprägt sind, lassen ein überpersönliches, der Menschheitsentwicklung dienendes Netzwerk entstehen, in dem absolute Freiheit und gleichzeitig größte Verbindlichkeit kein Widerspruch mehr sind. Gemäß der Entwicklung vom Unpersönlichen über das Persönliche zum Überpersönlichen werden aus karmischen Verstrickungen karmische Netzwerke, aus alten Knoten freie Herzensverbindungen entstehen.

Borbyer Werkstatt Verlag

Woher kommen wir, wohin gehen wir, gibt es mehre Leben und wenn ja, wie hängen diese zusammen? Dies sind die großen Fragen die Menschen seit jeher stellen. Nicht erst seit der Anthroposophie Rudolf Steiners machen sich immer mehr Menschen auf die Suche nach ihrem Karma und wollen ihre eigentlichen Aufgaben verstehen und ergreifen. Heide Oehms hat sich nicht nur in die Erkenntnisliteratur zu diesem Thema gründlich vertieft, sie hat auch auf anthroposophischer Grundlage die praktischen Möglichkeiten, das eigene Karma zu durchdringen, weiter entwickelt. In diesem Buch gibt sie einen umfassenden Überblick über die Wirkungsweise der Karmaerkenntnis und bietet ihren Lesern anhand anfänglicher Übungen die Möglichkeit, sich auf die Reise zu sich selbst zu machen. Heide Oehms lebt als Künstlerin und Karmabegleiterin bei Bonn.

Heide Oehms: **Karma - Erkenntnis warum?**
Innere Entwicklung als Grundlage geistiger Fähigkeiten

2. Auflage 2002 (vormals Urachhaus), 269 Seiten, Gewicht: 428 g, Höhe: 22,5 cm, Breite: 15 cm

ISBN **3-924964-23-8 10,00 EUR**

Die Gestalt des Grafen von Saint Germain, eine Persönlichkeit, die in kaum einen offiziellen Lexikon Erwähnung findet, die jedoch als bedeutender Diplomat, Erzieher, Künstler und Wissenschaftler gilt, lässt einen interessiert Fragenden nicht zur Ruhe kommen. Gerade auf dem Felde der zeitgenössischen Esoterik erscheinen nicht wenige Werke, die dem Laien Rätsel über Rätsel aufgeben. Die heutige Wissenschaft scheut in der Regel weiterhin jede Berührung. Vom „Aufgestiegenen Meister Saint Germain" ist die Rede, von „Durchsagen des Meisters", vom "Channeling" und der „Violetten Flamme", die zur Reinigung, zum Schutz oder zur Transformation aufzurufen oder zu visualisieren ist. Wie sind diese geheimnisvoll klingenden Begriffe zu verstehen? Ist das alles Unsinn, oder ist doch „etwas dran" und vielleicht gar mit seriöser Wissenschaft zu vereinbaren? Christiane Feuerstack sucht in dieser Schrift nach Antworten, übersetzt esoterisches Sprachgut ins Deutsche und macht den Uneingeweihten mit verschiedenen Bruderschaften und okkulten Bewegungen rund um diese Persönlichkeit vertraut. In verständlicher Sprache erläutert sie den Einfluss des Grafen auf die heutige Zeitlage und zeigt, welche dieser Einflüsse noch heute für den interessierten Leser von Bedeutung sein können

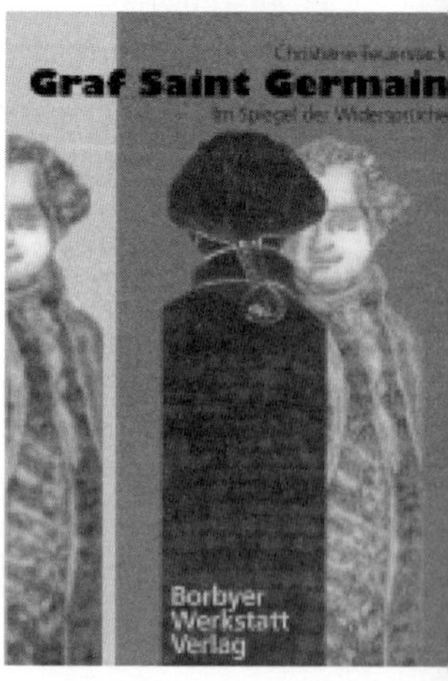

Christiane Feuerstack: **Graf Saint Germain**
im Spiegel der Widersprüche

2. Auflage 2006, 64 Seiten, mit Vignetten, Gewicht: 132 g, Höhe: 20 cm, Breite: 14 cm, ISBN **3-924964-22-x 10,00 EUR**